U0993710

乡村振兴战略研究丛书

# 新时期
# 壮大农村集体经济的
# 路径研究

## Research on the Path of Strengthening Rural Collective Economy in the New Era

龚　晶◎等著

中国经济出版社
CHINA ECONOMIC PUBLISHING HOUSE
北　京

**图书在版编目（CIP）数据**

新时期壮大农村集体经济的路径研究 / 龚晶等著 .
北京 ：中国经济出版社，2024. 9. -- ISBN 978-7-5136-7869-8

Ⅰ. F321. 32

中国国家版本馆 CIP 数据核字第 2024LX5282 号

责任编辑　叶亲忠
责任印制　马小宾
封面设计　华子图文

**出版发行**　中国经济出版社
**印 刷 者**　北京鑫益晖印刷有限公司
**经 销 者**　各地新华书店
**开　　本**　710mm×1000mm　1/16
**印　　张**　15. 5
**字　　数**　230 千字
**版　　次**　2024 年 9 月第 1 版
**印　　次**　2024 年 9 月第 1 次
**定　　价**　88. 00 元
**广告经营许可证**　京西工商广字第 8179 号

**中国经济出版社**　**网址** http://epc. sinopec. com/epc/ **社址** 北京市东城区安定门外大街 58 号 **邮编** 100011
本版图书如存在印装质量问题，请与本社销售中心联系调换（联系电话：010-57512564）

**版权所有　盗版必究**（举报电话：010-57512600）
**国家版权局反盗版举报中心**（举报电话：12390）　　服务热线：010-57512564

# 编 委 会

（按姓氏首字母排序）

陈俊红　陈　慈　陈　蕊　龚　晶

黄　宜　姜翠红　刘东悦　龙　蔚

张　斌　张慧智　钟春艳

# 前言

PREFACE

农村集体产权制度改革是实现乡村振兴战略的基础，也是我国农村改革中的一项重要制度创新。到 2021 年底，我国农村集体产权制度改革阶段性任务已基本结束，进入巩固和提高质量阶段。《中华人民共和国国民经济和社会发展第十四个五年规划和 2035 年远景目标纲要》中明确提出：“深化农村集体产权制度改革，完善产权权能，将经营性资产量化到集体经济组织成员，发展壮大新型农村集体经济。”随着新型城市化的快速发展，土地供应与需求之间的冲突变得越来越突出。如何有效地盘活存量耕地，实现农村土地制度改革成为当前我国面临的重要课题。

中国式现代化是全体人民共同富裕的现代化，新时代探索实现共同富裕的重要方式之一是新型农村集体经济，其主要特点为联农带农。党的二十大报告提出巩固和完善农村基本经营制度，发展新型农村集体经济。在我国，推动农业、农村、农民向“强、富、美”转变，必须通过发展农村集体经济这一途径。增强农村集体经济的实力，能够有效地利用农村集体土地资源，激发农村土地和劳动力的潜力，这无疑是实现共同富裕的关键路径。2021 年中央“一号文件”明确提出“壮大新型农村集体经济”，发展新型农村集体经济是乡村振兴战略的重要组成部分，对于巩固脱贫攻坚成果、推动农业现代化转型、实现共同富裕具有重要作用。通过发展新型农村集体经济，可以推动农村经济多元化发展，促进农村经济健康发展，最终实现全体农民共同富裕的目标。

本书主要关注农村集体和乡村振兴问题，从北京市农村集体的战略定位角度出发，深入分析了北京农村集体经济转型和发展的根本原因，以及农村集体产权制度改革研究的当前状况和存在的问题，在此基础上，以北京市丰台区为例，对北京市农村集体产权制度进行了案例剖析和实证研究。对京郊山区的搬迁农户进行了可持续生计能力的分析，并提出了一系列策略以提高这些农户的可持续生计能力；根据乡村闲置宅基地现状，对乡村未使用的宅基地进行了开发和再利用的分析；此外，还对北京市与云南省农村集体经济发展的多个方面进行了对比研究。在此基础上，对北京市农村集体改革进行了探索，包括产权改革、经营模式创新和组织形式转变等方面，为北京乃至全国农村集体经济改革提供了一定的参考依据。考虑到北京市农村集体建设的当前状况、特性以及主要需求和问题，作者收集并整理了其他地区的成功实践，并在总结各地经验的基础上，为北京市的农村集体发展提供了实用的建议。

本书共五章。第一章为北京市农村集体经济转型与发展研究，由龚晶研究员、陈慈副研究员课题组完成；第二章为深化农村集体产权制度改革研究——以丰台区为例，由刘东悦研究助理、陈俊红研究员完成；第三章为京郊山区搬迁农户可持续生计能力研究，由张慧智副研究员完成；第四章为乡村闲置资源开发与盘活利用研究——以闲置宅基地为例，由张斌副研究员课题组完成；第五章为北京市与云南省农村集体经济发展对比研究，由云南农业大学龙蔚副研究员课题组完成。

尽管我们的课题组付出了巨大的努力，但由于时间和能力的限制，书中还存在很多需要改进的地方，部分内容还需要在未来进行更深入的研究和讨论，希望读者们能为本书提供有价值的反馈。

著　者

2024 年 4 月于北京

# 目录
CONTENTS

# 第一章

# 北京市农村集体经济转型与发展研究

“十四五”时期是农村集体经济向高质量发展转型的关键时期。如何在强化集体经济薄弱村转化的同时，在清理整治后农村发展环境更加清洁的条件下，着眼于疏解非首都功能向纵深推进和减量、集约、绿色、高质量发展要求，进一步积极探索北京市农村集体经济持续健康发展的动力、途径和内在规律，更加及时、充分地用好集体经济转型发展的预留空间，围绕这个主题，本章对北京市农村集体经济组织资产状况、经济发展情况进行了全面分析。

## 第一节　北京市农村集体经济发展取得了辉煌成就

发展壮大农村集体经济，是北京市委、市政府始终贯彻党在农村基本路线、方针、政策的着眼点和发力点。从集体经济的发展脉络来看，改革开放初期，农村集体经济主要表现为创建统分结合的双层经营体制和大力发展乡镇办集体企业的方式，形成了农村工业化与城市工业化并行推动城乡经济快速发展的生动局面。在生活商品短缺、市场准入门槛低、产业投资额度小的有利条件下，农村集体经济所办的乡镇企业兴盛一时，“村村点火、处处冒烟”，在吸纳农村剩余劳动力、带动农民就业增收等方面发挥了重要作用。乡镇企业比较发达的乡镇或村，集体经济综合实力较强，农民收入增长较快。到 20 世纪 90 年代中后期，随着市场经济发展和农产品市场供求态势发生变化，农村集体经济突出地表现为率先开展农村产权改革和推进乡镇企业的重组转制，以多层次产业集聚区为载体，形成了城市产业与集体资产深度融合的有效机制。1996 年，北京市开始进行乡镇企业重组转制，大量乡镇企业脱离集体经济，转变为不再向乡镇政府和村集体经济上缴利润的民营经济，农村集体经济在整个农村经济发展中的比重开始下降。2000 年，郊区农村开始大力发展乡镇农民就业产业基地和村级工业大院，以租赁土地为基础，部分农村集体经济组织完成资本原始积累过程。进入21世纪以来，借助城市化快速发展机遇期所带来的区位优势和资源倾斜，被城市化、城镇化发展辐射带动的区域农村集体经济快速增长，发展形态逐渐从以地产经济为代表的一般竞争性产业向以高端服务业为主的现代服务业转变。2014年以来，全市共拆除工业大院300余个，农村地区累计疏解面积约4200万平方米，大量农村集体资产被清理的同时也为农村集体经济的转型升级预留了发展空间。经过清理整顿，农村集体经济发展的方向、路径、模式以及在不同功能区的分工越来越清晰，发展环境更加清洁化，为农村经济高质量可持续发展奠定了良好的基础。遵循"绿水青山就是金山银山"的指导思想和党的十九大报告提出的乡村振兴战略，在党建引领下，依靠乡村集体经济带动，实现共同富裕，已经成为实现首都乡村振兴与现代化的重大措施和重要支撑。农村集体经济在稳定首都城乡社会经济发展、稳定农村居民就业与收入、稳定农业农村现代化建设、稳定基层全面治理和各项公共服务等方面都发挥着不可或缺、不可替代、不可低估的作用。

截至2019年底，北京市共有农村集体经济组织4131个，其中，乡镇级187个、村级3944个。集体经济组织有农户数133.6万户，成员313万人，其中，农业户籍人口221.2万人，劳动力182.4万人。

## 一、集体经济产权改革基本实现村级全覆盖

产权改革是农村集体经济健康发展的体制机制保障。20世纪90年代初，北京市开始推行以"撤村不撤社、转居不转工、资产变股权、农民当股东"为基本方向的农村集体产权制度改革，发展股份合作经济。截至2019年底，全市产权制度改革村级完成比例达到99.5%，335.7万农民当上新型农村集体经济组织的股东。大兴区、海淀区承担并圆满完成了全国产权制度改革试点任务，海淀区获评全国农村集体产权制度改革试点典型单位。村级产权制度改革基本全部完成，正在向乡镇级联营改革延伸。在实行镇域集体建设用地统筹利用的过程中，以村集体为股东形成的土地联营公司成为新的产权主体。大兴区西红门镇成立了由27个村集体组成的盛世宏祥资产联营公司，村民享受联营公司统筹2平方千米产生的收益分配；通州区深化乡镇土地股份联社

（联营公司）建设，指导有意向的9个乡镇先后成立了乡镇级土地股份联营公司，为盘活土地资源、提高收益、促进均衡发展提供了组织保障；海淀区东升镇探索在集体土地上自主开发建设、自主经营管理，形成了以农民为主导、将集体土地用于高科技产业发展、通过产业发展带动农民融入城市、实现城市化后可持续发展的成熟模式。

## 二、集体资产规模持续增长

集体经济收入多少，标志着集体经济在农村经济中所处的地位。2019年，北京市农村集体经济总收入（包括村级和乡镇级）达到673.8亿元。从全国各地区村级集体经济组织收入对比来看，全市村均集体经济组织收入589.8万元、人均村级集体经济收入7431.3元，人均村级集体经济收入是上海的1.6倍、浙江的5.0倍，表明全市农村集体经济发展处于全国领先水平，乡村地区发展活力较强（见表1-1）。各区积极探索集体经济发展的有效路径，形成了资源开发型、资产盘活型、资金运营型、产业带动型、政企帮扶型、村企共建型、能人带动型、服务创收型、功能区项目带动型、联村共建型等创新发展模式，有效促进了集体增收。集体资产是集体经济的主要物质支撑。2005—2019年农村集体资产总额年均增长11%。按账面计算，平均每村集体资产2.1亿元，人均拥有集体资产26.7万元。

表1-1　2019年全国部分地区村级集体经济组织收入情况

| 地区 | 农村集体经济组织数（个） | 汇总人口数（万人） | 农村集体经济总收入（亿元） | 村均集体经济组织收入（万元） | 人均村级集体经济收入（元） |
|---|---|---|---|---|---|
| 全国 | 413370 | 100358.4 | 5683.4 | 137.5 | 566.3 |
| 北京 | 3944 | 313.0 | 232.6 | 589.8 | 7431.3 |
| 上海 | 1617 | 327.9 | 148.1 | 915.9 | 4516.6 |
| 江苏 | 13313 | 5260.0 | 463.1 | 347.9 | 880.4 |
| 浙江 | 23300 | 3794.5 | 562.9 | 241.6 | 1483.5 |
| 天津 | 2797 | 401.0 | 89.0 | 318.2 | 2219.5 |
| 重庆 | 4991 | 2298.4 | 49.2 | 98.6 | 214.1 |
| 广东 | 23057 | 6427.2 | 1144.0 | 496.2 | 1779.9 |

数据来源：《2019年中国农村政策与改革统计年报》。

## 三、存量资产逐步盘活利用

在北京市市域1.64万平方千米国土面积中，农村集体所有土地总面积占全市土地总面积的83.4%。在集体土地上形成的庞大的集体经济存量资产和集体经济成员的存量资产，都是自新中国成立以来，特别是改革开放以来经过长期发展建设积累起来的农村集体经济的组成部分。充分发挥农村各种存量资产，特别是闲置资产的作用，是发展壮大集体经济的现实途径，也是发展壮大集体经济的低成本、低排放的有效路径。根据全市农村土地流转监测平台数据，全市农村家庭承包地流转总面积267.6万亩，占家庭承包总面积的63.8%。农村闲置宅基地和闲置住宅是农村集体经济组织拥有的重要存量资产，盘活这部分资产并赋予其市场的力量，对于增加农村集体经济收入有着重要的作用。据有关部门调查，截至2020年9月底，北京市10个远郊区有闲置农房院落2万余处，闲置房屋近10万间。其中，已经盘活利用闲置农房院落6000处、房屋3.2万间。盘活利用闲置农宅主要发展民宿、旅游休闲、商务办公等特色产业以及用于个人租住。利用盘活的资产，节省了建设投资，充实了农村产业，增加了村集体和农户的经济收入。为解决集体资产低效使用的问题，全市集中开展集体经济合同专项清理，通过清理规范，累计增加合同金额11.8亿元。通州区把合同规范清理作为集体土地管理的重要手段，深入开展农村集体经济合同自查自纠工作，对全区村级合同进行全面清理，重点清查漏登漏报等问题合同，提高了集体资产的利用效率。

## 四、集体经济发展带动了农民财产性收入增加

发展壮大集体经济的根本目的，在于促进农民收入增加、福利改善、不断走向共同富裕。据统计，2019年北京市有1354个农村集体经济组织实现了股份分红，占新型农村集体经济组织的34.5%；股份分红总额53.7亿元，人均分红4068元（见表1-2）。2011年以来，集体经济组织每年股份分红总金额、人均分红不断增加，人均股份分红占农村居民人均可支配收入的比重保持在15%左右，成为推动农民共同富裕的重要载体。特别值得

注意的是，有转为非农户的 91.8 万集体经济组织成员，已成为拥有集体资产的市民。

表 1-2　2011 年以来北京市新型农村集体经济组织股份分红水平

| 年份 | 分红村数量（个） | 股份分红总金额（亿元） | 人均分红（元） |
|---|---|---|---|
| 2011 | 620 | 20.6 | 3525 |
| 2012 | 1073 | 23.6 | 2124 |
| 2013 | 1267 | 34.8 | 2611 |
| 2014 | 1332 | 41.8 | 3108 |
| 2015 | 1334 | 45.0 | 3368 |
| 2016 | 1373 | 47.3 | 3467 |
| 2017 | 1356 | 48.7 | 3712 |
| 2018 | 1377 | 59.7 | 3974 |
| 2019 | 1354 | 53.7 | 4068 |

数据来源：北京市农业农村局。

## 五、集体经济支撑了农村基层社会服务与治理

发展农村集体经济不仅具有经济意义，更重要的是，它对于巩固农村基层社会发展具有“支撑器”和“稳定器”的作用。2019 年，北京市村级集体经济组织社会性支出 19.54 亿元，占村级集体经济组织总收入的 8.4%，村均 49.4 万元。其中，公共服务支出 6.02 亿元，村均 15.2 万元，是 2010 年的 3.2 倍（见表 1-3）。在农村现代社会治理体系尚存在缺位的情形下，集体经济组织仍将承担大量社会职能。此外，集体经济仍然是实现农民就地就业的重要渠道，在公益性服务业和在解决农民就业方面发挥了巨大的作用。尽管集体经济占农村经济总收入比重从 2005 年的 43.3%持续下降到 2015 年的 19.3%，但集体经济带动参加分配劳动力就业人数仍然有 34.3 万人，占当年就业劳动力人数的 20%。集体经济（尤其是村集体经济）在公益性服务业和在解决农民就业方面发挥了不可忽视的积极作用。

表 1-3　2010 年、2015 年、2019 年北京市农村集体经济组织承担的社会性支出情况

单位：亿元

| 年份 | 应缴税费 | 当年公益性基础设施建设投入 | 其中：各级财政投入 | 其中：获得“一事一议”奖补资金 | 当年村组织支付的公共服务费用 | 社会性支出总额 |
|---|---|---|---|---|---|---|
| 2010 | 2.79 | 4.66 | 2.34 | 0.02 | 1.86 | 6.97 |
| 2015 | 6.09 | 4.07 | 2.54 | 1.78 | 1.25 | 8.87 |
| 2019 | 11.41 | 4.07 | 1.96 | 0.37 | 6.02 | 19.54 |

数据来源：《改革开放四十年北京市农村合作经济经营管理统计资料汇编（1978—2017 年）》、北京市农村经营管理统计资料（2018 年、2019 年）。

## 第二节　新时期农村集体经济发展面临的新任务、新挑战

在新时代走向全面实现首都城乡现代化的伟大斗争中，农村集体经济发展也面临着更加艰巨的新任务、新挑战。一方面，原先存在的农村发展不充分、不平衡的矛盾突出地表现为，也集中地起因于集体资产薄弱等深层问题；另一方面，在新形势下暴露出的农村产业支撑力不足、组织体制不完善等问题也制约着集体经济进一步发展壮大。

### 一、集体经济总收入大幅下滑

从 2013 年开始，北京市农村集体经济收入呈现下滑趋势。2019 年，全市农村集体经济总收入较 2013 年减少 779.1 亿元，年均下降 9.9%。其中，2014 年与 2016 年下降最为明显，分别较上年下降 22.5%、30.0%。集体经济收入下滑是导致农业农村经济总量减少的主要原因之一。在农村产业中，林业“一枝独秀”替代了种植业多种经营的增长。镇村企业大量减少。镇村企业户数由 2010 年的 15.28 万减少到 2019 年的 6.67 万；从业人数由 2010 年的 136.45 万减少到 2019 年的 50.02 万；增加值从 2010 年的 777.02 亿元减少到 2019 年的 725.11 亿元。2019 年的企业户数比 2010 年减少 56.3%，从业人数比 2010 年减少 63.3%，增加值比 2010 年减少 6.7%。镇村企业中的工业企业户数减少最为严重，2015—2019 年减少 58.4%，甚至出现农村“无副业”的景况。

由于集体经济组织还处于起步阶段，经济发展模式相对粗放，涉及一些产能过剩、高耗能高污染产业，在2014年后受到严格禁止和限制，低端市场及一般制造业退出，因此在产业清退和转型期间集体经济收入出现下滑，引起总收入下降。如昌平区开展“疏解整治促提升”专项行动，全面启动工业大院清理整顿工作，部分企业停业腾退，13家镇村集体企业先后撤销，而剩下的镇村企业大部分属于服务型企业，如东小口镇的公园管理中心、北七家镇的物业管理公司，其主要依赖财政拨款扶持，无自主经营能力。经过近年来集体产权制度改革不断深化，清产核资及“疏解整治促提升”专项治理取得实效，全市农村集体企业已基本梳理完成，进入转型发展阶段。

主营业务收入大幅减少，保障服务首都发展、适应城乡融合要求的现代服务业态仍需重点扶持。2019年，北京市农村集体主营业务收入418.3亿元，较高峰期2012年减少899.2亿元，年均下降13.7%（见表1-4）。其中，第一、第二、第三产业分别实现4.7亿元、102.5亿元、311.1亿元，三次产业比例由2011年的1.3∶47.9∶50.8调整为2019年的1.1∶24.5∶74.4，第二产业比重下降23.4个百分点，第三产业比重提高23.6个百分点，与全市产业结构中服务业比重扩大的趋势基本一致，表明农村集体经济正在融入首都城市经济体系，营收结构实现优化，发展质量同步提升（见图1-1）。未来农村集体经济产业结构要从以地产经济为代表的租赁业向以高端服务业为主的现代服务业转变，因地制宜地发展文化创意服务、会议会展服务、医疗保健养老服务、以观光休闲旅游为主的都市服务型农业，包括以平原造林、山区生态养护为主的生态环境服务及竞争性较弱的基础设施维护的公共服务业，即以现代服务业为主的城乡融合发展阶段，郊区产业经济发展全方位地为首都提供保障和服务。

**表1-4　2005—2019年北京市农村集体经济总收入情况**

| 年份 | 集体经济总收入 | | 其中：主营业务收入 | |
|---|---|---|---|---|
| | 总额（亿元） | 增长率（%） | 总额（亿元） | 增长率（%） |
| 2005 | 1215.0 | 7.5 | 1130.6 | -10.4 |
| 2006 | 1222.2 | 0.6 | 1127.7 | -0.3 |
| 2007 | 1270.1 | 3.9 | 1170.8 | 3.8 |

**续表**

| 年份 | 集体经济总收入 | | 其中：主营业务收入 | |
|---|---|---|---|---|
| | 总额（亿元） | 增长率（%） | 总额（亿元） | 增长率（%） |
| 2008 | 1253.6 | -1.3 | 1141 | -2.5 |
| 2009 | 1363.1 | 8.7 | 1246.9 | 9.3 |
| 2010 | 1395.6 | 2.4 | 1274.8 | 2.2 |
| 2011 | 1426.1 | 2.2 | 1285.3 | 0.8 |
| 2012 | 1474.6 | 3.4 | 1317.5 | 2.5 |
| 2013 | 1452.9 | -1.5 | 1262.2 | -4.2 |
| 2014 | 1125.3 | -22.5 | 918.3 | -18.8 |
| 2015 | 1102.3 | -2.0 | 884.3 | -3.7 |
| 2016 | 771.3 | -30.0 | 507.3 | -42.6 |
| 2017 | 723.6 | -6.2 | 498.8 | -1.7 |
| 2018 | 718.6 | -0.7 | 443.0 | -11.2 |
| 2019 | 673.8 | -6.2 | 418.3 | -5.6 |

数据来源：《改革开放四十年北京市农村合作经济经营管理统计资料汇编（1978—2017 年）》、北京市农村经营管理统计资料（2018 年、2019 年）。

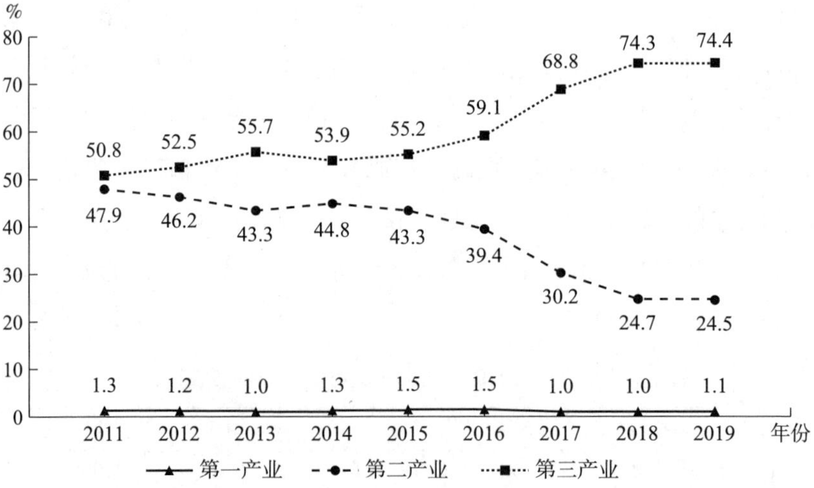


**图 1-1　2011—2019 年北京市农村集体经济产业结构变化趋势**

收入渠道单一，租金收入是当前北京市农村集体收入的主要来源。从收入来源看，农村集体经营性收入一直占据农村集体经济总收入的主导地位，每年占比基本在 87%以上。大部分村集体从事生产经营活动较少，主营业务较少。2019 年，全市村级集体经济组织主营业务收入 55 亿元，占经营性收入的 33. 2%。其中，中心城区 47. 6 亿元，城市发展新区 6. 9 亿元，生态涵养区仅 0. 5 亿元。投资收益是少数城乡接合部拆迁村收入的来源，城乡接合部的部分拆迁村将拆迁款存入银行或者委托贷款给投资公司获取投资收益。

## 二、在集体资产构成中经营性资产相对薄弱

作为集体经济的生产力基础，农村集体资产分为公益性资产（用于农村公共服务）和经营性资产（用于产业发展）。经营性资产是创造集体经济收入的主要来源。

2019 年，全市村级集体经营性资产 1855. 7 亿元，占资产总额的 44. 3%。村均拥有经营性资产 9407. 9 万元。全市无经营性资产的村庄 2757 个，占村庄总数的 69. 9%。从经营资产的形态来看，村庄现有经营性资产主要为货币资金，主要是征地补偿款。经营性资产规模同城市化进程显著相关，同村庄区位、交通条件和收入水平存在显著相关关系。经济水平较高的地区，其村集体经营性资产占比较大，公益性资产占比较小；而经济水平较低的地区，其村集体对政府补助等依赖性较大，故而公益性资产的占比也相对较高。

## 三、村庄负债和收不抵支的情况持续加剧

2019 年，全市 3944 个村级集体经济负债总额 2316. 1 亿元，比 2010 年增长 1573. 6 亿元，增长 211. 9%。从债务来源看，经营性负债 391. 3 亿元，较 2010 年增加 388. 2 亿元，增长 12522. 6%（见表 1-5）；占负债总额比重则由 0. 4%增加到 16. 9%，提高了 16. 5 个百分点。通过调查发现，村级集体经济组织经营性负债主要包括未分配的土地安置补偿费、上级拨付尚未使用的工程款、代收应支付给农民的土地流转费等。2019 年全市农村集体资产负债率为 68. 3%，较 2005 年的 57. 7%增加了 10. 6 个百分点。特别是 2011 年以来，全市农村集体经济资产负债率一直保持在 61%以上，远高于全国规模以上工业企业资产负债率（55. 5%）和全市企业资产负债率（44. 6%）。各区农村集体经济的资产负债情况也不容乐观，绝大部分区农

村集体资产负债率在50%以上，最高的朝阳区则达到81.6%。

表1-5　2010年、2015年和2019年村级集体经济组织负债情况　单位：亿元

| 年份 | 负债总额 | 经营性负债 | 兴办公益事业负债 | 其中：义务教育 | 道路建设负债 | 兴修水电设施负债 | 卫生文化设施负债 | “一事一议”资金 |
|---|---|---|---|---|---|---|---|---|
| 2010 | 742.5 | 3.1 | 1.09 | 0.18 | 0.65 | 0.23 | 0.12 | 0.012 |
| 2015 | 1423.9 | 11.7 | 0.11 | 0 | 0.07 | 0.001 | 0.015 | 1.2 |
| 2019 | 2316.1 | 391.3 | 0.093 | 0 | 0.18 | 0.38 | 0.67 | 0.39 |

数据来源：北京市农业农村局。

集体经济组织收不抵支问题日益突出，收不抵支村数增加。2019年，全市收不抵支村数达到2017个，比上年增加34个，占总村数的51.2%。平谷、房山、朝阳、密云、通州、怀柔、丰台、昌平等区收不抵支村数都超过本区村数的一半，且收不抵支程度加重，资金缺口扩大。2017年，全市收不抵支村庄净利润总额为-39.5亿元，2019年扩大到-61.9亿元。对于一部分村集体来说，收不抵支现象已经影响集体经济的可持续发展。城镇化地区有的村集体经济建设项目，各种手续办理每拖延一天，就要多支付数十万元的利息，成为基层亟待解决的问题。

## 四、集体经济在地区之间发展不平衡

全市农村集体资产大部分集中在城镇化地区。朝阳、海淀、丰台三区的集体资产都在千亿元以上。平谷、密云、怀柔等区的集体资产不足百亿元。最高的朝阳区，资产总额是最低的密云区的40倍以上。而海淀区东升镇一个乡的集体资产相当于怀柔区一个区农村集体资产的5倍多。2019年，城市功能拓展区、城市发展新区、生态涵养区的集体资产占全市份额分别为66.4%、28.0%、5.6%；与2005年相比，城市功能拓展区上升19.6个百分点，城市发展新区和生态涵养区分别下降4.5个、6.8个百分点，区域间资产分布不均衡的差距进一步拉大（见图1-2）。

从村庄分析，村集体资产超2亿元的村庄占村庄总数的10%，拥有的集体资产占全市的75%。大量集体资产集中在城市化、城镇化较快的村庄。

当前特别值得注意的是，村庄集体经济发展差距存在层级固化风险，发展差距有扩大趋势。改革开放初期，村庄集体经济收入和集体经济资产所处

的“高、中、低”层级相对容易突破；2000 年以来，村庄发展差距呈现一定的固化态势，也就是说，各村庄集体经济发展所处的层级相对难以突破。如果不加以政策倾斜和资源调配，这种村庄差距的固化趋势难免将会长期存在。在一些预期土地被征用的地区，村民等待由征地补偿而改变生活状态；在一些偏远的村庄，因缺少自然资源和经营性资产，集体经济发展相对落后，更加依靠财政拨款维持运转。如此循环往复，各地区集体经济差距将逐渐扩大，贫富分化日益明显。

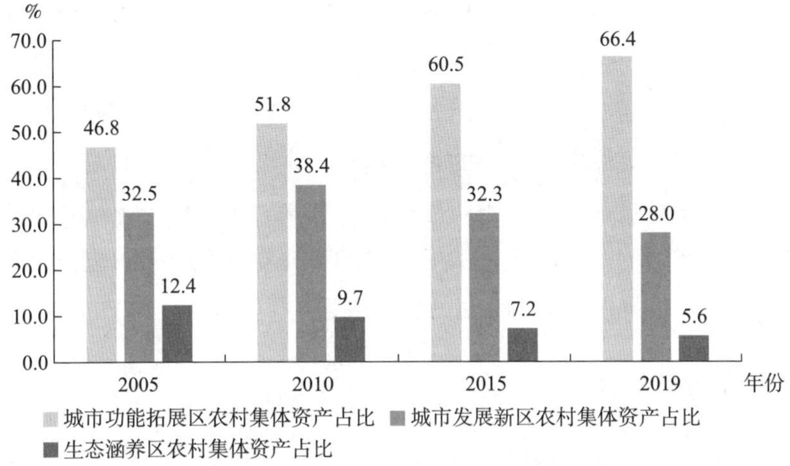


**图 1-2　北京市农村集体资产分区变动情况**

数据来源：北京市农业农村局。

# 第三节　新时期制约农村集体经济发展的深层次原因

农村集体经济发展面临问题的现实原因，首先是各功能区集体经济发展条件存在明显差异，需要针对性更强的区域政策；从近期来看，对农村发展空间限制趋紧，产业接续出现“空窗期”，导致集体经济自身“造血”功能退化。

## 一、各功能区农村集体经济发展基础条件不同，存在成本差异

城乡接合部和城镇化地区、城市发展新区和生态涵养区对于城市的区位

关系不同、功能定位不同，集体经济发展的路径也不尽相同。城乡接合部和城镇化地区得益于城市项目建设和国家征地补偿，集体经济获得货币资金较多，存款较多。因而全市集体资产也主要集中在中心城区和城镇化较快的地区，主要依靠征地补偿和公益性资产的增加。2005—2019 年，中心城区农村集体资产增加 4635. 6 亿元，年均增长 13. 8%，对全市农村集体资产总量增加的贡献率达 78. 4%，是全市集体资产总量增量最多、增速最快的区域。但是，这类地区乡镇、村委会所属居民点范围内的非原住居民较多，由集体经济支付对于社会治理和服务的费用负担也很大。2019 年，中心城区农村集体经济组织社会性支出 14. 92 亿元，约占全市村级社会性支出的 80%。村均社会性支出分别是城市发展新区和生态涵养区的 26. 8 倍、89. 7 倍（见图 1-3）。相对而言，远郊缺少集体资产形成的这类途径，主要依靠农村自身产业发展逐步积累，且在等额投入的条件下，建设成本较高，集体资产形成速度相对较慢，集体积累增加的难度较大。加上山区的村庄空心化、人口老龄化程度较为严重，集体经济发展的动力和活力较为缺乏。

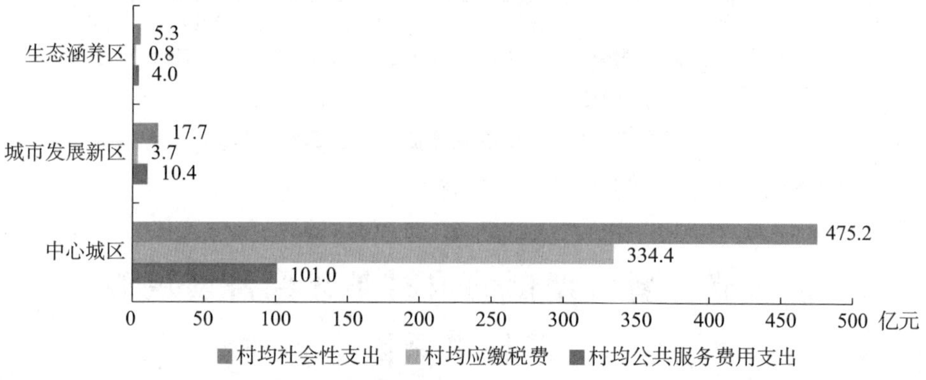


图 1-3　2019 年全市不同功能分区村均社会性支出对比情况

## 二、农村集体经济发展空间过度受限，政策不够稳定，弱化了发展基础

一是在农村集体土地和城市国有土地上允许发展的产业本来就多有差别，近年来环保、规划、红线等各种要求趋严，各类文件明确允许农村可发展的产业趋窄；同时，在各类规划尚未完成和衔接的情况下，各类审批也缺乏依

据。这些情况致使基层存在宁“等”而不冒风险的心理，发展集体经济的能动性减弱。部分村庄受生态红线控制，集体建设用地指标严重缺失。例如，怀柔区喇叭沟门乡90%的国土面积位于国家森林公园内，既无建设用地指标，产业发展也受严格限制。二是集体经济收入渠道单一，多数村庄除了农林业以外没有可从事的其他产业。部分村庄开展旅游但对集体收入的贡献不多，还有基层单位反映林下经济难以落实；集体积累主要依靠提取征用土地补偿金、集体资产租赁收入和财政补贴收入等，部分村庄成为“无集体财产、无集体资源、无集体企业、无集体收入”的“四无”村和“集体经济空壳村”。三是大部分村庄土地已划分到户，集体缺少可利用的资源；少数村庄有集体资产，但由于位置偏远，利用价值不大；有的村庄早期将集体资产以低价出租，资源利用率低，村级集体经济得不到持续收入。四是出于对村庄人口普遍减少的判断以及相应对建设用地配置减少的控制，导致了资源配置短缺。一些地区的规划预期与实际情况不符，导致了资源配置短缺。全市在推进“村地镇管”“村地区管”过程中，土地资源不掌握在村庄手里，部分乡镇层面“统而未用”，村级层面“想用无地”，发展空间受限，村庄积极性降低。五是村集体的村庄治理和公共服务开支越来越大，年年积累，阻碍了村集体经济发展。据调查，仅村内村养老驿站、医疗诊所、新时代文明实践所、阳光浴室、党群服务中心、政务服务中心、乡情村情发展史、旅游服务驿站等村内公共服务的采暖照明等，村集体一年需要承担的公共电费就达到12万~20万元。

## 三、对集体经济的有效实现路径研究不够，认识不足，缺乏灵活多样的集体经营性资产积累增长机制

经过“疏整促”行动，农村集体经济发展环境得到净化，“绿水青山就是金山银山”的理念深入人心，绿色发展成为基层的普遍追求。但是对于新发展背景下农村发展什么产业、如何发展产业、如何通过发展产业壮大集体资产，出现了一些困惑；同时，全市先行编制了各村庄规划，而其他各种上位规划均未完成，发展产业的资源配置难以落位到基层，缺少在这一时期审批的明确依据和办法。“疏整”落实到位，而“促发展”跟进不足；“腾笼”后“换鸟”不及时。农村发展出现了产业发展处于停摆的“空窗期”。这反映出对农村集体经济的有效实现路径研究不够。一是对如何盘活农村存量资产的

研究不够。集体经济的发展既有共性的原则和底线，也有多种多样的具体路径。中心城区、近城平原区、远郊山区的集体经济发展路径各不相同，即使同一地区也存在多种多样的做法。历史演化与现实条件决定了农村集体经济的有效实现形式必须是多种多样的，而不可能是“一刀切”的。允许基层在长期实践经验的基础上勇于进行大胆创造，才有可能形成生动活泼的发展局面。二是对如何将财政支持乡村建设的资金有效转化为农村集体资产的研究不够。调研发现，浙江省投入集体经济发展项目的财政资金所形成的资产产权以相应比例划归村集体所有，财政支持乡村建设的资金 50%转化为集体资产。一些经济欠发达地区通过政府拨款、减免税费等方式形成了一些资产，这些地区也根据情况变化，建立健全农村集体经济组织，其经验值得借鉴。三是对如何将外来资本投资形成的资产与本村资产有效融合的研究不够。实践证明，按照城乡融合发展的趋势和要求，允许来自农村以外的人力、资本、技术、消费、业态等发展要素进入村庄，与农村集体经济范围内的土地资源和房屋、设备等经营性资产相结合，可以成为农村集体经济的重要组成部分。大城市郊区充分利用这种优势，积极探索将农村集体经济的封闭性与开放性有机融合，共同发展农村集体经济，是造就更加强大集体经济、促进乡村振兴的有效路径。

## 四、缺乏促进新时期壮大集体资产的相关政策措施

一是以政府财政支持农业农村的一部分投入来促进集体资产形成的机制尚未形成。包括：对政府投入农业农村形成的非经营性资产，探索有利于提高公共服务能力的集体统一运营管理有效机制；对政府投入农业农村形成的经营性资产，探索将资产折股量化到本集体经济组织成员，发展多种形式的股份合作，赋予农民对集体资产更多权能的资产收益分配机制。二是集体建设产业用地调整机制和闲置资源盘活利用机制不完善。农户退出宅基地后地上物实行只拆除、不利用的做法，既浪费了存量资产，也不利于尽快转化成为集体经营性资产用于发展适宜产业；农村闲置厂房、腾退土地、整村搬迁后的闲置房屋、拆迁补偿款等资产，在盘活利用方面存在诸多政策和程序限制。三是产业扶持机制不完善。受产业禁限目录的限制，农村地区（尤其是生态涵养区）可发展的产业较少。目录未禁止也未鼓励发展的产业实际上不

受支持，导致各地只能发展同质化的产业，使集体经济发展存在潜在市场风险。四是税收机制不完善。村集体经济组织作为特殊法人，不能享受税收优惠，在获得还建商业楼租金收入时，还需要缴纳房产税、增值税和所得税等大额税金。此外，在农村集体产权制度改革过程中，将原来的集体资产划归股份经济合作社时，也需要缴税。这些都增加了集体经济的运营成本。五是规划的衔接性问题。近年来全市农村处于各类规划的编制期，由于过去没有系统完整的农村规划，规划编制又处于多规合一的改革探索阶段，农村各级、各类规划的编制需要相当长一段时间。而在“无规划不建设”的原则下，规划做不完、批不完或不配套，如果相关部门没有出台应对这种情况的临时性措施，基层则无法继续进行日常的建设发展活动。例如，部分村庄反映出现土地利用规划、林保规划等多个规划“打架”的问题；当前园地复耕、平原造林工程等多项工程的推进，导致林地矛盾突出；基层反映，一些涉农政策措施之间相互协调不够，单项政策措施难以落实见效。这些都是当前农村发展出现“空窗期”的主要原因，也是基层反映比较普遍的政策措施方面亟待改进之处。

## 五、集体经济组织人力资源不足，缺少致富带头人

农村集体产权制度改革以来，那些集体经济已经壮大起来的地区，其共同经验就是有好的致富带头人。当前的新情况：一是农村人口过度流出，农村社会的空心化、老龄化问题十分严重，难以成为现代化建设和壮大集体经济的主力军。“三农”普查数据显示，全市常住人口占户籍人口不足50%的“空心村”占比为8.8%。朝阳、海淀、丰台、大兴、昌平等地区得益于以中青年为主的常住外来人口大量涌入，人口老龄化维持在相对较低水平。但是，作为生态涵养区的怀柔、门头沟、平谷、密云、延庆五区人口老龄化程度分别达到17.5%、20.0%、20.1%、21.6%、21.9%，分别高于全市1.6个、4.1个、4.2个、5.7个、6.0个百分点。二是部分村庄原有致富带头人多已到达退休年龄，也有一些村“两委”班子存在传统的思维定式和工作惯性，在思想观念、能力素质等方面存在不足。对发展集体经济的重要性认识不足，缺少发展集体经济的思路和方法。三是多数集体经济组织尚未形成懂经营、善管理的职业经理阶层。仅靠从本村内选拔干部，选择余地狭窄，亟待形成更

加开放性任用职业经理人的机制。

### 六、农村产权制度改革有待继续深化发展

农村集体产权制度改革的根本目的是让农村和农民顺利地融入新型城乡关系。深化产权改革，不仅需要探索集体经济组织形式创新，也应将经济改革延伸到社会治理方式的转型。后一方面改革滞后，是当前集体经济负担加重的主要原因之一。一是在完成产权制度改革的基础上，在城乡接合部及外来人口多的村庄，社区治理未及时纳入城市化管理体系，以农村治理方式管理村民和非村民，必然遇到大量村民自治和集体经济组织难以解决的问题，也加大了集体经济负担。二是激励机制缺位。村集体经济组织主要管理人员待遇偏低，对职业经理人、专业化管理人员等高端人才要素吸引力不足，职业经理阶层难以形成。三是部分村庄呆账、坏账风险不断加大。应收款过多造成大量集体资金沉淀，严重影响村级组织运行，导致一些地方的党群、干群关系紧张，需引起高度重视。四是农村集体形态发生变化，部分集体经济组织成员改革动力不足。在一些城乡接合地区，原来一些没有产业基础的村庄整建制转居，原集体组织成员不再集中居住，原有村庄已经消亡，集体组织的边界日益模糊。与有产业基础的村不同，这类村集体的资产多以征地补偿款等现金方式存在，缺乏产业支撑，无论是村干部还是普通成员，都有将其彻底分配给个人的强烈愿望。如何凝心聚力谋划共同发展集体经济、壮大集体经济，是这部分村庄下一步深化改革面临的重要难题。

## 第四节　推进农村集体经济转型发展的相关建议

应立足北京郊区经济实力较强、发展潜力巨大、乡村两级组织体制较为完善的优势特征，找准工作的切入点和着力点，顶层设计农村集体经济发展的战略思路，充分发挥集体经济组织凝聚群众“一把米”的重要作用，打造京郊乡村振兴的“发动机”。

### 一、缓解农村集体经济发展中的不平衡

把握不同地区集体经济发展分化趋势，坚持分类指导、分类推进、因地

施策，积极探索大城市不同发展条件下集体经济协调发展、共同富裕的有效路径。

1. 城乡接合地区应加快农村治理方式转变和公共服务向城市转型

针对这类地区集体资产存量大的特点和优势，从发展的角度来看，主要是激发发展城市产业的新动能，积极而稳妥地寻找资产有效利用的出路。从改革的角度来看，应逐步探索集体经济融入城市后组织形式的创新。有的集体经济组织可向股份有限公司及相应法人治理模式转型，走向现代企业制度。特别是对于土地已全部征用、原住村民社会保障已全部落实的，可探索让资源、股权等充分流动，有条件的地区可引入其他市场主体合作发展。应推广各区已探索出的集体经济转型升级的多种模式。如朝阳区针对农村“三地一房”，形成分级管理的“村地区管”工作模式；针对资产经营越来越多的情况，形成规范集体经营性用房交易和租赁行为的经营性资产公开交易模式；针对“一绿”建设的任务，形成以乡为重点的四类乡村分级推进模式；针对资产有效利用的需求，形成对未利用集体产业用地由区属国企统筹规划、融资、招商、管理等资源优势，打造高品质、高精尖的高端产业园区的产业用地区级统筹模式。

2. 生态涵养区应加强全面建设和补偿，适度培育自身的可持续发展能力

这类地区是将巩固脱贫成果与乡村振兴有效衔接的重点地区，应以生态建设优化环境、绿色发展富裕人民为目标，持续抓好保护环境和加强治理，涵养山水林田湖草，推进全面保护、全面建设、全面发展。在优化环境品质、加强生态空间的全面保护中，实行财政支持向集体经济发展倾斜，加大生态修复、生态建设力度；在补齐短板、加快生态系统的全面建设中，围绕水源保护、森林管护、流域管理、矿产资源开发、环境保护等不同内容，进一步完善市场化、多元化生态保护补偿机制，健全生态补偿政策体系；在增强内生动力、支持生态产业的全面发展中，部署绿色产业项目，重点以特色林果业、绿色养殖业和休闲旅游业等主导产业为基础，紧紧围绕自然、生态、乡土、历史文化等优势资源，积极支持受市民欢迎、农民受益的民宿、微电商、消费帮扶、田园综合体、有机农业等项目，着重发展生态友好、就业富民的美丽经济和绿色产业。通过财政扶持和产业发展，大幅增强集体经济的可持

续发展能力。“十四五”规划时期应集中力量攻克政策难点，扫清制约生态涵养区建设发展的各种政策和体制机制障碍，提高政策落地的效能。按照“点状供地”的经验，加快政策落地步伐；积极探索出台闲置宅基地的地上物转为乡村集体资产用于发展乡村旅游休闲等产业的政策措施；细化明确生态涵养区适宜产业目录和产业扶持政策措施，明确规定某些无法预见、不在目录内的项目不被禁限；明确在村庄规划、乡镇规划等尚未完成时期的项目审批暂行办法；制定鼓励农民、集体、社会力量参与生态涵养区发展建设的政策措施，动员和引导全社会力量共同有序推进生态涵养区建设。

3. 发展区应重点培育农村集体经济壮大资产，探索多样化的发展模式

应参照农业主产区方针政策，坚持和稳定完善农村基本经营制度的底线，重在创新和完善经营治理机制，多措并举地发展壮大集体经济，促进农村集体经济保值增值，让农民得到实惠。针对不同村庄的资源禀赋，探索推广差异化的发展模式，尽量保持产业较为全面的多样化发展。对有明显优势、有成熟产业的经济强村，重点以打造示范引领为方向，发挥产业示范带动作用；对有一定资源基础，但发展相对滞后的资源大村重在合理引导，挖掘发展潜力，盘活自然、人脉等资源，加强“领头雁”的培养，增强发展的内生动力；对无资源、无能力的经济薄弱村重点是开展农村集体经济薄弱村帮扶专项行动，实施政策帮扶、项目倾斜、转移支付、智力支撑，“抱团”发展，走借力发展之路，逐步由“输血”向“造血”功能转变。

## 二、多渠道增加集体经营性资产

为农村集体经济和适宜产业发展排忧解难、克服障碍、创优环境，仍是各级政府的主要职责。新时期发展农村产业的道路已经比较明确，在经过治理整顿后更加清洁的环境中，各级政府、各级领导对于落实农村绿色发展都应保持热情不退、能动性不减，在坚守红线不动摇的前提下，勇于积极探索。善于发现基层坚持绿色发展的经验，不断完善农村产业发展的政策措施。

首先，加快低端产业退出后的集体产业结构调整升级。从宏观产业布局和不同区位功能的高度，指导集体经济做好产业发展规划，避免低水平重复建设，抓紧“腾笼”后“换鸟”，缩短产业发展的“空窗期”，使农村集体经

济接续发展。其次，发展农村适宜产业，培育集体经济新的增长点。一是以乡村集体经济为核心培育新型农业产业组织体系，落实乡村集体经济组织的土地占有和规划权、土地发包和调整权、收益权和处置权。二是发展生态友好型产业。从新冠疫情中总结经验教训，规划和发展医疗保健、养老养生、休闲旅游、体育健身等多业态，加强农村公共卫生事业建设，将乡村休闲旅游与医养健康培育成农村集体经济发展的重要支柱产业。三是支持特色农产品的生产流通，将优质安全的特色农产品作为乡村集体产业发展的金字招牌。四是鼓励集体经济组织、集体企业全面参与到基本公共服务的建设和供给上来，养老、卫生、环保、绿化等竞争性较弱的社区公益性事业主要交由村集体经济组织承办。如集体经济组织承担林场管护、物业、绿化、保洁等公共服务或参与涉农工程建设。五是拓展生态控制区和限制建设区集体经济发展空间。对处于水库一级保护区的村庄，规划实施有序搬迁，切实维护被搬迁村集体经济组织和村民的正当利益。对处于水库二级保护区的村庄，应对发展乡村旅游业带来的水污染影响进行科学评估和决策，杜绝“一刀切”禁止发展乡村旅游的简单做法。

要特别关注发展壮大集体经营性资产，增强自身“造血”功能。全面清理集体土地使用合同，对一些闲置、低效、不利于高质量发展的集体资产进行重新配置。加快盘活农村的闲置资源。在党建引领下，盘活乡村土地、生态、文化、旅游、产业等资源，允许村集体、合作社为载体引入农业、旅游、文创等经营主体，通过吸引投资、合作开发、租售开发等模式，将“沉睡”资源转化为产生经济效益的资本。对村内闲置房屋，鼓励由村集体统一对外招租的方式。探索将财政对村集体支出的建设项目部分资金，作为农村集体经济组织或农户的股金，转化为农村集体资产。使财政对农村投入形成的经营性资产转化为农村集体经济长期稳定运行的重要来源。

## 三、多层面总体动员、协同发力

从认知层面，一是发挥好集体经济组织统筹开发利用集体资源要素的功能。进一步优化集体经济组织对集体资产统一监管的功能，尽快修改完善农村集体资产管理办法，加快补齐集体经济组织为成员提供统一服务的短板，鼓励集体经济组织为成员提供产前、产中、产后的农资、技术、信息、金融、流通等全方位的生产生活服务。二是处理好集体资产与集体经济成员户营资产的关系。坚持集体经济和户营经济相互促进。集体经济组织成员的户营经济是农村集体经济的重要组成部分，集体经济与户营经济应和睦相处。应通过股份合作经济组织、农民专业合作社等多种形式，促进二者有效连接，实现集体资产与户营资产的共同增长。三是处理好集体经济与民营经济的关系。发展集体经济与发展民营经济并不矛盾。集体经济强调的是集体资产的所有权，民营经济可以利用集体资产进行合法经营，在经营中促进农村集体资产的有效使用并实现保值增值。实践证明，农村外部要素可采取民营经济的形式，实现与集体经营性资产的结合，增强农村发展的实力，提高经营水平。应坚持鼓励农村集体经济、户营经济、民营经济共同发展的政策措施，不可以户营经济、民营经济替代集体经济，也不可以发展集体经济为名而干扰户营经济、民营经济的正常发展。

从政策层面，将完善农村集体经济的内部激励机制与引进外部要素的开放机制有机结合，实现资源与要素的有效结合，在促进城乡融合发展中形成增强集体经济和乡村社会的活力。一是把专业人才用活，继续从党政机关、国有企业、高等院校等选派“第一书记”驻村，引导“第一书记”把工作重点放到发展集体经济上，从更高层次上分析所在村的优势资源和劣势因素，找准盘活优势资源的思路和对策。探索推进经营管理专业化，选取条件成熟的农村集体经济组织作为试点，鼓励聘请职业经理人和专业团队进行经营管理。制定集体经济人才培养专项规划，通过统一组织授课、实地参观考察、专题剖析研讨、选好培训对象、鼓励老典型“传帮带”等方式，大规模培训集体经济经营管理人才。改革传统的村干部工资津贴的发放标准与方式，比照公务员体制，更改为等级支付体制，根据村集体经济经营效益和规模，划分为若干等级和级次，对照执行不同的工资津贴标准。二是把建设地用好。在农用地方面，完善“村地区管”的体制机制和政策体系，强化用途管控和集体经济合同管理。加快促进“点状供地”尽快落地生效，制定集体经营性建设用地的“点状供地”政策细则，明确政策落实路径，开展政策培训和解读，做好“点状供地”项目评估，确保乡村产业用地的有效供给。加强“点状供地”与镇村规划以及产业、林业、水务、旅游设施、体育设施等专业规划的衔接，加大对乡村旅游产业发展涉及的道路、停车、服务驿站等配套基础设施“点状供地”的支持力度。课题组在福建、浙江等地考察学习时看到，把一些适宜产业项目安排在山区和农村地区，是促进城乡和地区协调发展、增强各地区发展后劲和就业增收能力的战略性举措。比如，福州市将浅山区的科技创意产业园区与山地森林公园相傍，浙江安吉余村由政府建立乡村振兴培训基地，不但充分利用了优质资源，而且形成了美丽经济和绿色发展的联动力。三是把社会力聚强。深化“放管服”改革，优化乡村营商环境，积极探索社会资本与村集体合作共赢模式。鼓励社会资本为乡村振兴提供资金、产业、技术，鼓励社会资本投资适合产业化、规模化、集约化经营的农业领域，鼓励社会力量进入乡村生活性服务业。建立维护集体资产所有者与投资者、经营使用者等各方权益的机制。建立社会资本租赁农地监管和风险防范机制，确保农地农用，防止农村集体产权和农民合法利益受到侵害。

从制度层面，应加强集体经济发展的组织和立法保障。强化各级党委（党组）领导核心作用和政治责任，落实五级书记抓乡村振兴的要求，为集体经济发展提供坚强政治保障。抓紧出台“北京市农村集体经济组织条例”。借鉴广东省、浙江省经验，先行研究出台地方性法规条例，对农村集体经济的性质、组织原则、经营体制、产权制度、治理结构、利益分配等重大原则问题进行法律规范，提升经管部门登记的法律效力和权威性，落实集体经济组织法人主体地位，让集体经济在税收优惠、融资等领域享有与其他所有制经济同等的法治保护。成立全市消除集体经济薄弱村工作领导小组。下设办公室，负责综合协调、组织指导、督促检查、工作考核等。区级也要成立相应的领导小组，党政主要领导要亲自挂帅，抓好项目规划、资源整合、统筹联建、督促指导等工作。建立集体经济薄弱村联系点制度，各级党委和政府负责同志都要确定联系点。

从技术层面，应将农村集体经济发展壮大作为“数字乡村”建设的优先内容。根据通州区集体经济管理信息化的经验，“十四五”时期应加快集体经济的系统建设。以信息化技术为支撑，依托“互联网+”模式，完善农村集体“三资”① 监管信息系统，涵盖财务管理、集体资产审计等模块，全方位监管农村集体“三资”全部事项及所有经济活动，并进行实时监测各类项目。促

① “三资”是指农村集体资金、农村集体资产、农村集体资源。

进集体经济完善自身建设管理和发挥服务社区的功能。

党中央确定到2035年基本实现农业农村现代化和乡村振兴的目标时间和任务十分紧迫，基层对于增强集体经济发展能力的愿望和要求十分迫切，以发展壮大农村集体经济带动城乡之间、地区之间人民群众共同富裕尚任重道远，必须尽快填补农村发展的“空窗期”留下的空白，把“十四五”规划时期作为本市发展壮大农村集体经济的关键时期。既要完成加强集体经济薄弱村的重点工作，更不能放松夯实农村集体经济发展的基础，逐步从根本上改变农村集体经济自身“造血”能力不足、对政府的依赖性增强的问题，也防止集体经济薄弱村现象出现反弹和波动，让首善之区的农村集体经济发展跃上一个新台阶。

第二章

# 深化农村集体产权制度改革研究

## ——以丰台区为例

# 第一节　绪论

## 一、研究背景

农村集体产权制度改革是“三农”领域具有“四梁八柱”性质的重大改革，是继承包地“三权分置”改革后中央安排的又一项农村重大改革任务。深化农村集体产权制度改革，对于壮大农村集体经济，推进乡村治理体系和治理能力现代化，实现共同富裕和乡村振兴战略具有重大而深远的意义。

中央政府出台了一系列鼓励政策以促进农村集体产权制度改革。农村集体产权制度改革的形成阶段（2010—2016 年）。2010 年中央“一号文件”明确提出鼓励有条件的地区开展农村集体产权制度改革试点。2014 年 11 月，农业部、中央农办、国家林业局印发了经中共中央、国务院审议通过的《积极发展农民股份合作赋予农民对集体资产股份权能改革试点方案》，标志着农村集体产权制度改革试点工作全面启动。2016 年中共中央、国务院颁布的《关于稳步推进农村集体产权制度改革的意见》（简称《意见》）对改革作了全面部署，同时 2016 年由全国人民代表大会颁布的《中华人民共和国国民经济和社会发展第十三个五年规划纲要》则以法律形式要求深化农村集体产权制度改革。农村集体产权制度改革的深化阶段（2017—2021 年）。这一阶段政府持续发力，颁布了大量农村集体产权制度改革政策，其内容主要集中于研究制定配套政策，从而确保集体资产保值增值和农民增收致富。到 2021 年，农村集体产权制度改革已经基本完成阶段性任务。截至 2020 年底，全国共清查核实集体资产 7.7 万亿元，集体土地 65.5 亿亩，确认约 9 亿集体成员。共建立乡镇、村、组三级组织约 96 万个，全部在农业农村部门注册登记并领到

《农村集体经济组织登记证书》，其中，完成产权制度改革的村共有 53.1 万个，占全国总村数的 94.9%。[①] 这保障了农民的集体财产权益，为提高农民的财产性收入提供了分配依据，也为继续发展壮大新型农村集体经济、促进农民农村共同富裕奠定了基础。

北京市丰台区是北京市的城六区之一，也是北京四个近郊区之一，全区农村集体土地 133.27 平方千米，占全区总面积的 43.6%，其中农用地 72.13 平方千米。[②] 丰台区作为北京市农村集体产权制度改革先行区之一，特殊的定位及城乡布局结构、人员构成促使其在城市化进程中走在了前列，有创新、有突破、有成效，对改革起步较早地区具有典型借鉴意义。随着全国城乡一体化进程加快，农村集体经济组织实践不断发生变化，中央政策在汲取各改革试点经验的基础上，逐步调整、深化。对此，为更好贯彻落实中央和北京市关于“深化改革、巩固提升改革成果”[③] 政策要求，丰台区农村集体产权制度改革成果需紧随上级政策与本区发展通过进一步深化改革巩固提升改革成果，优化丰台区农村集体经济组织及其股份管理，完善集体资产股份权能。

## 二、国内外研究综述

### （一）农村产权制度改革措施

农村集体产权制度改革自实施以来，已基本形成固定成熟规范的操作流程。产权制度改革的基本操作流程：清产核资—确定成员—设置股权与管理—折股量化—建立农村集体经济组织，顺序不固定，细节存在差异，体现了因地制宜原则。清产核资是产权制度改革顺利启动的基础和关键；确定成员则是集体成员获取产权制度改革公平的基础。本章重点从股权设置、折股量化、股权运营和农村集体经济组织四个方面进行阐述。

#### 1. 股权设置

关于股权设置在“是否设立集体股”问题上存在较大争议。《意见》指

① 高鸣，郑庆宇．党的十八大以来我国农村改革进展与深化方向［J］．改革，2022（6）：38-50.

② 北京市丰台区 2021 年清产核资统计。

③ 北京市委农村委、市农委《关于进一步深化本市农村集体产权制度改革发展壮大农村集体经济的若干意见》（京农发〔2017〕33 号）。

出“股权设置应以成员股为主，是否设置集体股由本集体经济组织成员民主讨论决定”。韩松（2022）认为在实行股权静态管理的情况下，基于实现新增集体成员的股份分配权、对陷于贫困的集体成员的帮扶等考虑设置集体股，以实现集体所有权为集体成员提供公平保障的目标。房绍坤、任怡多（2021）基于法理逻辑和股权本质，提出农村集体经济组织无法履行作为股东的基本出资义务；农村集体经济组织陷入持有自己股份的困境；农村集体经济组织丧失股东的基本权利——表决权；农村集体经济组织不承担清偿责任；设置集体股会造成产权归属不清，引发二次改制的困境；设置集体股易形成“内部人”控制，产生腐败问题，因此集体股应当废除。段浩（2020）认为对于经济发展较快的地区，可以采用直接量化到人的彻底改革方案；对于经济发展水平相对较慢的中西部地区来说，采用集体股和个人股（成员股）综合配备的折中方案，在改革现阶段不失为更加稳妥的方式。

2. 折股量化

农村集体资产折股量化的范围及参与量化人员是重点。《意见》指出：农村集体资产包括资源性资产、经营性资产、非经营性资产。宋洪远、高强（2015）认为在中央制定一致标准前，各地区应按照要求主要先量化经营性资产，使得成员获得基本的财产性收益，再根据成员需求或资产有条件得以开发利用时，再量化非经营性资产和资源性资产。林广会（2021）提出可折股量化资产应同时具备两个特征：一是可以通过集体统一经营为集体带来收益；二是可以通过资产评估确定其市场价值。目前各地区关于成员资格认定存在立法层级低、内容结构形式多样、认定标准未达成普遍共识等问题。从广义上看，成员认定以拥有农村户口的群体为基础，但并不完全等同于这一范围。童航（2023）认为成员资格认定应区分为基于集体财产的原生性成员资格认定（户口+社会保障标准）和基于实质贡献的自治性成员资格认定（实质贡献+程序通过标准）。吴昭军（2022）提出应引入动态系统论，采取“因素—效果”立法模式，初步取得以财产与劳动投入为身份取得的依据；法定取得可将是否以集体土地作为基本生存保证列为首要因素，将血缘关系、地缘关系、婚姻关系作为次之因素，将户籍列为后顺位因素；申请取得遵循团体自治逻辑，标准亦应由团体决议确定。

3. 股权运营

农村集体产权制度改革难点是改革完成后通过多种经营方式，盘活集体经济，做大集体经济“蛋糕”，以及如何公平、公正、有效地分配“蛋糕”。受村社资源禀赋差异影响，股权运营主体总体上呈现“村社党支部主导→村社能人（企业）主导或与村社党支部共建→乡镇政府统筹协调”的演进趋势（申云等，2023）。目前，新型农村集体经济已经形成经营型、联营型、租赁型、服务型和党建型等发展模式（高鸣、魏佳朔，2021），安徽省引入村“两委”、村民代表大会和上级政府，重新赋予农村集体经济组织的组织和管理职能，完善对农村集体经济组织的有效制约和监督（刘鹏凌、万莹莹，2020）；陕西省通过“三类型八模式”因地制宜促进产业升级以撬动农村集体经济发展（陈宜、王征兵，2022）。但农村集体经济组织在股权运营方面仍面临着发展规模不大、定位不明、质量不高的问题。随着新型城镇化和城乡融合发展的深入推进，多数村庄存在人口外流甚至消亡的趋势，因此要探索不同村庄集体经济“抱团”发展方式（芦千文、杨义武，2022）。

4. 农村集体经济组织

《意见》指出：“农村集体经济组织是集体资产管理的主体，是特殊的经济组织，可以称为经济合作社，也可以称为股份经济合作社。”股份经济合作社使农村地区实现了集体资产从“共同共有”转变为“按份共有”。农村集体经济组织的层级包括：①三级，南方较为普遍，如广东省农村集体经济组织包括经济联合总社、经济联合社、经济合作社和股份合作经济联合总社、股份合作经济联合社、股份合作经济社等。②二级，北方较为普遍，如北京市农村集体经济组织包括乡镇集体经济组织、村集体经济组织等。③一级，如浙江省只存在村集体经济组织（即由原村经济合作社实施股份合作制改革后形成的村股份经济合作社）等（丁关良，2022）。依托农村集体经济组织，农民可通过自主治理实现村庄集体资源的有效开发和利用，并在连带机制的作用下，使合作效益扩散，产生强化经济合作和激发治理合作的连带效应（王辉、金子健，2022）。

农村集体产权制度改革的研究以实际做法研究为主，理论分析相对较少。农业部经管司课题组（2014）从四个方面对我国农村集体产权制度改革进行了理论分析：第一，对于集体资产量化的范围，在中央未出台统一标准时，建议只量化经营性资产；若村干部和村民同意量化资源性资产，应予以支持创新探索。第二，对于成员资格界定方面，以上级意见为指导，因地制宜地探索合适的界定标准。第三，对于股权设置，原则上不建议设立集体股，但应根据实际情况和民主意愿最终决定是否设立集体股。第四，对于股权管理，建议引入现代化股份管理机制。通过对沪郊产权制度改革的观察，目前亟须深度反思集体成员权制度与企业股权治理结构的结合问题，以及“多子”和“少管”的悖论等治理困境。

### （二）农村产权制度改革模式

具有中国特色的探索性农村集体产权制度改革产生于20世纪70年代末期，并于80年代中期得到发展，90年代以后得到广泛发展。我国开展农村集体产权制度改革采用“先试点、后推广”的逐步推进形式，总结试点地区经验，有利于减小交易成本，降低不确定性，减少全国推广的阻力。1992年出现的广东“南海模式”、2002年江苏苏州开始施行农村股份合作制改革、2003年北京昌平开展的农村集体产权制度改革以及浙江宁波开展的农村股份合作模式等都是典型代表（陈华彬，2017）。随着以“扩面、提速、集成”作为深化农村集体产权制度改革的行动指南，一方面为我国扩大农村集体产权制度改革提供了宝贵的模式借鉴，另一方面为我国未开展农村集体产权制度改革的地区在清产核资、折股量化、成员界定、股权设置与管理等实际操作方面提供了宝贵的经验借鉴。

我国地域辽阔，东、中、西部农村地区情况差异较大，中央鼓励各试点地区因地制宜地创新改革模式，因此出现百花齐放的局面。最早成功的改革模式为“南海模式”，将行政村或者村民小组的集体资产及集体土地折成股份集中起来并组建股份合作组织，股份合作组织可将土地直接出租或修建厂房继续出租，村集体内的村民可以以资金形式入股，依据股权份额共享土地非农化的增值收益（闵师、王晓兵，2019），以此提高了农村土地的市场价值，并增加了农民的收入。以“五举措”“三三六”① 为改革操作步骤的“温江模

① “五举措”是指清产核资、资格界定、股权设置、资产量化、组建股份经济合作社；“三三六”是指三固化、三自治、六公开。

式”，提高了农民参与的公平公正性，同时也保障农民全程参与。2015 年我国政府开展的农村集体产权制度改革以经营性集体资产为主，但部分地区探索对土地等资源性集体资产开展产权制度改革。榆阳区北部滩区和南部山区根据各自的特点将土地等资源性集体资产按照“确权确股不确地”和“一户一田”的方式开展产权制度改革，取得了显著成效。2019 年被农业农村部评为全国农村集体产权制度改革试点典型单位，榆阳区属于 20 个典型单位中唯一一个资源性产权制度改革典型地区（张瑞涛、夏英，2020）。榆阳区开展资源性集体资产产权制度改革的成功为中西部地区尤其是缺乏经营性资产地区提供了很好的经验借鉴。

综观现有文献研究发现：不论农村集体产权制度改革的哪个阶段均无固定模式，因此需结合当地的特色，因地制宜地探索适合当地的改革模式。现在已有的经验只能为剩余未实施改革地区提供借鉴和参考，而不能一味地照搬，在继承中创新是目前尚未进行改革地区重点要考虑的问题。

### （三）农村产权制度改革存在的问题

农村集体产权制度改革是农村改革发展中具有根本性的重大制度变迁和创新探索，但在改革过程中存在一些问题，现有文献相关研究主要集中在以下四个方面：一是产权制度改革的操作层面。如农村集体产权制度改革初期在思想认识、资产量化范围、成员身份确认、股权设置、管理和流转、集体经济组织认定注册等方面做出归纳分析，发现农村集体资产产权边界不清，产权（权能）残缺；农村资源产权量化不完整、历史遗留问题严重；农村资源产权交易转让受限，交易费用高；农村资源产权经营缺乏科学性、市场风险性较高（房绍坤、林广会，2019；高强等，2020；王婧，2021；陶爱萍，2022）；新型集体经济组织的法律地位不明确（贺福中，2017）。二是随着农村集体产权制度改革的进一步深化，改革过程中选择性频向突出，村干部积极性不高，农村集体经济组织登记为法人后税费负担加重，以及政社不完全分离，集体经济组织承受市场风险能力弱，分红不公平等新问题凸显，集体经济组织激励机制问题亟待解决，为改革后农村经济的持续健康发展带来严峻考验（郭晓鸣、王蔷，2020；田友、赵翠萍，2021；唐丽霞、张一珂，2022）。三是深化农村集体产权制度改革面临的相关法规和政策约束问题：在成员资格认定、股权管理、治理结构等方面法律法规不健全（陈希，2022）；财税和金融政策与农村集体产权制度改革相脱节，政策支撑条件不足，无法有效保护产权（林冬生，2016；刘现伟、李红娟，2017）；政策优惠力度不足，集体经济组织税费负担重（农业部经管司课题组，2014；张文律，2015）；社会保障制度建设与改革步伐不一致，农民市民化配套措施不完善；公共服务体系覆盖不均匀（刘祥琪，2014）；关于支持农村集体经济发展和农村集体产权制度改革的具有针对性、可操作的细化实施办法数量少（韩俊等，2019），与基层干部、群众期盼存在一定差距。四是从多个视角深入剖析个案农村集体产权制度改革中的特殊困境。张文律（2015）以温州农村集体产权制度改革为例，探究村股份经济合作社和土地合作社运行协同问题；夏英等（2018）对大兴、闵行、南海等 12 个试点县（市、区）进行做法成效的总结，指出目前六项股份权能实现程度不一，需从法律层面对产权制度改革细则加以细化；翟峰（2017）分析了四川省“温江模式”等多种产权制度改革模式，其中产权制度改革需恰当地处理集体经济组织与村委会或社区管理的关系。随着我国产权制度改革的不断推进，深化产权制度改革面临的问题引起学者的注意。进一步纵深推动产权制度改革需摆脱集体经济组织的身份困境、产权流转困境和可持续发展困境（张斌，2019）。深化产权制度改革可通过与新产业发展、农民就业增收、新的集体经济发展形式、乡村治理能力以及党的基层领导相结合，做好新时代产权制度改革，实施乡村振兴战略。

### （四）农村产权制度改革制约因素

通过梳理现有文献，发现制约农村产权制度改革的原因是多方面的，主要包括：一是将农村集体产权不完善归因为农村要素市场化程度低、法律法规滞后（许经勇，2019）。二是将问题根源定位于农村集体产权制度改革相关主体的缺位、错位和越位。村干部层面，农村地区缺失村民自治制度致使村民自治蜕化为村干部自治，村干部自治导致农村集体产权出现失灵的可能性（董江爱、张毅，2016），部分干部和群众认识不到位也是改革不彻底的影响因素之一（胡东莉，2017）。地方政府层面，一些地方政府对集体产权采取较为“模糊”的态度和“悬置”的处理方式，使得改革推进受到不同程度的阻碍（袁方成，2013）。从金融供给主体层面，受上级部门支持力度不足以及股权价值难以量化评估的影响，银行等金融机构无动力和权限自主创新农民股权抵押担保产品（夏英等，2018）。司法机关层面，对产权制度改革产生的纠纷总体立场比较消极，未为案件处理提供有效的规则指引，集体成员维权失败具有普遍性（赵新龙，2019）。产权制度改革过程中政府和农民两种相反方向的规制约束力量，使农村集体产权长期处于脱嵌与嵌入的双重运动中，与真正意义上的市场保持距离（管兵，2019）。三是认为农村集体产权制度改革受历史、经济和法律等多方面因素综合影响。界定成员身份的难题集中在农村集体经济组织的法人地位和职能定位不明确两个方面；而产权流转主要受限于产权流转的封闭性以及流转机制不通导致农业要素市场化程度不高；农村集体经济经营形式单一化、集体经济组织治理结构不健全、税费负担重和过度分配利润等几个方面影响其可持续发展（张斌，2019）。

### （五）农村产权制度改革路径

少数学者就部分关键问题有针对性地提出解决路径。一是激活主体。随着农村集体产权制度改革的不断推进，最关键的问题是成员资格的界定（刘竞元，2019），以及解决集体产权归属问题。发展新型农村集体经济需要重点正确处理农民集体、集体经济组织和村民自治组织之间的关系。同时，随着改革的深入，农村集体经济产权社会化是趋势，并且突破制度的封闭性允许非本集体成员获得集体产权的经营权（周延飞，2018），要预先厘清集体经济与民营经济、集体经济发展与集体资产管理、集体产权制度改革与“三变”改革①以及村委会与农村集体经济组织之间的关系，从深化产权制度改革、集体资产管理体制改革以及农村集体经济组织运行机制改革等多种改革途径加以完善（马永伟，2013；郭强，2014；刘义圣等，2019）。二是激活要素。按照市场运行机制，促使农村集体产权各项权利深度分离与开放，不同类型集体资产按照各自特点分类处理，并推进集体资产的量化与股份化改革，确保集体成员获得共享经济收益权及集体股权自由处置权，增强农村要素的自由流动与真正实现城乡经济融合，真正实现集体产权的市场化价值显化，进而确保农民获得持续的经济效益与权益（李增元、尹延君，2018）。其中，积极

① “三变”改革是指资源变股权、资金变股金、农民变股民。

推进农村集体产权制度改革，探索农村集体经济的有效实现形式，农地产权重构是推进农村集体产权制度改革的重点领域（关锐捷、李伟毅，2015；韩长赋，2015；叶兴庆，2018），要着力抓好农村土地确权登记颁证工作、着力推进征地制度改革、着力加强农村集体“三资”管理，细化集体土地用益物权种类、丰富权能（齐只森，2013）。进一步扩大农用地产权结构、集体经营性建设用地产权结构和集体非土地经营性资产产权结构的开放性（叶兴庆、周旭英，2019），完善有利于推进农村集体产权制度改革的税费政策，从而引导农村产权流转交易市场健康发展（胡东莉，2017）。三是激活市场。鉴于产权制度是否完善与要素市场化程度之间存在因果关系，许经勇（2019）和周延飞（2018）指出经济体制改革必须以完善产权制度和要素市场化配置为重点，做到“政经分开、资地分开和户产分开”以及“股改、地改和户改”（王敬尧、李晓鹏，2012），加快要素价格市场化改革，减弱政府对资源的直接支配权，为农村资本有效进入市场起到保障作用。

### （六）文献述评

我国农村地区的产权制度改革内涵丰富，既包括乡镇企业产权制度改革，也包括农村集体资产产权制度改革。二者改革的对象虽不同，但也存在可借鉴之处。本章重点对农村集体资产的产权制度改革加以详细研究。从整体上看，学者们关于农村集体产权制度改革的实践研究已取得丰硕的成果，对不同阶段农村集体产权制度改革产生了积极影响。梳理现有文献和客观需求发现，我国农村集体产权制度改革的实践探索在一定程度上快于理论研究支撑，一些有益的探索尚未被总结提升为理论创新成果，同时也有些研究结论或观点因仅停留在局部经验判断之上，普适性和说服力有待提高。从研究内容上看，大部分研究主要集中于产权制度改革措施层面上的工作内容方面，其研究深度不足以升华到新制度经济学以及完善农村基本经营制度的理论高度，难以支撑深化产权制度改革的需要。基于此，本章从产权理论、制度变迁理论等视角研究农村集体产权制度改革；结合丰台区下辖的 21 个涉农街镇中 76 个集体经济组织的实地调研资料，总结分析北京市海淀区东升镇经营管理机制与浙江省湖州市德清县系统化制度体系。从而为丰富农村产权理论及深化农村集体产权制度改革提供理论支撑。

## 三、技术路线

本章技术路线如图 2-1 所示。

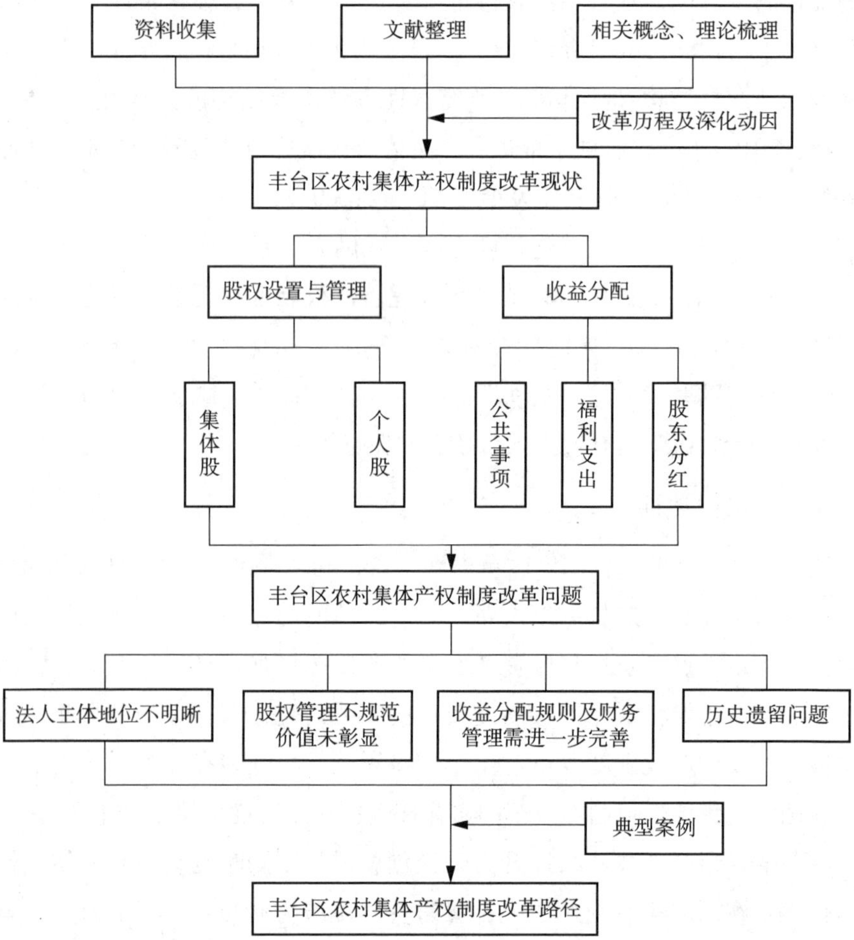


图 2-1　技术路线

## 四、研究方法

### （一）资料收集

收集了集体经济组织机构设立与登记资料、集体经济组织股东股权情况、各集体经济组织多次产权改革形成的历史档案等。本次共收到丰台区下辖的

21个街镇中76个（数据库资料）集体经济组织改制相关数据，资料量达到40G，并对有关资料、相关档案进行电子扫描，建立股东信息数据库等资料包，为利用信息化手段加强农村集体经济组织产权管理奠定基础。

#### （二）实地调研

在产权交易平台牵头下，联合法律、集体经济研究方面的专家共同组成调研组，于2022年9—10月，在资料收集的基础上，与各农村集体经济组织经营管理层、历届产改负责人开展面对面座谈。

#### （三）专家咨询

结合数据资料以及实地调研与座谈，提炼丰台区农村集体产权制度改革的现状与问题。参考国内外农村集体产权制度改革的主要做法与经验，同时，对于关键问题，邀请丰台区农村合作经济经营管理站前站长卢大文同志开展专家研讨。

## 第二节　相关概念和理论分析

### 一、相关概念

#### （一）农村集体产权

农村集体产权作为一项富有中国特色的产权形态，是伴随着农业合作化运动的互助组、合作社、高级社发展阶段逐步架构起来的，自身蕴含着较为复杂的政治概念和法律概念，并在时代进步中不断调整变迁，以期更好地适应我国农村发展的具体实践。总结来看，农村集体产权一般是指在一定农村社区边界内，以相应的发展环境为前提，在界定集体成员权基础上，依循有关制度规范，集体成员在对集体共有资产配置过程中形成的占有、继承、收益、担保、抵押以及有偿退出等相关权利的集合。农村集体产权兼备较为严格的排他性以及相对稳定的共享性，即集体产权在仅针对集体成员所有的同时，也存在成员内部之间通过转让、买卖等形式实现产权的共享，所以合理划定集体成员的身份资格、实现集体产权有效赋权成为农村集体产权制度改革的要点所在。

### （二）农村集体经济组织

农村集体经济组织是指以土地集体所有为基础，由本集体全体成员组成，实行家庭承包经营为基础、统分结合的双层经营体制，依法代表成员集体行使所有权的地区性经济组织。丰台区存在两类集体经济组织，一类是以农村社区股份制企业为基础的新型农村集体经济组织①，另一类是经济合作社②。由于丰台区各经济合作社基本无实体运营（卢沟桥乡联社除外），为行文方便，本章提到的集体经济组织如无特别说明，一般指第一类集体经济组织，又称改制企业。

## 二、农村集体经济组织与股份制公司关系

广义上，农村集体经济组织是通过股份融资的方式进行融资，以联营模式进行生产经营。农村集体经济组织在一定程度上与股份制公司有相似的地方。比如，两者都是以投入资产的形式成为组织成员，而股份是个人与集体之间的联系纽带，是维持二者关系的凭证。但是，这两种制度在程序复杂性、股份流转自由度、两权分离是否彻底、联合方式、产权结构、分配原则等方面也存在一定的差别。

### （一）合作性质不同

农村集体经济组织以劳动合作为主，因此，无论成员实力大小和出资多少，均实行民主选举、民主决策、民主管理，“一人一票制”。这种“一人一票”原则充分体现了民主、平等的精神。股份制公司以资本联合为基本点，在管理中按“一股一票”来决定发言权的做法。

### （二）管理机制不同

农民既是新型农村集体经济组织的所有者，又是业务管理者，还是新型农村集体经济组织活动的参与者，集所有者、管理者、参与者身份于一身。而股份制公司的所有者、经营者通常是相互分离的。

---

① 实际运营的农村集体经济组织，对外市场经营主体和下属公司的母公司。

② 丰台区名义上的农村集体经济组织。

### （三）作用不同

新型农村集体经济组织将职工利益与企业经营权、所有权紧密联系起来；股份制公司有利于所有权与经营权相分离（见表 2-1）。

表 2-1 农村集体经济组织与股份制公司异同点比较

| 类别 | | 农村集体经济组织 | 股份制公司 |
| --- | --- | --- | --- |
| 不同点 | 人数 | 无具体限制 | 法定人数限制 |
| | 产权结构 | 社员和股东结合占有 | 按股份数量占有 |
| | 要素联合 | 资金联合+劳动联合 | 资金联合 |
| | 劳动与生产资料结合方式 | 直接结合+间接结合 | 间接结合 |
| | 决策制度 | 劳股结合制 | “一股一票制” |
| | 股份转让 | 不能退股，不能自由转让 | 自由转让 |
| | 分配制度 | 按股分配与按劳分配相结合 | 按股分红 |
| 相同点 | 资金制度 | 通过投资者入股，将社会单位或者个人的资金联合起来进行生产经营 | |
| | 财产制度 | 所有权和经营权相分离，法人以全部财产承担有限责任 | |
| | 管理制度 | 经营权 | |
| | 财产组织形式 | 全部资产股份化，采用资金联合的组织形式 | |

## 三、相关理论

### （一）产权理论

产权理论是现代经济学和新制度经济学的重要基础理论，也是目前学者们研究的焦点。产权理论主要研究人与人之间的关系，并将经济利益问题作为产权问题的核心问题进行研究。产权理论的核心是交易费用和产权概念，通过分析交易费用并将交易费用、产权关系、市场运行和资源配置效率有机结合，重点研究产权及产权结构和不同产权安排对资源配置及其效用的影响（陈伟等，2002）。

产权理论主要有两种类型：马克思产权理论和现代西方产权理论。吴宣恭、杨秋宝、孙飞、刘诗白和吴易风等深入研究了马克思产权理论。马克思产权理论的重点是运用唯物主义和历史唯物主义方法，研究生产力和生产关系、经济基础和上层建筑的关系，揭露了资本主义产权制度的本质。以科斯经典论文——《企业的性质》和《社会成本问题》为起源，经过登姆塞茨、阿尔钦、威廉姆森、张五常、巴泽尔等的继承和发展，逐渐形成了现代西方产权理论。科斯定理的基本思想：无论资源的原始产权如何界定，当市场交易不存在费用时，资源均可自然达到优化状态；反之，若市场运行过程中存在交易成本，即交易费用大于零，则不同的初始产权界定将产生差异化资源配置效率。按照科斯定理，产权一般可分为私有产权、国有产权和共有产权。私有产权属于个人，其他人无权干涉；国有产权可按照政治标准使用财产且可忽略个人影响；共有产权则不能排除任何人，是大家共同享有的权利（登姆塞茨，1967）。

我国开展农村集体产权制度改革恰好针对的是我国农村地区模糊的产权归属问题。根据产权理论，产权明确的资产不论初始配置如何，均可通过市场竞争、自由交换重新配置，进而提高资源利用率，使资源配置达到最优。通过产权制度改革明晰集体资产产权归属，集体成员按份共有，形成国家、集体和私人三个层次的产权主体，一方面使我国农村地区的集体资产管理方式向现代企业化管理方式转变，另一方面提高了农村地区集体资产使用效率。最终丰富了我国农村产权理论，进一步健全了我国农村基本经营制度。

### （二）制度变迁理论

制度变迁是指在发展过程中产生的新的、更有效的制度对原有制度进行取代、变换的过程，其实质是对产权的一种重新调整。当原有制度受到经济、市场等外部因素的影响时，内部之间原有的平衡被慢慢打破，产生出新的规则、新的理论，更有利于制度受益者提高自身权益，进而发生制度变迁，一个时期内的制度，随着社会、经济的发展，其制度效率会逐渐减弱，因此制度变迁是一个时期发展的必然产物（张蕾，2020）。

本章运用产权理论和制度变迁理论分析丰台区农村集体产权制度改革，认为农村的发展和管理与农民享有的权利密不可分，构建明晰的产权关系，既可以促进农村的发展，又可以减少农村矛盾纠纷的发生，有利于农村内部的稳定。同时随着时代的进步，市场经济的飞速发展，农村集体产权需要适应先进的生产力和生产关系，因此农村集体产权制度改革是必然的，也是必须的，而改革的前提必须建立在明晰的产权基础上。

# 第三节　丰台区农村集体产权制度改革历程及深化动因

丰台区农村集体产权制度改革起步早，主动在创新中谋求发展，随着实践不断深入，农村集体产权制度改革的政策环境发生变化、农村集体经济组织人口发生变化、丰台区城市化进程不断推进，丰台区需要通过深化改革推动农村集体经济组织在实践中创新发展。

## 一、丰台区农村集体产权制度改革历程

丰台区从 1993 年开始，按照“资产变股权、农民当股东”的思路，采取社区股份合作制的形式，经过率先改革试点探索、完善政策全面推进、乡村联动深化改革三个阶段。

在推进农村集体产权制度改革工作中，丰台区委、区政府出台《关于实行农村社区股份合作制的意见》（丰发〔2001〕13 号，以下简称“丰发〔2001〕13 号”），对改制原则、股权设置、股份测算方法、改制程序、相关问题处理等做出了明确规定。2013 年丰台区完成村级改制，2018 年完成 5 个镇级改制工作，截至 2022 年 12 月中旬，丰台区已有 13.8 万农民成为新型集体经济组织的股东。

丰台区改制后的集体经济组织运行情况良好，实现了乡、村集体经济快速发展，村民合法权益得到保护，基本养老医疗有效保障，基层政权进一步巩固，社会秩序稳定的良好局面。

## 二、丰台区农村集体产权制度改革深化动因

### （一）农村集体产权制度改革的政策环境发生变化

2013 年党的十八届三中全会通过的《中共中央关于全面深化改革若干重大问题的决定》提出“保障农民集体经济组织成员权利，积极发展农民股份合作，赋予农民对集体资产股份的占有、收益、有偿使用及抵押、担保、继承权”。以此为指导，2014 年全国 29 个县（市、区）组织开展改革试点。根据实践情况，2015 年中共中央办公厅、国务院办公厅印发《深化农村改革综

合性实施方案》明确了改革方向，即“探索社会主义市场经济条件下农村集体所有制经济的有效组织形式和经营方式”。2016年中共中央、国务院印发的《意见》明确提出，用3年左右的时间基本完成清产核资，用5年左右的时间基本完成改革。截至2021年底，农村集体产权制度改革阶段性任务已全面完成。

20世纪90年代初，北京市开始推行农村集体产权制度改革，发展股份合作经济。2013年底，全市3873家单位完成集体产权制度改革。2014年以来，北京市重点加大对未完成村的集体产权制度改革力度，解决早期改革中集体股占比过高的问题。2021年，1410个村集体经济组织135.9万农民股东实现股份分红、人均4001元。截至2021年，北京确认集体经济组织股东334.5万人，集体土地总面积2044万亩，集体账面资产总额9914亿元，位列全国第一。①

随着中央、北京农村集体产权制度改革不断深入，丰台区农村产权制度改革在发展过程中需紧随上级政策进行研究与深化。

### （二）农村集体经济组织人口发生变化

伴随近郊新型城镇化进程加快，农村集体经济组织成员增减变化频度不断增加。从年龄分布来看，原始股东人数占比高、持有股份较多。随着农村老龄化趋势加快，在集体经济组织收益支出及股利分配中，老股东年龄偏大而持有股份较多，享受的股金分配收入较多，相当一部分人已经退休不再参与集体生产经营。而在职的股东由于改制时年纪较轻，劳动贡献股很少甚至没有，这部分人员得到集体股份分红收益相对于老股东要少，不利于调动现有职工的生产经营积极性。

### （三）丰台区城市化进程与区划调整

丰台区贯彻落实新版城市总体规划及丰台区分区规划，于2021年进行了区划调整，撤销了河东三乡和地区办事处，设置26个街镇；推进村居对接，农村成立27个社区，其中撤村转居14个。截至2021年7月，丰台区顺利完成区划调整。目前，56个行政村、76个农村集体经济组织分布于19个涉农街道及2个镇。丰台区区划调整后，面临着街道对村和农村集体经济组织管

---

① 北京市人民政府关于发展壮大农村集体经济，推动共同富裕情况的报告。

理体制和机制的变化，因此，亟须深化农村集体产权制度改革，创新农村集体经济组织新的实现形式，在充分保障集体和成员权益的前提下，让他们顺利融入新型城乡关系。

## 第四节　丰台区农村集体产权制度改革现状

丰台区开展农村集体产权制度改革以来，历经清产核资、确定成员、折股量化、建立农村集体经济组织等系列改革过程，建立新型农村集体经济组织 76 个。

### 一、基本完成农村集体经济组织的改制

依据“丰发〔2001〕13 号”，丰台区农村集体经济组织实行了农村社区股份合作制，以合作制为基础，实行社区内成员劳动联合与资本联合相结合的集体经济组织形式。丰台区农村集体经济组织①按照规定在农业农村部门登记赋码，下设母公司作为对外的市场经营主体参与市场经营活动，依据《北京市农村股份合作企业暂行条例》设立了章程并在市场监督管理部门进行注册登记。企业类型为集体所有制（股份合作），企业以其全部资产（或全部法人财产）独立承担民事责任，合作股东以其所持股份为限（或出资额为限）为企业债务承担责任。截至 2022 年 12 月中旬，丰台区 76 个集体经济组织中，70 个村级集体经济组织，6 个镇级集体经济组织。70 个村级集体经济组织总计全资子公司 466 家，6 个镇级集体经济组织总计成立全资一级子公司 51 家。

76 个集体经济组织中共有投资管理公司（投资公司、投资管理中心）52 家，有限公司 11 家，工贸集团（工贸公司）6 家，农工商联合公司（农工商联合总公司）3 家，实业总公司 1 家，2 家改制后未变更农村集体经济组织名称，1 家未完成改制。

改制以来，农村集体资产达到 1562.94 亿元，② 集体经济组织股东达到 13.8 万人。③ 农村集体经济组织有了身份、建立了治理机构、丰富了组织要

① 经济合作社或经济联合社。

② 数据来源：2021 年清产核资统计。

③ 数据来源：现场调研、资料收集。

素、完善了分配机制。

北京市丰台区农村集体经济组织主要采取“三套班子、一套人马”管理模式。各农村集体经济组织参照现代企业制度的要求，建立以股东（代表）大会、董事会、监事会以及经营管理层为核心的集体资产经营管理机制，每年至少召开2次股东大会，每季度召开1次董事会，严格按照章程决策程序，民主决策重大事项。其中，股东（代表）大会是农村集体经济组织的最高权力机构，董事会是股东（代表）大会的执行机构和日常工作机构，监事会是常设监督机构。董事会、监事会成员均由股东（代表）大会选举产生，对股东（代表）大会负责，接受全体股东监督。丰台区强化党组织在集体经济发展中的领导核心作用，村级党组织书记、村委会主任、集体经济组织负责人“一肩挑”比例达64.71%。农村集体经济组织经营管理层任职情况如表2-2所示。

**表2-2　农村集体经济组织经营管理层任职情况**

单位：个

| 农村集体经济组织经营管理层任职情况 | 数量 |
|---|---|
| 董事长+村党总支部书记+村委会主任+公司高管 | 17 |
| 董事长+村党总支部书记+村委会主任+其他 | 1 |
| 董事长+村党总支部书记+村委会主任 | 26 |
| 董事长+村党总支部书记+村委会委员+公司高管 | 2 |
| 董事长+村党总支部书记+村委会委员 | 2 |
| 董事长+村党总支部书记+公司高管 | 4 |
| 董事长+村党总支部书记+公司高管+其他 | 2 |
| 董事长+村党总支部书记 | 7 |
| 董事长+村党总支部副书记+村委会主任+公司高管 | 1 |
| 监事长+村党总支部委员+村委会主任 | 1 |
| 董事长+村党总支部委员+公司高管 | 1 |
| 董事长+村党总支部委员 | 1 |
| 董事长+公司高管 | 1 |
| 董事长 | 2 |
| 总计 | 68① |

数据来源：现场调研、资料收集（截至2022年底）。

① 8家农村集体经济组织未提供资料。

## 二、股权的设置与管理

农村集体经济组织股权设置以个人股（成员股）为主，是否设置集体股由本集体经济组织成员民主讨论决定。① 集体股主要用于处置遗留问题、可能需要补缴的费用、村集体经济组织成员社会保障支出和一些必要的社会性支出，个人股为农村集体经济组织成员（包括征地转非后未分配征地补偿款、未领取劳动力安置费、由村集体经济组织安置的留职人员）按照投资和劳动工龄量化的股份。②

### （一）集体股股权设置

依据“丰发〔2001〕13号”，实行社区股份合作制的村庄，其集体股所占比例不应低于30%；其他净资产量化到个人。随着农村集体经济组织的发展，个别农村集体经济组织集体股股权设置在实际运行中有了局部调整。根据资料收集与现场调研，目前，在70个③农村集体经济组织中，17个农村集体经济组织的集体股股权实际运行低于30%（见表2-3），其余53个农村集体经济组织实际运行均高于30%。

**表2-3　集体股低于30%的农村集体经济组织情况**　　单位:%

| 序号 | 公司名称 | 市场主体登记比例 | 实际运行比例 |
|---|---|---|---|
| 1 | 北京东管头投资管理公司（原东管头村） | 38.25 | 10.22 |
| 2 | 北京周庄子投资管理中心（周庄子村） | 17.51 | 17.52 |
| 3 | 北京丰正聚源投资管理公司（郑常庄村） | 0 | 21.00 |
| 4 | 北京市龙汇景源投资管理公司（小井村） | 29.20 | 29.20 |
| 5 | 北京天昊创景投资管理公司（大井村） | 21.81 | 21.81 |
| 6 | 北京马连道投资管理公司（马连道村） | 24.67 | 24.70 |
| 7 | 北京金鹏天润置业投资管理公司（原三路居村） | 30.04 | 0 |
| 8 | 北京市丰台区新发地农工商联合公司（新发地村） | 100 | 27.00 |

① 《中共中央、国务院关于稳步推进农村集体产权制度改革的意见》，2016年12月26日。

② 中共北京市委农村工作委员会、北京市农村工作委员会《关于积极推进乡村集体经济产权制度改革的意见》（京农发〔2004〕28号）。

③ 6个农村集体经济组织未提供相应资料。

续表

| 序号 | 公司名称 | 市场主体登记比例 | 实际运行比例 |
|---|---|---|---|
| 9 | 北京东铁营工贸集团（东铁营村） | 0 | 0 |
| 10 | 北京时海祥源投资管理公司（时村村） | 14.56 | 15.00 |
| 11 | 北京中恒金苑投资管理公司（南苑村） | 21.59 | 16.09 |
| 12 | 北京新宫昕源益达投资管理公司（原新宫村） | 30.76 | 22.00 |
| 13 | 北京嘉合久源投资管理公司（原大红门村） | 10.03 | 10.00 |
| 14 | 北京西铁营投资管理公司（西铁营村） | 17.54 | 16.63 |
| 15 | 北京市嘉祥工贸公司（右安门村） | 64.49 | 14.76 |
| 16 | 北京花园宏达投资管理公司（原花园村） | 53.87 | 14.68 |
| 17 | 北京马家堡鑫华工贸集团（原马家堡村） | 75.37 | 27.55 |

数据来源：国家企业信用信息公示系统、企查查、爱企查、现场调研、资料收集（截至2022年底）。

## （二）集体股股权主体

集体经济组织改制过程中，集体股设立时持有主体情况见表2-4。

**表2-4　集体股持有主体情况**

单位：个

| 序号 | 集体股持有主体 | 数量 |
|---|---|---|
| 1 | 农工商联合公司 | 24 |
| 2 | 农村集体经济组织 | 22 |
| 3 | 集体资产管理委员会、集体共有股管理委员会 | 10 |
| 4 | 自然人股东 | 6 |
| 5 | 村民委员会、村民居委会 | 6 |
| 6 | 下属企业 | 3 |
| 7 | 合作经济联合社 | 2 |
| 8 | 经济合作社 | 1 |
| 9 | 办事处 | 1 |
| 总计 | | 75① |

数据来源：国家企业信用信息公示系统、企查查、爱企查（截至2022年底）。

① 北京东铁营工贸集团（东铁营村）无集体股。

## （三）个人股股权设置

依据“丰发〔2001〕13号”，丰台区农村集体经济组织将个人股主要划分为基本股、普通股、优先股。各农村集体经济组织结合实际情况，优化股权设置。根据各改制后农村集体经济组织提供的章程和其他材料，个人股股权在实践中设置为以下五类。

1. 基本股（户籍股）

基本股（户籍股）是集体经济组织成员的资格股权，以享有土地资源收益权为依据，以改制之日为基准日，凡本村农业户口和因国家征地转居就地安置（未领劳动安置费、未参加集体资产分配）的人员，经成员人均量化后核定给每名个人股东的股份。

2. 普通股（劳动贡献股、劳龄股）

企业在经营过程中享有收益分配请求权、经营参与权。企业终止清算剩余财产请求权的股份。以批准改制之日为基准日，凡本村农业户口和因国家征地转居就地安置（未领劳动安置费、未参加集体资产分配）的人员，享受普通股。普通股也称劳动贡献股、劳龄股，其量化以农龄为依据。

3. 优先股

企业收益分红或剩余财产分配上比普通股（劳动贡献股、劳龄股）享有优先权的股份，持股人不参与企业经营管理。批准改制之日前的转居，转工人员（含超转人员）享受优先股。

4. 现金股

个别村级集体经济组织在基本股（户籍股）、普通股（劳动贡献股、劳龄股）的基础上设置了现金股，由具有劳动贡献股的成员基于自愿原则，以货币方式认购的企业股份。

5. 经营管理股

经营管理股是经股东代表大会批准，将符合条件的经营管理者个人，以现金增资的股份。

个人股股权设置情况见表2-5。

表 2-5 个人股股权设置情况

单位：个

| 序号 | 股权名称 | 数量 |
|---|---|---|
| 1 | 基本股（户籍股） | 6 |
| 2 | 基本股（户籍股）+普通股（劳动贡献股、劳龄股） | 45 |
| 3 | 基本股（户籍股）+优先股 | 2 |
| 4 | 基本股（户籍股）+普通股（劳动贡献股、劳龄股）+现金股 | 10 |
| 5 | 基本股（户籍股）+普通股（劳动贡献股、劳龄股）+优先股+经营管理股 | 1 |
| 总计 | | 64① |

数据来源：现场调研、资料收集（截至 2022 年底）。

## （四）个人股股权管理

目前丰台区改制后的社区股份合作制企业个人股股份继承、转让的基本程序由继承人或个人股股东向公司股权管理办公室（或具有股权管理职能的部门）提出书面申请并提供相关材料，再由公司提交董事会批准才能生效。有的公司在董事会审核基础上，还需要经股东代表大会表决通过，尤其在是否给予继承人本集体成员退休金和福利待遇方面，多采取“一事一议”方式，由股东代表大会表决通过。

1. 基本股（户籍股）

62 个农村集体经济组织设置基本股（户籍股），根据各农村集体经济组织提供的信息，其基本股（户籍股）股权管理情况见表 2-6。

表 2-6 基本股（户籍股）股权管理情况

单位：个

| 序号 | 项目 | 内容 | 数量 |
|---|---|---|---|
| 1 | 章程规定② | 可继承可转让 | 36 |
| | | 可继承不可转让 | 1 |
| | | 不可继承可转让 | 1 |
| | | 不可继承不可转让 | 1 |

① 12 个未设置个人股。

② 23 个未提供相关信息。

续表

| 序号 | 项目 | 内容 | 数量 |
|---|---|---|---|
| 2 | 实际运行① | 可继承可转让 | 27 |
| | | 可继承不可转让 | 14 |
| | | 不可继承可转让 | 1 |
| | | 不可继承不可转让 | 14 |
| 3 | 新股东权益变化② | 无变化 | 8 |
| | | 只享有分红权利 | 23 |
| | | 其他 | 1个：非股东享有分红权益；原始股东权益不变。1个：身份是本村村民的，同股同权；身份是居民的，只有分红权。1个：继承没有投票权，只有分红权利；转让同股同权 |

数据来源：现场调研、资料收集（截至2022年底）。

## 2. 普通股（劳动贡献股、劳龄股）

57个农村集体经济组织设置普通股（劳动贡献股、劳龄股），根据各农村集体经济组织提供的信息，其普通股（劳动贡献股、劳龄股）股权管理情况见表2-7。

**表2-7　普通股（劳动贡献股、劳龄股）股权管理情况**　　单位：个

| 序号 | 项目 | 内容 | 数量 |
|---|---|---|---|
| 1 | 章程规定③ | 可继承可转让 | 34 |
| | | 可继承不可转让 | 0 |
| | | 不可继承可转让 | 1 |
| | | 不可继承不可转让 | 0 |
| 2 | 实际运行④ | 可继承可转让 | 32 |
| | | 可继承不可转让 | 7 |
| | | 不可继承可转让 | 1 |
| | | 不可继承不可转让 | 10 |

① 6个未提供相关信息。
② 28个未提供相关信息。
③ 22个未提供相关信息。
④ 7个未提供相关信息。

续表

| 序号 | 项目 | 内容 | 数量 |
|---|---|---|---|
| 3 | 新股东权益变① | 无变化 | 8 |
| | | 只享有分红权利 | 21 |
| | | 其他 | 1个：非股东享有分红权益；原始股东权益不变 |

数据来源：现场调研、资料收集（截至2022年底）。

3. 优先股

北京鑫福海工贸集团（果园村）在改制时设置优先股。目前，北京鑫福海工贸集团（果园村）在章程、实际运行中均可继承、转让，其中继承依据民法典规定的继承顺序，转让需在直系亲属间进行，新股东只有分红权利，无投票权。

4. 现金股

10个农村集体经济组织设置现金股，根据各农村集体经济组织提供的信息，其现金股股权管理情况见表2-8。

表2-8 现金股股权管理情况

单位：个

| 序号 | 项目 | 内容 | 数量 |
|---|---|---|---|
| 1 | 章程规定② | 可继承可转让 | 9 |
| | | 可继承不可转让 | 0 |
| | | 不可继承可转让 | 0 |
| | | 不可继承不可转让 | 0 |
| 2 | 实际运行③ | 可继承可转让 | 5 |
| | | 可继承不可转让 | 0 |
| | | 不可继承可转让 | 0 |
| | | 不可继承不可转让 | 0 |
| 3 | 新股东权益变化④ | 无变化 | 1 |
| | | 只享有分红权利 | 3 |
| | | 其他 | 未提供资料 |

数据来源：现场调研、资料收集（截至2022年底）。

---

① 27个未提供相关信息。

② 1个未提供相关信息。

③ 5个未提供相关信息。

④ 6个未提供相关信息。

5. 经营管理股

北京鑫福海工贸集团（果园村）章程规定，经营管理股股东自持有该股份之日起，必须为集团或者下属企业工作满五年，并且五年内不得转让股权，否则北京鑫福海工贸集团（果园村）有权以原价回购其经营管理股（死亡或者因病确实无法继续工作的除外）。在实际运行中，北京鑫福海工贸集团（果园村）允许继承、转让，其中继承依据继承法程序，转让需在直系亲属间进行，新股东只有分红权利，无投票权。

## （五）个人股股权变更

76个农村集体经济组织中，17个未提供股权变更相关信息，17个无变更需求，42个集体经济组织因股东去世、共有财产分割、自愿有偿退出、收回股权等因素需进行个人股股东、股权变更，其中，只有8个全部完成市场主体登记变更。手续烦琐成为未完成市场主体登记的主要原因，如北京市龙汇景源投资管理公司（小井村）、北京市金石庄源投资管理公司（原石榴庄村）、北京长鹏投资管理公司（长辛店村）、北京张郭庄投资管理公司（张郭庄村）需全体股东签字才可完成变更。

具体个人股股权变更情况见表2-9。

表2-9　个人股股权变更情况

单位：个

| 序号 | 变更原因 | 完成情况 | 数量 |
|---|---|---|---|
| 1 | 去世（涉及38个） | 完成所有变更 | 7 |
| | | 完成部分市场变更 | 4 |
| | | 完成内部变更 | 15 |
| | | 均未变更 | 12 |
| 2 | 收回股权（涉及8个） | 完成所有变更 | 1 |
| | | 完成部分市场变更 | 1 |
| | | 完成内部变更 | 4 |
| | | 均未变更 | 2 |
| 3 | 自愿有偿退出（涉及10个） | 完成所有变更 | 0 |
| | | 完成部分市场变更 | 1 |
| | | 完成内部变更 | 6 |
| | | 均未变更 | 3 |
| 4 | 共有财产分割（涉及1个） | 均未变更 | 1 |

数据来源：现场调研、资料收集（截至2022年底）。

## 三、农村集体经济组织的收益分配

丰台区农村集体经济组织的特性决定了收益分配既要保证正常运营，又要保障社区民生。在农村集体经济组织收益分配方面，有三类支出较为特殊：社区公共事项支出、福利支出、股东分红。

1. 社区公共事项支出

社区公共事项支出主要指防疫、社区卫生、社区绿化、基础设施维修等社区公共事项所产生支出。

2. 福利支出

福利支出包括向农村集体经济组织成员支付的各项补贴性支出、保险支出、其他福利性支出。

3. 股东分红

股东分红主要指向集体和个人股东分红。

在社区公共事项支出方面，2022 年丰台区农村集体经济组织公益性支出预算共计 37916. 55 万元，平均每家支出 505. 55 万元。大部分集体经济组织的公益性支出占总收入的 1%以内，但也有 4 个集体经济组织的公益性支出超过了 30%。

在集体经济组织成员福利性支出方面，73 个有集体经济组织成员福利性支出，1 个村级集体经济组织和 1 个镇级集体经济组织没有福利性支出预算。在 73 个有福利性支出预算的集体经济组织中，平均每个支出 2733. 68 万元，其中，福利性支出占收入预算比例 10%以内的数量为 32 个；超过收入预算 30%（含）的有 24 个集体经济组织，有 7 个超过 50%（含）（见表 2-10）。

表 2-10　农村集体经济组织的收益分配情况

| 序号 | 收益分配占比 | 区间 | 数量（个） | 比例（%） |
|---|---|---|---|---|
| 1 | 公益性支出占收入预算比例 | 1%以内 | 53 | 71 |
| | | 1%（含）~10% | 14 | 19 |
| | | 10%（含）~30% | 4 | 5 |
| | | 30%及以上 | 4 | 5 |
| | | 合计 | 75 | 100 |

续表

| 序号 | 收益分配占比 | 区间 | 数量（个） | 比例（%） |
|---|---|---|---|---|
| 2 | 福利性支出占收入预算比例 | 10%以内 | 32 | 43 |
| | | 10%（含）~30% | 19 | 25 |
| | | 30%（含）~50% | 17 | 23 |
| | | 50%及以上 | 7 | 9 |
| | | 合计 | 75 | 100 |

数据来源：丰台区集体经济组织 2022 年预算表。

在股东分红方面，2022 年丰台区集体经济组织的分红情况差异较大。36 个无分红，39 个有分红。有分红的集体经济组织成员股东人均分红 1.25 万元，分红最多的集体经济组织人均分红 15.08 万元，分红最少的集体经济组织人均分红 0.02 万元。另外，在有分红的集体经济组织中，34 个无集体股分红，仅有成员股东分红；2 个无成员股东分红，仅有集体股分红（均为镇级集体经济组织）。同时，可供分配利润为零或负值的有 22 个，可供分配利润为正数但金额小于分红的有 9 个（见表 2-11）。

表 2-11 农村集体经济组织的收益分红情况

| 序号 | 类别 | 数量（个） | 比例（%） |
|---|---|---|---|
| 1 | 无分红 | 36 | 48 |
| 2 | 有分红 | 39 | 52 |
| | 其中：利润为零或负值 | 22 | 56.4 |
| | 利润为正但小于分红 | 9 | 23.1 |
| | 利润为正且大于分红 | 8 | 20.5 |

数据来源：丰台区 2022 年村组织收益分配表、农村集体 2022 年度分红情况。

## 第五节 丰台区农村集体产权制度改革存在的问题

随着城乡发展一体化不断推进，丰台区农村集体经济在新发展阶段发生新变化，突出表现在以下四个方面。

## 一、农村集体经济组织法人主体地位不明晰

2017 年通过的《中华人民共和国民法总则》（已废止）第一次以立法的形式确定了农村集体经济组织的市场主体地位，第九十六条规定农村集体经济组织法人为特别法人，结束了农村集体经济组织长期以来法人地位缺失的局面。丰台区作为农村集体经济制度改革的先行者，集体经济组织的注册登记早于《中华人民共和国民法总则》的颁布；同时，《中华人民共和国民法总则》关于农村集体经济组织法人地位的规定毕竟是原则性的笼统规定，要真正使这类组织按照法人主体的要求设立和运行还有些差距。

### （一）农村集体经济组织的登记与管理部门相分离

根据《农业农村部、中国人民银行、国家市场监督管理总局关于开展农村集体经济组织登记赋码工作的通知》（农经发〔2018〕4 号）要求，县级以上地方人民政府农业农村管理部门负责本辖区农村集体经济组织登记赋码的业务管理工作。由于丰台区改革较早，各集体经济组织以公司形式在市场监督管理部门登记，并取得营业执照。但市场监督管理部门对公司的登记管理是以《中华人民共和国民法典》为依据（《中华人民共和国民法典》颁布以前以《中华人民共和国公司法》为依据）。《中华人民共和国民法典》对设立有限责任公司的自然人股东有数量要求，一般不超过 50 人，而丰台区所有有限责任公司中个人股东均超过 50 人。农村集体经济组织在成立之初即通过特批流程在市场监督管理部门登记成立，但由此导致股东变更、章程修订等市场主体变更业务处理流程烦琐。

北京市庄宇投资管理公司（郭庄子村）、北京市祥润通投资管理公司（纪家庙村）、北京天昊创景投资管理公司（大井村）由于市场主体登记部门变更流程烦琐导致放弃股东变更，或推迟变更；北京长鹏投资管理公司（长辛店村）因无法提供 2/3 的股东成员签字未完成市场主体登记变更。

农村集体经济组织登记变更不及时，导致集体经济组织的治理结构存在实际情况与登记情况不一致的情形。丰台区农业农村局及农村合作经济经营管理站作为农村集体经济组织的行业主管部门，无法通过登记资料实时掌握农村集体经济组织的治理情况。

### （二）农村集体经济组织与经济合作社的关系不清

丰台区各村经济合作社自2012年成立以来，实际运行较少，主要职能是在集体土地所有权确权中作为集体土地所有人。由于经济合作社未进行实体运营（除卢沟桥乡联社外），其在成员管理、治理结构、运营方式等方面，与相应的农村集体经济组织均存在职能不明晰，各街镇、村实际运行的农村集体经济组织实际代行了经济合作社的职能，但却没有形成法律意义上的授权或合约关系。同时，经济合作社作为土地所有权合法代行主体，基于土地产生的收益应归经济合作社集体成员享有，但由于经济合作社成员未确定，农村集体经济组织的股东与经济合作社的成员是否一致存在不确定性，使得基于土地产生的收益无法完全惠及经济合作社成员，产生权利人所获收益与实际分配不匹配情形。

### （三）农村集体经济组织在经营活动中存在履约风险

根据2022年涉地合同核查工作，丰台区76个农村集体经济组织签订的集体经济合同共3738份，可见这些农村集体经济组织大量地、直接地参与了市场经营活动。在市场经营过程中，农村集体经济组织作为合约当事人有可能出现无法履约的情况，甚至可能成为被告被要求履行合同、偿付债务。由于农村集体经济组织目前仍承担着大量的民生保障职能，一旦出现要求以集体资产偿付债务的情况，势必会动摇集体所有制底线。调研了解到，为规避这种风险，各集体经济组织成立了多家有限责任性质的子公司，部分抵消这种风险的蔓延。

### （四）农村集体经济组织存在税务合规性风险

农村集体经济组织的股东分红记为合作社成员分红还是作为普通公司股东分红①，在税务处理上不一样。根据调研，丰台区各农村集体经济组织均作为普通公司依法纳税。丰台区各农村集体经济组织的股东分红一般是作为管理费用在税前列支，在企业所得税方面仍然存在纳税是否合规的风险。

另外，目前立法部门正在起草《集体经济组织法》，集体经济组织作为特别法人是否享受税收优惠已纳入农业农村部、财政部的研究范畴。丰台区各

---

① 依照现行的个人所得税法征收社员股东20%的红利税。

农村集体经济组织作为市场监督管理部门登记的公司主体能否享受相应政策，存在较大不确定性。

## 二、农村集体经济组织股权管理不规范价值未彰显

目前，丰台76个农村集体经济组织已在市场监督管理部门登记，股权也在市场监督管理部门登记。将集体股持有主体登记为共同委员会、村委会、子公司，或者由个人代持均不利于集体资产股权的管理，也易产生集体经济组织法人难以实际行使集体股份权能的情况，同时也会影响股权价值的彰显与释放。

### （一）股权登记管理成本高、效能低

一是股权变更登记条件复杂。35个农村集体经济组织有集体股股权变更需求，31个农村集体经济组织有个人股股权变更需求，但因登记条件复杂未完成市场主体变更。二是股权档案管理手段滞后。目前丰台区各农村集体经济组织除了个别村的股东基本信息管理仍然存在手工作业，其他大部分村庄已经实现初步电子化，做到了股东信息电子表格和文件扫描。但股东信息的变更历史及变更依据、电子资料的分类及索引仍不完善，股权管理历史文件的完整性很难保证。一方面，市场监督管理局作为市场主体的登记管理机构，无法为农村集体经济组织提供独立的便于查询、便于监管的档案信息支持。另一方面，各农村集体经济组织内部股权变更缺少执行细则。除了北京鑫福海工贸集团（果园村）有成文的股东转移制度以外，其他农村集体经济组织一般对受让人的认定均以“熟人”“认识”为原则，缺少身份证明的文件（如死亡证明、被继承人身份文件等）支撑。

### （二）股权类型及权利不统一

一方面，根据“丰发〔2001〕13号文”，丰台区各农村集体经济组织的股权类型分为集体股、个人股，个人股又分为基本股、普通股、优先股。各农村集体经济组织在实践中又增加户籍股、劳龄股、劳动贡献股、现金股、经营管理股等股权类型，种类繁杂，有的是创新、有的是重复，亟须梳理并规范统一。另一方面，个人股在继承和转让后，股东权利可能发生变化，权利变化后的股权管理也需要规范性指引。

### （三）股权价值权能受限

一是股权金融属性受限。从调研结果来看，丰台区所有农村集体经济组织个人股股份虽然在章程上允许部分或全部转让，但在实际管理中个人股股份转移主要形式为继承，少量内部转让，基本没有估值与交易。因此，股权的市场价值无法评估，融资担保等金融属性受到限制，影响股东利益的充分实现。二是股权激励价值受限。随着城市化进程加快，丰台区大部分村已经大面积开发，农村集体经济组织资产增长巨大。对于大额集体资产的运营管理，农村集体经济组织亟须引进外部高级企业管理人员加强对组织的管理。为调动被引进管理人员的积极性，部分农村集体经济组织拟采取股权激励的方式，但受政策、观念和工商登记要求所限，实际操作中困难较大。目前，仅北京鑫福海工贸集团（果园村）一家在深化改革中增设了外部高级管理人才的股份。

## 三、农村集体经济组织收益分配规则及财务管理需进一步完善

丰台区集体经济组织的特性决定了经营性业务与非经营性业务同时存在，但仍存在收益分配规则及财务管理需要进一步完善的地方。

一是部分集体经济组织为稳定民生，在经营收益不足时，仍需保证福利开支及股东分红。2022 年有 31 个集体经济组织的分红超过了可分配利润，有 22 个可分配利润为零或负值。在 2022 年的村级预算中，福利性支出占收入预算 30%及以上的有 24 个，其中占收入预算 50%及以上的有 7 个。平衡集体经济组织再生产能力与民生保障能力，需要进一步完善收益分配规则。

二是少部分集体经济组织的社区公共事项开支占比过大。据调研了解，有些已城市化的村庄实际上还继续承担着大量的公共服务和公益事业。例如，转居农村劳动力就业、失地农民社会保障、外来人口管理、基础设施建设、环境卫生、社会治安等。特别是疫情防控期间，有些村庄每日支出数额很大，而这些费用大多来源于集体经营收益。在 2022 年的预算中，有 4 个集体经济组织的公益性支出超过了 30%；2022 年第四季度，丰台区村组织支付的公共服务费用同比增加 4. 48%，少部分集体经济组织公益性支出占比较大，在一定程度上挤占了集体和成员可获收益空间。

作为集体资产的经营主体，集体经济主体在履行民生保障职能相关的福利性、公益性财务业务活动中，缺少统一的分类核算项作为财务管理的标识，财务数据难以快速精确地归集此类支出项目，不利于优化集体经济组织收益分配规范。

## 四、历史遗留问题

### （一）集体产权制度改革时有未参与改制的成员

9个农村集体经济组织存在改革时有未参与改制的集体经济成员的情形（见表2-12）。

表2-12 未参与改制的集体经济成员情况

单位：个

| 序号 | 原因 | 数量 |
|---|---|---|
| 1 | 改制时未取得联系 | 1 |
| 2 | 官司 | 1 |
| 3 | 漏报 | 1 |
| 4 | 劳动关系在本村，户籍关系不在本村 | 1 |
| 5 | 3名郭公庄村民因个人原因 | 1 |
| 6 | 10多名村民因个人原因 | 1 |
| 7 | 1人因改制最后时点户口没过来 | 1 |
| 8 | 未提供具体资料 | 1 |
| 9 | 改制时期户口不在本村，但是在本村出生的人员 | 1 |

数据来源：现场调研、资料收集（截至2022年底）。

### （二）农村集体经济组织改制后未完成注册登记

北京市北天堂农工商经营中心（北天堂村）和北京市永合庄农工商经营中心（永合庄村）完成产权制度改革程序后，由于在市场主体登记变更过程中有股东去世，导致变更相关手续不完整，至今未在市场监督管理部门完成农村集体经济组织的市场主体登记。

### （三）农村集体经济组织登记形式与实际不符

目前，总计11个农村集体经济组织的企业类型为有限责任公司或其他有限责任公司（见表 2-13）。改制初期，部分地区之所以选择有限责任公司的形式，主要原因是当时登记制度不完善。2004 年，在村级产权制度改革过程中，北京市取消《北京市农村股份合作制企业暂行条例》第十九条有关“改建设立农村股份合作企业批准”后，农村集体经济组织的登记工作暂时处于停滞状态。而且依据《中华人民共和国行政许可法》规定，改制后的新型农村集体经济组织并不是一种独立的主体形式，不具备法人资格。在这种情况下，部分地区就选择按照有限责任公司的形式进行改制。另外，有限责任公司是一种比股份合作制企业更高级的企业形式，为了使自身经营与市场接轨，提高市场认可度，部分地区就选择按照《中华人民共和国公司法》的规定到行政管理部门注册登记为有限责任公司，从而取得公司法人资格。

**表 2-13 农村集体经济组织登记形式与实际不符情况**

| 序号 | 公司名称 | 企业类型 | 股权持有主体 |
|---|---|---|---|
| 1 | 北京卢沟桥中都投资集团有限公司 | 其他有限责任公司 | 北京市丰台区卢沟桥乡农业服务中心+多家企业 |
| 2 | 北京花乡实业集团有限公司 | 其他有限责任公司 | 北京市丰台区花乡合作经济联合社持股+多家企业 |
| 3 | 北京中苑盛世投资管理有限公司 | 其他有限责任公司 | 北京鑫苑大红门投资管理有限公司持股+多家企业 |
| 4 | 北京京坤长兴有限责任公司 | 其他有限责任公司 | 北京市丰台区长辛店镇合作经济联合社持股+多家企业 |
| 5 | 北京金绿峰工贸有限公司（西庄店村） | 有限责任公司（法人独资） | 北京市丰台区西庄店经济合作社持股 |
| 6 | 北京金岗盛大商贸有限公司（佃起村） | 其他有限责任公司 | 北京市丰台区佃起农工商联合公司持股+北京金岗农业种植园持股 |
| 7 | 北京绿环兴业商贸有限公司（沙锅村） | 其他有限责任公司 | 北京市丰台侯家峪农工商联合公司持股+北京市丰台下庄农工商联合公司持股 |
| 8 | 北京鹏程盛昊商贸有限公司（怪村） | 其他有限责任公司 | 北京市丰台区刘太庄农工商联合公司持股+北京市丰台区怪村农工商联合公司持股 |
| 9 | 北京鑫湖伟业商贸有限公司（魏各庄村） | 其他有限责任公司 | 北京市丰台区大富庄农工商联合公司持股+北京市丰台区洛华农工商联合公司持股+北京市丰台区魏各庄农工商联合公司持股 |

续表

| 序号 | 公司名称 | 企业类型 | 股权持有主体 |
|---|---|---|---|
| 10 | 北京贺照云商贸有限公司（庄户村） | 其他有限责任公司 | 北京市丰台区王庄农工商联合公司持股+北京市丰台区庄户农工商联合公司持股 |
| 11 | 北京鑫海源工贸有限公司（西王佐村） | 有限责任公司（法人独资） | 北京市丰台区西王佐农工商联合公司持股 |

数据来源：现场调研、资料收集（截至2022年底）。

## 第六节　典型案例

因全国部分农村集体经济组织同样存在丰台区法人主体地位不明晰、收益分配规则及财务管理需完善等弊端，另外，鉴于丰台区农村集体经济组织经营管理与监管平台的短板，总结分析北京市海淀区东升镇经营管理机制与浙江省湖州市德清县系统化制度体系，以此为丰富丰台区深化农村集体产权制度改革提供理论支撑。

### 一、北京市海淀区东升镇

八家镇的八家股份社实现了城市化地区农村集体经济组织经营管理的创新探索，形成了适应市场经济发展需要的开放性人力资源选录机制。八家股份社顺应集体产业发展的人才需求规律，在股份社管理人才选聘方面打破了农村集体经济组织管理人员封闭性的传统，逐步实现工作人员的社会化和开放性录用，主要有三类招聘渠道：第一类是股东就业安置，八家股份社及其所属企业在招聘人员时优先考虑股东、职工子女就业，已招聘股东、职工子女80余人；第二类是社会公开招聘，根据需要公开面向社会自主招聘适合岗位的人员，择优录用；第三类是镇级安排人才，通过全市性的大学生村官和人才引进计划选聘优秀人才进入股份社及其所属集体企业。2020年，东升镇开展人才引进计划，为每个村股份社安排名额，由村股份社党务组织部门按计划提供需求，镇党委统一委托专业机构为其招聘董事长助理和总经理助理，第一年镇财政负担招聘人员工资，从第二年起由村股份社自主选择是否续聘并承担招聘人员工资待遇。2008—2021年，八家股份社共招聘大学生村官5

名，现有4名在八家股份社工作。在人员管理方面，八家股份社职工按要求在不同科室之间实行轮岗，股份社职工与所属企业职工之间也实行人员轮岗制度。八家股份社现任党总支书记、董事长也非本区本镇本村人。

### 二、浙江省湖州市德清县

德清县通过“八项制度创新”，赋予农民“六项权能”，探索了制度体系设计，提升了农村改革活力，形成了一套行之有效的“德清模式”。一是明确了产权关系。全面完成全县160个村经济合作社的股份合作制改革，按照要求将经核实的集体经营性资产量化到人、发证到户，并对股权实行“生不增，死不减”的静态管理，通过改革，让村民明确了对集体资产的拥有份额，使产权关系真正得到了明晰。二是规范了运行机制。建立了村股份经济合作社的法人组织管理机构，完善了所有权与经营权相分离的内部治理结构，创新了集体资产的管理机制和分配机制，提高了集体资产经营效率。同时，将村民委员会、村党支部与村股份经济合作社分离，建立了互不相辖又相互合作的治理构架，厘清了相互关系，明确了各自责任。三是建立了交易平台。出台了《农村综合产权流转交易管理办法》及19项配套政策文件，搭建了县级中心、镇（街道）分中心、村（社区）服务站、农户“四位一体”的农村综合产权流转交易体系，并统一发布交易信息。在具体操作中，实行交易规则、鉴证程序、服务标准、交易监管、信息平台和诚信建设的“六统一”的管理模式，构建起了一套有效的产权流转交易体系。四是完善了金融渠道。总计12家金融机构创新推出16项农村综合产权抵（质）押金融产品，累计为2962户农户发放农村综合产权抵押贷款8.47亿元。成功进行了全国首宗农村集体经营性建设用地协议出让入市和全省首宗集体经营性建设用地使用权拍卖。

## 第七节　深化丰台区农村集体产权制度改革的实施路径

进入新发展阶段，丰台区各农村集体经济组织运行现状已然突破原有改革成果，应通过进一步深化农村集体产权制度改革，对原有问题予以纠正、对原有不明加以厘清，明确集体经济组织主体地位，确保集体经济组织及其相关企业规范有序运转、集体经济组织股东和成员权益得到充足保障、集体资产股权价值得到充分彰显。

## 一、高位推动、部门联动，推动破除深化改革面临的阻碍和瓶颈

正是基于特定时期高位推动或多部门协同出台的一系列政策，丰台区才得以顺利推进改革各项工作。当前进入深化改革期，应一以贯之强力推动深化改革，构建利于深化改革的工作机制。第一，建立深化改革领导小组。建立由区委、区政府主要负责同志担任小组组长，区政府分管同志任副组长，农业农村部门负责人牵头统筹，市场监督管理等部门负责人任成员的工作机制，明确分工、责任到位，确保各环节均有支撑保障。第二，应谋划出台利于深化改革的政策文件。应尊重历史，在制度层面认可改制企业为经济合作社的股东管理平台或资产管理平台，由经济合作社实际控制，改制企业的市场行为更多体现为发展集体经济，更多经营收益应聚焦于服务集体和成员。基于其实际承担的公益性职能，理应享受相应的税收减免。此外，对于改制企业的章程调整、股东变更等涉及深化改革事项，应在深化改革领导小组成员单位工作分工中明确，由市场监督管理部门予以协助办理，并完全按照营利法人进行监督管理。

## 二、明确身份、切割风险，确保集体经济组织健康规范发展

对于丰台区当前存在的改制企业主体地位不明晰的问题，应尊重历史，兼顾现实，从实际出发，统筹考虑，综合平衡，保持历史耐心，循序渐进、步步为营，既解决好当前矛盾又为未来留有空间。第一，明确集体经济组织是谁。鉴于丰台区集体经济组织现状，可选择经济合作社与改制企业两个主体作为本次改制的对象，作为深化产权制度改革后的集体经济组织主体，但各有利弊。一是选择经济合作社作为主体，有利于落实集体土地所有权；有利于现有公司股东的人员变更；有利于按照农业农村部、中国人民银行、国家市场监督管理总局《关于开展农村集体经济组织登记赋码工作的通知》（农经发〔2018〕4 号）要求逐步进行变更登记。但在改制过程中可能面临资产

过户、税负变化、集体经济组织成员与股东人员重新认定、集体土地所有权与资产量化的关系等问题，对现有改制企业的经营管理影响较大。二是选择改制企业作为主体，有利于原有股东与资产的管理与运营，有利于确认和巩固前期集体产权制度改革的成果，但可能存在经济合作社的注销缺乏指导政策、集体土地所有权证件变更存在困难、监管主体从市场监督管理部门变更到农业农村部门存在跨部门协调困难、改制企业名称与农业农村部在集体经济组织登记所要求的名称不一致等问题。第二，明晰集体经济组织如何运营。集体经济组织主体明确以后，应进一步明确经营范围与运营形式。根据有关要求，农村集体经济组织坚持集体所有、合作经营、民主管理，实行各尽所能、按劳分配、共享收益的原则。由此看出，不能将农村集体经济组织视为一般市场主体，其运营应符合集体资产管理主体的特殊性，明确其经营范围是管理集体资产、开发集体资源、发展集体经济、服务集体成员。第三，完善集体资产经营管理机制。深化改革后的集体经济组织可逐步退出以营利为目的的市场经营活动，使其仅作为管理集体资产、服务集体成员的组织平台，主要职能在于经营成果向股东分红、承担社区社会职能费用等，经营考核职能由下属子公司承担，除收取物业租赁等资源出租收益外，不实际参与市场活动。

## 三、优化股权结构、探索股份权能，充分保障集体成员股份权益

对于当前经济合作社与改制企业并行存在的局面，应明确集体股的持有人，并厘清个人股东与集体经济组织成员之间的关系。第一，明确集体股实际持有人为改制企业法人。要通过本次深化改革，将集体股统一为改制企业法人持有，并逐步削减集体股的占比，将更多集体资产收益权折股量化到集体经济组织成员身上。基于丰台区产权制度改革的历史，可以考虑将集体股占股比例调整为“不超过 30%”或“不超过 10%”。第二，简化并统一个人股权。从丰台区个人股设置现状看，存在股份类型多、权利差异小的情形。这不仅会徒增改革成本，而且会提升管理难度，降低管理效能。因此，可仅设置基本股和普通股，在此基础上可设置现金股，用于协调经济合作社成员与改制企业管理人员之间的关系、吸引职业经理人等参与集体经济组织管理。第三，充分挖掘股份权能。为应对人员流动和生老病死，应完善股份的转让、

继承等权能，鉴于集体资产不可分割，股份的流转应限于集体经济组织内部，单个股东持股比例也不宜过高，一般不得超过5%。针对长期在本村工作生活或不在本村但户籍在本村的非成员（股东），可探索赋予其定量定期股权，一定期限过后，由集体视情况赎回。同时，规范股权转移的认定及变更程序，引导集体经济组织通过民主程序明确股权转移后股东的权利，尤其是分红权、参与企业治理权、就业权等。第四，明确不同股份对应不同资产，实现权利差异化设置。可以借鉴国企改制上市思路，设置封闭与开放两种股份类型。针对集体存量资产，设置封闭式的股权，实现对农民集体财产所有权的保护；针对增量资产，设置开放式的股权，实现对个人股权价值的释放。对存量部分持股与分配单独规定，增量部分则完全市场化对待，鼓励有序流转。此外，可依据各村集体土地是否完全国有化、农民是否全部纳入城市保障范围等要素，判断集体股权的开放程度，并就不同类型的股权进行相应的设计和调整。

## 四、健全监管机制、搭建管理平台，推动集体经济组织规范运转

有效监管集体资产是确保集体经济组织健康有序运转、成员权益得到切实维护的重要手段。在深化改革任务中，应加强集体资产在使用、运营中的监督和指导。第一，在区政府下设立集体资产监督管理办公室。具体负责审计、会计委派、合同审查、发展方向、重大项目投资等日常集体资产监管工作。主要职能是组织运行和资产使用的监督。第二，设立区级集体资产联营公司。国有资产以控股的物业公司实物资产入资，街乡镇公司以集体股入资，按照《中华人民共和国民法典》组建有限责任公司。区级联营公司通过大股东身份控制街乡镇级（即撤乡后的一级子公司），并把这套体制延伸到村级。下设跨镇跨村的区级专业公司，推进街乡镇、村两级集体资产经营在全区范围内的专业化布局。第三，建立集体经济组织股权登记管理平台。可依托现有的北京市集体资产资源可视化系统，建立丰台区集体经济组织统一的股权登记与管理平台。为集体经济组织股份在丰台区集体经济组织内部实现有条件的流通奠定基础，也为股东（成员）变动提供进入和退出的有效通道，同时为农村集体经济组织股权赋能，提高资产资源利用效率。

## 五、完善收益分配与财务管理制度，推进集体及其成员协调发展

收益分配的原则和办法是否科学合理，决定了集体经济发展和集体成员权益保障的可持续性。第一，统筹发展和保障。集体经济发展好坏与集体成员获取收益高低成正比，在发展集体经济的同时，要坚守服务集体成员的职能目标，处理好发展集体经济与保障集体成员间的关系。第二，以经营效益为分配基础。按照“效益决定分配”的原则，依据当年村集体的经营收益情况，确定合理的分配额度和比例。如果当前无收益或收益较少，可通过民主决策暂时不对成员予以分红。第三，细化并完善收益分配相关的财务管理制度。细化经营性业务和非经营性业务边界，规范关联业务交易，增加公共事项开支、福利性开支的财务核算项标记，完善经营成果的量化管理。

## 六、出台深化改革实施细则，保证改革全面规范有序

在上一轮改革中，存在未覆盖全部成员、改制后未注册登记、登记形式与实际不符等问题，这些问题的发生不仅与当时特殊情况相关，也与缺乏具体的实施细则有关，导致出现问题时无具体规则可循，只能暂时搁置，终成遗留。要彻底解决上一轮改革中出现的这种情况，应超前谋划，针对本轮中可能出现的所有情况提前调研了解，有针对性地制定具体实施方案，并将这些独立的解决方案进行系统化、体系化、规范化，让真正参与深化改革的人员有章可循、有法可施。建议以村（居）为单位，以深化产权制度改革指导意见为依据，针对历史遗留问题的难点和堵点，提出新的改制方案，一次性解决未参与改制的成员问题以及注册登记问题。

第三章

# 京郊山区搬迁农户可持续生计能力研究

# 第一节　绪论

## 一、研究背景

生计是老百姓赖以度生的产业或职业，亦即维持生活的手段或方式。生计包括能力（capacities）、资产（assets）以及一种生活方式所需要的活动（activities）（Carney，1998）。可持续生计强调生计发展中要保持环境可持续性和社会可持续性。偏远山区居民的生计问题往往与贫困问题联系在一起，同时又与生态环境问题互为掣肘，生态脆弱区与贫困区高度重合。为了从根本上破除这一障碍，2001 年，中央政府制定并实施《中国农村扶贫开发纲要（2001—2010 年）》（已失效），对 21 世纪第一个 10 年的扶贫开发工作做出总体部署，以期彻底根治贫困与生态环境恶化问题。其中把自愿搬迁正式作为一项基本的扶贫政策。2006 年全国人大将易地扶贫搬迁确定为中央政府投资支持的重点领域，我国开始有序推行易地扶贫搬迁政策。

在国家政策引导下，北京市于 2004 年启动实施针对山区采空区、地质灾害易发区及生存条件恶劣地区的农民易地搬迁工程建设，到 2022 年共完成搬迁 535 个村 4.4 万户约 11 万人，涉及门头沟、昌平、平谷、怀柔、密云、延庆和房山 7 个区。山区农民搬迁工程以"搬得出、稳得住、能致富"为基本原则，通过集成京津风沙源治理、抗震节能农宅改造、美丽乡村建设等多项政策资金，以"建设一个搬迁村、形成一个美丽民俗村、打造一个乡村酒店"为目标，充分考虑各村实际情况，按照"一村一品"模式开展搬迁新村建设，极大地提升了远郊农村的生态环境和当地居民的生活水平。易地扶贫搬迁把居住在生存条件恶劣地区的贫困居民通过易地搬迁的方式，选择生存条件较好的地区进行重新安置，从而改变山区贫困人口的落后面貌。搬迁民众的生计是否具备可持续性、能否“稳得住、能致富”，关系着易地扶贫搬迁工程的成败。党的十九大报告指出：坚决打赢脱贫攻坚战，让贫困人口和贫困地区同全国一道进入全面小康社会；动员全党全国社会力量，坚持精准扶贫、精准脱贫，重点攻克深度贫困地区脱贫任务，确保我国农村贫困人口实现脱贫，解决区域性整体贫困，做到“脱真贫、真脱贫”。因此，扶贫搬迁的贫困群众在政府和社会的帮助下提高自身的生计能力做到真正的脱贫，实现可持续的生计，是贫困地区打赢脱贫攻坚战的关键所在。北京远郊山区农民的“搬得出”目标已基本实现，但部分移民因自我发展能力弱、对传统生计方式依赖大等因素阻碍，生计转型遇到困难，存在返贫风险大、生计不可持续等问题。

可持续生计框架（Sustainable Livelihoods Framework，SLF）从生计方式和生计资本组合入手，分析现有生计的优势、应对冲击的限制因素和潜力，以提高生计的可持续性，使人们能独立应对各种冲击和保持自然资源的生产力。本章运用可持续生计理论，以易地搬迁农户为研究对象，借用由英国国际发展部（DFID）（2000）提出的可持续性生计分析框架（SLA），对北京远郊易地搬迁村农民的生计可持续能力开展研究。通过实地调研走访京郊十多个易地搬迁村，与搬迁村民开展一对一访谈，获取村民家庭基本信息，以及在搬迁前后生计资本、就业和收入的差异等情况资料，构建可持续生计评估指标体系，对村民家庭的生计可持续能力开展评估，分析影响生计可持续能力的主要因素，并提出促进生计能力提升的建议，为京郊搬迁农户后续“能发展”“能致富”提供理论支撑。

## 二、研究目的

构建京郊山区搬迁农户生计资本评价框架，对当前搬迁农户的可持续生计能力开展评价研究，识别搬迁农户的关键生计资本及其主要影响因素，据此提出促进山区搬迁农户生计可持续能力提升的对策建议。

## 三、主要研究内容

### （一）可持续生计的内涵、演进及其在京郊农户生态搬迁中的适用性

梳理国内外可持续生计框架理论内涵及其在农村减贫及可持续生计方面的研究进展，重点梳理农户可持续生计定量评估方面的研究与应用；借鉴DFID提出的SLA框架，对可持续生计五大资本进行细化区分；结合北京市山区农民搬迁工程建设总体情况，分析山区农民在搬迁前后生计资本的总体变迁情况，以及可持续生计框架理论在京郊农民搬迁效果评估中的适用性。

### （二）基于SLA框架的京郊山区搬迁农户可持续生计能力评估

从人力资本、自然资本、社会资本、物质资本和金融资本五部分构建京郊山区搬迁农户可持续生计评价指标体系，采用熵值法确定指标体系权重，构建生计脆弱性指数与可持续生计指数，开展京郊山区搬迁农户可持续生计评估；对可能影响搬迁农户生计的因素进行识别和评判，判断其中的关键生计资本及其影响因素，分析不同情景下农户可持续生计的区域差异及其影响因素。

### （三）基于农户生计改善的搬迁扶贫成效及存在问题分析

结合搬迁农户可持续生计能力评估结果、搬迁农户关键生计资本及其影响因素分析结果与搬迁农户对搬迁政策的满意度评价分析，分别从生计五大资本角度、农户家庭结构、成员受教育程度、搬迁模式、村庄产业发展等方面，分析实施搬迁政策对搬迁农户生计改善与增收的效果及存在的问题。

### （四）京郊山区搬迁农户可持续生计策略的建议

从政府政策扶持、搬迁农户自身、社会参与等多方面，提出促进搬迁农户可持续生计能力提升的对策建议。

拟解决的关键技术：建立适合京郊山区搬迁农户生计可持续状况评价的生计资本指标体系，开展生计资本量化评价研究，以及关键生计资本界定、量化评价及影响因素分析。

创新点：北京市自2004年启动实施山区农民搬迁工程建设，在工程实施过程中，只注重新村基础设施及农宅的建设及监管，对于新村建设带来的农民生计的变迁鲜有关注，其相关研究也未见报道；而“稳得住、能致富”是搬迁工程建设的重要初衷和主要目标之一。因此，本章通过建立定量评价指标体系对搬迁工程建设带来的农民生计变化进行定量分析，能够更清晰地了解农民搬迁政策在促进农民就业和增收方面的实效，也有助于深入分析当前搬迁农户在减贫增收中存在的问题，为制定新一轮山区农民搬迁政策提供理论支撑。

## 四、研究方法与技术路线

### （一）研究方法

1. 参与式农村评估法

采用半结构访谈方式对易地搬迁村庄负责人和农户开展问卷调查获取相关数据资料。村庄调查问卷涵盖了新村建设、产业发展、村庄经济社会发展等方面的信息；村民调查问卷涵盖了家庭成员情况、安置方式、后续发展方式等被调查家庭的基本信息，以及被调查家庭的生计资本信息、农户在村就业意愿及对村庄产业发展生计认知等。

2. 可持续生计评估法

可持续生计理论框架被用于对搬迁农户生计适应能力进行评估。基于DFID提出的SLA框架，构建由人力资本、自然资本、社会资本、物质资本和金融资本五部分构成的农户可持续生计评价指标体系，采用熵值法确定指标体系权重，从生计资本、生计策略、生计结果评测搬迁农户的可持续生计能力。京郊山区搬迁农户的生计资本也由人力资本、自然资本、社会资本、物质资本和金融资本五部分构成；生计策略是指农户采用不同的方式对自身所拥有的生计资产进行组合和使用，从而达到期望的生计结果；生计结果的评价包含农户经济水平以及居住的自然环境，而经济水平包括收入和消费两个方面，自然环境的考察则主要从村落周边环境、居住条件、居住环境、内部景观以及居民对环境的感知评价进行分析。

## （二）技术路线

课题研究选用DFID提出的SLA框架理论作为本章的理论基础，该理论因能较好地理解贫困农户生存状态的复杂性、贫困农户生存安全行为的策略性，已被广泛应用于贫困相关问题的研究。研究中将梳理国内外可持续生计框架理论内涵及其在农村减贫及可持续生计方面的研究进展，重点梳理在农户可持续生计定量评估方面的研究与应用。同时，对可持续生计五大资本进行细化区分，结合北京市山区农民搬迁工程建设总体情况，分析山区农民在搬迁前后生计资本的总体变迁情况，以及可持续生计框架理论在京郊农民搬迁效果评估中的适用性。

基于课题组多年跟踪监测北京市京津冀风沙源治理易地搬迁工程监测的研究，于各区选取典型搬迁村，从搬迁村随机抽取农户作为调研样本，通过追加开展搬迁村农户家庭生计状况调研，包括农户家庭基本情况、搬迁前后就业及其变化情况、搬迁前后家庭收入及其来源的变化情况、对收入的满意度、未来就业及收入期望等调研，开展易地搬迁工程建设的农户满意度调查，获取本课题研究的基础数据。

在调研的基础上，构建基于五大生计资本模块的可持续生计评价指标体系与评价指数，对搬迁农户可持续生计能力开展定量评价，分模块分析农户可持续生计能力的区域差异性；辨识出不同农户家庭的关键生计资本，分析造成关键生计资本差异的主要影响因素。结合农户对搬迁工程建设的满意度调查，分析易地搬迁工程建设促进搬迁农户就业及家庭收入增收的效能，分析各区、村之间的差异及其影响因素。从农户自身情况、搬迁模式、地理区位、村庄产业发展等多方面，辨析当前搬迁农户生计可持续发展及增收中存在的主要问题及其关键影响因素。

最后，结合前述研究结果，从农户家庭自身、政府政策扶持、社会参与等角度，提出促进搬迁农户生计可持续发展的对策建议，同时，为北京市制定下一轮山区搬迁工程建设方案建言献策，提出促进搬迁农户就业增收的对策与建议（如图3-1所示）。

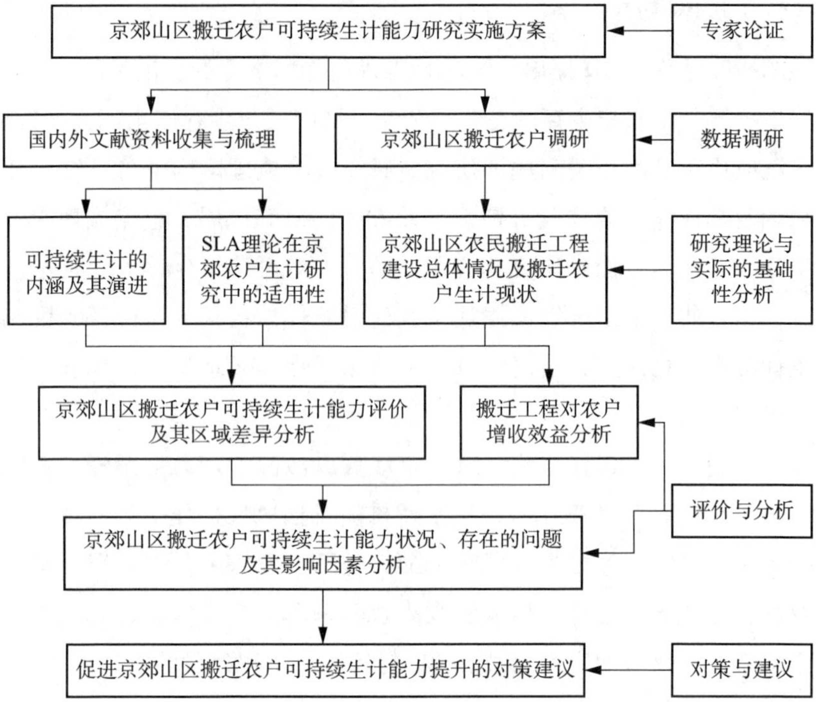


图 3-1　技术路线

# 第二节　理论基础

## 一、可持续生计理论

### （一）可持续生计理论的内涵及其分析框架

#### 1. 可持续生计理论

可持续生计是指在一定的谋生方式下，农户在不破坏生存环境的基础上，使得生存资本不断增长，具有可持续的特性。“可持续生计”概念是可持续发展的重要主题之一，近几十年来，科学界越来越重视可持续生计理念的应用。“可持续生计”最初由联合国环境与发展委员会（WCED）于报告《我们共同的未来》（1987 年）中明确提出，之后在 1990 年联合国开发计划署（UNDP）

发布的《人类发展报告》中再次强调并且被认可。可持续生计已经成为可持续发展领域研究的重要概念，其概念和内涵不断演变。可持续性生计分析方法是一种可以更好地识别生计复杂性、理解生计策略对贫困的影响及制定干预措施的方法，以就业、减少贫困和生计可持续为内涵，为政策制定者和研究者提供研究、理解、应对贫困、生计、社区及农村发展等问题的新思路和新视角。以 SLF 的研究发展为例，国际上许多研究者从多个角度进行了大量的研究，如生计多样化、生计脆弱性、可持续生计安全、农村生计与减贫、土地利用变化与农村生计、能源消耗与农村生计、可再生能源技术与可持续生计、生计资本与可持续生计策略等。

2. 可持续生计的分析框架

“可持续生计”概念提出后，被广泛应用于贫困、失业等问题的研究中。针对可持续生计问题，DFID、美国援外合作组织（CARE）、UNDP 等机构都通过独立或合作的方式发展各自不同的可持续分析框架。与 UNDP 和 CARE 的可持续生计分析框架相比，DFID 建立的 SLA 框架得到了更为普遍的推广和应用。该框架充分体现了可持续生计研究以人为本、整体性、多层次多维度、可持续、重视响应和参与、增强贫困人口内生能力、多方合作和动态性的原则。SLA 将生计资本划分为人力资本（H）、自然资本（N）、物质资本（P）、金融资本（F）和社会资本（S）五种类型，描述了处于困境的人们可以运用所拥有的资产、权利来选择生计策略，寻找生计出路，从而实现可持续的生计；反映出农户生计资本结构、生计过程和生计目标之间的交互变化和相互作用。DIFD 绘制了一个可持续生计分析框架二维平面图（见图 3-2），展示了生计分析内容、构成要素间的结构与相互关系。整个分析框架由脆弱性背景、生计资本、结构和制度转变、生计策略和生计输出五部分构成，显示出人们如何利用大量的资本、权利和可选策略去追求某种生计结果的过程和途径，以及脆弱性背景和政策制度如何影响人们的生计策略。

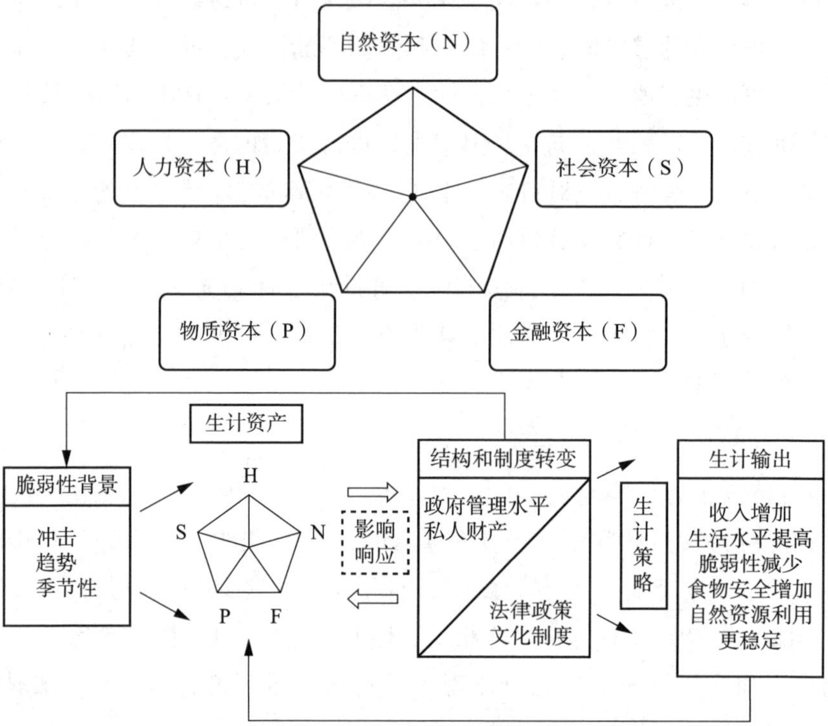


图 3-2　DFID 可持续性生计分析框架（SLA）

在 SLA 框架中，农户被看作在脆弱性背景中生存或谋生的对象，如何利用、配置资本在一定程度上决定了他们的生计结果。生计结果又会反向影响生计资本的性质和状况。SLA 框架所表现的内容是：结构和制度转变反馈到脆弱性背景，其中结构和制度产生的因素是造成脆弱性背景的原因，农户在整个脆弱性环境下谋求生计或生存。在这种脆弱性背景下，农户可以使用自己拥有的生计资本，同时环境也影响着农户为实现生计目标所采取的生计策略（拥有资本的配置和使用的方式）。生计资本与政策和制度相互影响，政策和制度能调节农户所拥有的生计资产，农户又根据政策和制度调节拥有的生计资本性质和状况，通过优化资本组合，最终选择生计策略的类型，输出生计结果实现生计目标（收入得到增加、生活水平提高、脆弱性减少以及食物安全增加）。输出的生计结果又反馈生计资产，改变生计资产的状况，影响资产性质。整个框架是封闭、动态、循环的

（见表 3-1）。

表 3-1 SLA 框架的组成部分及其主要指标内容

| SLA 框架组成 | | 指标内容 |
|---|---|---|
| 脆弱性背景 | | 地震、台风、旱涝等自然灾害冲击；高失业率、家畜农作物病害及人类疾病等突发性的天灾人祸；资源、生态环境、科学技术、商品市场和经济全球化等趋势；就业机会、价格波动规律等季节性因素 |
| 生计资本 | 人力资本 | 教育及文化知识、劳动技能、家庭人数、健康状况、劳动力等 |
| | 社会资本 | 邻里关系、亲戚朋友、信任与互助、机构与组织、诉求、参与机制等社会关系 |
| | 金融资本 | 银行储蓄、借贷、工资、财产收入、养老金及其他补助等 |
| | 物质资本 | 住房、道路交通、饮水及通信及能源等基础设施；设备、生产工具等生产资料 |
| | 自然资本 | 耕地、森林、水产品、水资源、动植物、矿产资源、生物多样性、环境服务 |
| 结构和制度转变 | | 政府、国际机构等推广的政策和制度；NGO、政府组织或团体、法律、金融、企业及党政机构等实施的措施；性别、教育、制度、政府决策等过程因素 |
| 生计策略 | | 生产、消费、投资、迁徙、生育等活动 |
| 生计输出 | | 提高收入、生活水平，减少脆弱性，自然资源利用更稳定 |

## （二）相关研究进展

可持续生计研究重点关注的是欠发达地区特别是农业区域的人类发展问题，主要是关于贫困人口、贫困区域生存与发展问题的理论与实践研究。欠发达地区大多自然环境条件严酷，发展区位劣势明显。随着人口增长、经济发展条件短板和生态环境的日益恶化，以及贫富差距的扩大，这类地区的农户生计面临逐渐增大的压力。随着经济社会的发展，欠发达地区农户生计的可持续性问题逐渐引起各国政府、非政府组织（NGO）和学者的高度关注。建立有效的生计可持续性评价指标体系，并将其应用到地区、农户家庭、农户个体的生计可持续性的评价和制度保障政策研究中，可以有效地帮助相关政府制定出科学合理的解决贫困人口生计问题的政策与措施，促进区域平衡发展。

### 1. 国外研究进展

生计资本的相关研究大多是在 DFID（2000）建立的可持续生计框架理论

下，以建立生计资本量化指标体系为基础，进而在农户生计脆弱性评估、生计现状评估、生计资本影响因素等方面进行研究。Erenstein（2011）采用主成分分析法确定生计资本指标体系权重，研究印度恒河平原农户生计资本与贫穷之间的关系。Nel（2015）利用可持续生计框架，对南非贫困进行研究，结果表明生计脆弱性与贫困有着密不可分的关系，但同时生计资本的增加能够有效提高贫困农户抵抗外部脆弱性的能力。

在生计策略研究方面，Bhandari（2015）基于可持续生计分析方法，以尼泊尔农户为研究对象，分析五大生计资本对农户生计方式的影响，结果表明，家庭劳动力、耕地数量、牲畜数量影响生计方式的变化，从而进行生计选择的探讨。在生计与贫困关系研究方面，Fred（2015）以可持续生计为分析框架，主要研究非洲南部加纳农村居民生计问题，分析了贫困地区农户生活困难的原因。Scoones（1998）研究了湄公河下游流域柬埔寨农户的可持续生计，研究表明，由于洪水、干旱和粮食价格攀升，当地群众获得可持续生计的五种资产是有限的，特别是适应冲击和压力的能力较低。Lasse（2001）以失地农民可持续生计为背景，研究了农民失去土地可能造成新的贫困，一些因素威胁着农民的生计风险，如失业、缺失粮食、身患疾病以及公共服务短缺等。在移民可持续生计研究方面，Morrissey（2013）认为造成发展中国家生态移民的重要因素是居住地生态环境恶化、资源短缺，这些因素威胁着居民生计从而引发环境移民。

2. 国内研究进展

国内关于生计资本的研究始于20世纪90年代末，其研究大致可以分为三类：一是可持续生计理论研究，即以SLA框架为基础，对农户生计问题相关理论和整个可持续生计发展历程进行研究；二是生计资本状况和生计策略研究，包括城镇化对农民生计的影响、退耕还林政策影响下的农民生计问题、连片特困区（极端贫困区）可持续生计问题研究，农户可持续生计相关规划、政策、法律、保障制度研究，生计多元化创新研究等；三是生态脆弱性研究类，主要包括环境变化、气候变化为主导因素的农民生计问题研究等。

在生计资本理论与方法研究中，一部分研究者开展了可持续生计分析的方法研究，应用熵权法、因子分析法等研究方法结合SLA框架开展实证研究。

一部分研究者通过具体的指标和数值来量化五大生计资本，以此来衡量某个区域个体的生计状况。一部分研究者基于可持续生计分析框架构建生计指标体系，探讨不同类型农户具备的生计资本特征及其对生计策略选择的意义。

生计策略作为生计资本组合共同作用的结果，是解决地区贫困和降低农户生态脆弱性、提高可持续发展能力的关键，因此获得了较多研究。学者们主要从生态政策、产业扶贫政策、退耕还林政策等政策背景，以及气候变化、自然灾害、自然环境等脆弱性条件出发，研究了生计资本之间、生计资本与生计策略之间的相互关系，通过影响作用的正负向性来判断农户生计的关键影响因素，进而提出促进农户生计能力提升的措施。

在生计资本与贫困问题的关联性研究方面，学者们认为贫困脆弱性的产生和消除都与生计资本密切相关，不同类型的生计资本对降低贫困脆弱性的效力不同。刘彦随等（2016）将 SLA 框架与贫困研究相结合，在传统的可持续生计分析框架中纳入农村低保制度与扶贫开发政策，构建了农村反贫困政策与可持续生计有效衔接的分析框架；根据可持续生计框架建立多维贫困识别指标体系，基于中国贫困化空间分异规律帮助精准识别贫困农户，基于大数据思维优化政府扶贫治理机制并提出帮扶措施。

在生计多元化创新与优化方面，研究者分析了生态旅游、观光农业、休闲农业及其他一系列特色产业发展通过合理开发利用当地优势资源，在带来社会、经济与文化等协同发展的同时，促进当地居民生计可持续发展的路径与手段。也有研究者分析了政府在帮助引导农户实现可持续生计方面的作用，政府应该在精准扶贫的模式下调整和改进扶贫模式，加强农村基础设施建设，加强相关技能培训，帮助增加农户收入来源、构建村庄产业体系、降低贫困的发生率及返贫概率。

在易地搬迁移民可持续生计研究方面，主要开展了移民可持续生计影响因素、移民生计脆弱性、生计资本对生计策略选择的影响、失地移民生计适应性、搬迁对减贫的效应等研究。例如，李聪等（2020）以陕南的微观调查数据为基础，从减少贫困和缩小差距的双重视角考察了易地搬迁工程对移民生计的影响。阁小操和陈绍军（2021）以新疆某村生态移民为研究对象，分析后扶贫时代易地搬迁移民的生计发展遭遇的一系列困境，提出了通过移民生计再造带动资源整合，进而促使移民实现生计转型发展的政策建议。刘明月等（2019）利用 8 省 16 县农户实地调查数据，基于期望贫困的脆弱性测度方法，对易地扶贫搬迁农户的贫困脆弱性进行测度。研究表明，搬迁降低了农户的贫困脆弱性。周丽等（2020）基于湖南 7 个县的移民数据，采用回归模型分析生计资本影响生计策略选择的机理，获得了五大生计资本对务工主导型、农业主导型、过渡型生计策略选择相应的影响效应。

可见，我国可持续生计问题研究比国际上起步晚，目前还主要集中于理论体系及其实践研究，研究区域主要集中于我国偏远或者贫困地区，研究内容多集中于移民生计资本变化及有效性上，而在 SLA 框架中，搬迁带来生计资本水平和结构变化只是整个生计链条的中间环节，这种变化导致的生计策略重构及生计能力提升才是移民可持续生计的关键；对生计资本与生计策略关系的实证分析偏重评估总生计资本及其构成的各类生计资本对生计策略的影响，很少就每一类细分生计资本所对应变量再进一步深入地具体分析，即未能有效识别影响移民生计策略选择的具体决定因子。因此，本章借鉴 SLA 框架，构建易地搬迁背景下生计资本对生计策略选择及生计结果影响的分析框架，以反映搬迁村民生计变化全貌；系统探讨具备不同生计资本禀赋特征的搬迁村民生计策略选择及其影响因素识别问题；分析生计资本中哪些具体因素对移民生计策略选择发生变化产生影响，探索移民遭遇外界环境变化后，动态调整生计策略以重新形成预期生计结果的规律，以期对具有不同生计资本特征的搬迁村民进行精准扶持施策，更好地解决易地搬迁农户生计转型和可持续发展问题。

### （三）可持续生计理论在易地扶贫搬迁中的应用

易地扶贫搬迁通过村庄重建的方式让贫困人口提高生计能力、村庄获得可持续发展，是我国实施精准扶贫政策的重要措施之一，是消除贫困、打赢脱贫攻坚战的重要利器，是我国扶贫开发过程中的政策创新。随着易地扶贫搬迁政策的实施，国内学者对易地扶贫搬迁的研究渐成热点。研究主要集中在：易地扶贫搬迁政策的形成和演化过程；运用宏观调查数据总结易地扶贫搬迁的基本现状、分析存在的问题并提出合理化的建议；采用定量与定性指标相结合的方法考察移民搬迁综合效果等。其中，易地扶贫搬迁政策的实施效果是学术界重点关注的议题。大部分学者认为易地扶贫搬迁对经济、社会和生态等方面产生积极作用，如能从根本上消除贫困、提高移民农户的经济水平、加快贫困人口自我发展等。但也有部分学者认为易地搬迁会产生负面效应。实施易地搬迁后，生产方式、资源分配等方面存在不合理性，其经济效益不甚显著，还可能对安置地生态环境造成破坏。评价易地扶贫搬迁的效果意义显著，农户参与搬迁后生计现状如何？可持续减贫成效如何？这些问题都需要开展客观的评价来监测其扶贫效果。

厘清易地扶贫搬迁的可持续性生计思维逻辑需要考虑五个方面的因素：一是脆弱性背景，即村民生存所处的脆弱性环境；二是生计资本，即村民自身拥有的资产和技能；三是结构和制度转变，即对生计产生影响的政策结构及其完善的过程；四是生计策略，即村民根据自身的资产和技能，所能够做出的提高生计水平的行为组合；五是生计输出，即村民采取的生计策略所产生的生计结果，也是指他们追求美好生活的目标。

1. 脆弱性背景

脆弱性背景是生计的外部环境，在可持续生计框架中是农户难以控制的部分。脆弱性被定义为“对给定打击受损失的不同敏感性”，是指面临危险、冲击、变动和压力时表现出的抵御能力缺乏、受灾影响的程度，是贫困的重要特征。导致脆弱性的风险主要有自然灾害、环境危机、经济波动、政策改变、种族冲突、疾病、失业、突发事故等。脆弱性评价对确定风险事件特征和脆弱人群的识别起到关键作用，能够探索阻碍社会有效响应的潜在因素，并寻找降低脆弱性的方法，增强脆弱人群的适应能力。Ostrom（2007）提出了社会生态系统（Social Ecological Systems，SES）可持续发展框架模型，认为人类及其所有资源都嵌入在复杂的社会生态系统当中，在这个系统中集成了生态、社会与经济价值；社会生态系统是人与自然紧密联系的复杂适应系统，具有不可预期、自组织、非线性、多稳态、阈值效应、历史依赖和多种可能结果等特征。联合国减灾战略（UNISDR，2004）提出脆弱性是系统的内在属性，产生于自然、社会、经济和环境因素及过程共同决定的系统对各种胁迫的易损性。面临压力和冲击时，系统组织建立起恢复力和适应性管理至关重要，适应能力也是社会可持续性的关键因素。生计风险适应可分为自适应和计划性适应。自适应是指农户主动响应风险的能力和采取的策略；计划性适应是政府机构、社会组织等为消除或缓解农户生计风险而制定的政策、风险灾害应对策略和机制等。

脆弱性评价指标由敏感性、暴露性和适应性三个子系统构成。敏感性主要来自生态、社会和经济亚系统的各项关键因子；暴露性指标主要从区域遭遇灾害程度有关的灾害空间集聚性和对灾害威胁的暴露程度考虑，选择区位、灾害频率、人口密度等；农户的生计资产是其选择生计策略和抵御生计风险的基础，生计资本越高表示其抵御风险的适应性能力越强，可选择金融资本、物质资本、人力资本、社会资本及自然资本的状况作为自适应能力的评价指标；政府财力、社会保障、应对风险的防范措施及响应和行动效率等，以及社区发展程度构成系统计划性适应指标，由此构建包含暴露性、敏感性及适应性三个层次的旅游地生计脆弱性评价指标体系。

在京郊农户生计的脆弱性、敏感性分析中，搬迁前，政策变化、贫困、疾病、基础设施及公共服务落后、人口及劳动力素质较低等则是造成社会亚系统脆弱的主要原因。市场波动、乡村产业缺乏特色和市场竞争力、产业结构落后、投资不足且分散及收益率较低等问题，导致经济亚系统脆弱度较高。暴露性分析中，生态搬迁后，村庄面临自然灾害的脆弱性降低，搬迁村人口密度相对不大，脆弱性较低。适应性分析中，农户资产状况是其选择及组合生计策略、抵御生计风险的基础，是自适应能力的决定性因素；农户通过不同类型资产的组合来应对风险和冲击，寻求在各种生计策略中灵活转换以维护其生计安全。搬迁后，农户的各项生计资本得以增加，农户的环保意识增强，抵御风险和生计保障能力增强。

2. 生计资本

自然资本是指农户拥有自然资源的量，是农户生计赖以生存的资源。可以分成两大部分，一部分是无形的公共资本，如空气、生态环境；另一部分是有形的公共资本（也叫生产资本），如耕地、水资源。脆弱性背景和自然资本关系最为密切，脆弱性较强的环境自然资本明显较弱。农户生计是以农业生产为主的生计活动，对自然资本依赖性较高。

物质资本是农户用于谋生的基础设施及建立的公共服务体系（如道路交通、通信）和生产资料（维持生计所使用的设备、设施），这项资本的拥有量反映农户的生产力水平。

金融资本是农户在谋生时所拥有并能在消费以及生产中运用的金融资源，具体指金钱，来源主要由存量和流入两部分组成。

人力资本是五个资本中最重要的资本，决定着其他资本的合理运用，主要包括劳动人口数量、文化水平以及人的健康状况。

社会资本是人们在维持生计的过程中能应用的社会资源，这种资源由社会组织以及社会关系网构成，对增强人与人之间合作、信任起着重要作用。其中，社会资本与框架的结构和制度转变部分联系紧密，结构和制度转变的组织、社会关系的外部环境产生农户所拥有的社会资本，两者相互影响。

3. 结构和制度转变

结构和制度转变是指政府为了实现农户生计目标制定的政策、立法和实施机构。结构包括政府组织、非政府组织以及私人部门等，这些部门可以制定政策、法律，具有抵御脆弱性背景下生计风险的能力，保障农户生计目标实现。制度转变反映着结构和农户之间相互作用的关系，是与生计有关的制度、文化、政策等。

4. 生计策略

生计策略是指农户运用自身所拥有的生计资本进行优化组合选择生计方式，如生产策略、投资活动等。受外部环境因素的影响，生计策略处于动态变化中。要实现农民可持续的生计，采取多元化的生计策略是实现生计目标的重要切入点。

5. 生计输出

生计输出就是农户采取的生计策略所产生的结果，或者说农户生计目标的实现。

## 二、其他相关理论及其内涵

### （一）贫困经济学理论

贫困经济学研究的意义是减少贫困人口、维护社会正义、实现社会稳定、促进社会协调稳定发展、帮助贫困人口实现生计可持续、改进社会的资源配置、提高经济效率并最终实现共同富裕。贫困问题既是一个复杂的经济发展现象，更是一个复杂的社会现象，解决贫困问题是全世界面临的发展难题，消除贫困是人们可持续发展的基本前提，可持续生计就是要可持续地解决贫困问题。因此，贫困经济学就是研究和揭示贫困问题的本质规律及其影响因素、解决贫困问题、实现可持续生计的最直接的经济学理论方法。促进贫困人口和区域的可持续生计发展，需要以贫困经济学理论为指导，深入研究和揭示贫困问题发生以及存在的本质和因素，以及解决贫困问题的途径和方法。

### （二）生态经济学理论

生态经济学是一门全面研究生态系统与经济系统之间关系的科学，既包括利用经济学方法研究经济活动对环境与生态的影响，也包括用新的方法研究生态系统与经济系统之间的联系。经济学需要关注经济发展对生态系统的影响和依赖，生态学需要研究经济活动对生态系统的压力和胁迫。可见，生态经济学是可持续发展研究的重要理论基础之一，可持续发展问题是生态经济学研究的中心内容。要实现人类生计的可持续发展战略，不仅要实现人与自然的和谐共生，更要强调生态环境是民生福祉，发展生态经济，“绿水青山就是金山银山”，降低经济发展的生态成本，减轻经济增长对资源和环境的压力，以“保护生态环境就是保护生产力，改善生态环境就是发展生产力”“生态环境是民生福祉”等为理论基础的新时代生态经济学，必然成为可持续生计问题研究的主要理论基础。

### （三）资源配置理论

资本是经济学研究中的一个重要概念。对资本的研究可分为两个范畴：一是作为一种生产要素的资本；二是作为一种社会关系的资本。资本积累可以看作一定条件下的生产潜力的扩张，在此扩张过程中经济也会得到改善。资本是流动中的资产，是可以增值的资产，两者有着天然而紧密的联系，资产的积累主要通过资本的积累来实现。资产可以划分为有形资产和无形资产。有形资产是以具体物质产品形态存在的资产，其中，土地是非常重要的有形资产。无形资产没有法律占有权，主要基于个人因素或社会经济关系的要求权和可获得权，包括使用资源、储备物的机会和利用服务的机会，以及获得信息、物质、技术、就业、食物和收入的机会等。可见，资本是资产的具体存在形式，也是资产升值的具体路径之一，考察搬迁农民的生计，必然离不开对其家庭生计资本的考察。资产积累的路径主要通过资产选择、资产组合和资产建设来实现。一个持续发展的资产积累路径就是在既定的制度环境下所拥有的各类资产通过重新的选择、组合和建设实现了效用最大化。一个家庭资产积累的目的既是效用最大化也是风险最小化，其根本目的是实现家庭生计的持续发展。而资源配置理论基于最优化的分析框架、家庭效用最大化的微观分析方法，能较好地阐述五大类生计资本的存量、质量、属性、运动频率以及各类资本间契合程度对资本配置效率的影响，提供了理解可持续生计的基本范式，能较好地阐释资产如何配置、资本如何积累，因此也成为可持续生计分析框架的核心理论基础。

## 第三节　京郊易地搬迁村民生计现状

### 一、搬迁农户问卷调研

采用结构型问卷和半结构型访谈方法，对农户进行入户调查以获取分析数据。听取市、区两级相关负责人的建议，结合易地搬迁工程建设进度，在门头沟区、延庆区、密云区、怀柔区、平谷区 5 个区选取洪水口村、达摩村、塔河村、大吉祥村、窑湾村、喇叭沟门村、崎峰茶村、北水峪村、桃园村等 19 个搬迁村作为调研村，在每个村选取 10~40 户搬迁农户作为调研对象进行问卷调查，户均访谈时间为 35~50 分钟，调查对象主要为户主或主要劳动力，调研时间为 2020—2022 年。对于文化水平较低无法亲自填写问卷的调查对象，采用调查员解释问卷、提问并帮助被调查者填写问卷的方式完成。共发放问卷 300 份，收回有效问卷 240 多份，在整理后选取 135 份作为研究分析的基础数据。调查内容包括：农户家庭基本情况；农户五大资本情况；搬迁对五大资本的影响程度；生计水平各项指标的主要变化；农户参与乡村旅游开发等新兴产业发展的意愿及获益情况；等等。

李克特量表是评分加总式量表最常见的一种，由一组陈述语及其等级分答案组成，答案一般分为五个等级，分别记以 1、2、3、4、5，具有排序功能，是依据回答者个人评判在所有陈述语上的得分总和，这一总分可说明其态度强弱或在这一量表上的不同状态。一般而言，李克特五分量表法用于测度满意度和赞成度，如“非常不满意”“不满意”“一般”“满意”“非常满意”或“非常不赞同”“不赞同”“一般”“赞同”“非常赞同”等诸如此类情感态度逐步递升的评价标准。随着各类研究的深入，李克特五分量表法应用领域不断扩大，大小、高低等反映被调查者强弱程度的指标正逐步应用于各类研究。基于此，本章调研问卷在前期调研分析和材料整理的基础上，对生计资本、政策感知和生计策略三大指标采用李克特五分量表法，对所有指标进行五级量化，以更好地对调研数据收集整理并进行结构方程模型检验。

## 二、调研样本特征分析

此次调研的受访者，男士略多于女士，表明京郊农户家庭的户主或生计决策者性别差异较小。小于 50 岁的受访者占比为 61.4%，小于 60 岁的受访者达到 88.1%，其中以 41~50 岁的受访者居多，表明受访者大多为受访家庭的主要劳动力，符合调研设计的预期；也表明随着村内公益岗位的增加，以及村庄产业的发展，有更多的年轻人选择了在本村就业。在受教育程度调研中，仅有初中文化程度的受访者达到 44.4%，说明受访者的文化水平普遍不高（见表 3-2）；在调研中另有部分村民因为文化水平过低且年龄较大而拒绝接受访问。88%以上的受访者为夫妻双方共同在村内居住生活，70 岁以上的老人绝大部分与家人生活在一起，且多为三代同堂，仅有 2%左右的受访者为独居于村里的老人，很多年轻受访者表示在村里就业主要是考虑到需要照顾家人。以洪水口村为例，在该村共调研了 36 户农户，夫妻共同生活在村内的共 32 户，夫妻俩独自生活的有 14 户，与子女生活在一起的有 17 户，三代同堂的有 3 户；夫妻俩独自在村里生活的主要原因是孩子成家后在外就业。

表 3-2　调查样本统计学特征　　单位：%

| | 基本资料 | 占比 |
|---|---|---|
| 性别 | 男 | 54.8 |
| | 女 | 45.2 |
| 年龄 | ≤40 岁 | 19.3 |
| | 41~50 岁 | 42.1 |
| | 51~60 岁 | 26.7 |
| | 61~70 岁 | 5.2 |
| | ≥71 岁 | 6.7 |
| 受教育程度 | 小学及以下 | 19.3 |
| | 初中 | 44.4 |
| | 高中 | 31.1 |
| | 专科 | 3.0 |
| | 大学及以上 | 2.2 |
| 婚姻状况 | 已婚 | 88.2 |
| | 未婚 | 4.4 |
| | 离异 | 3.7 |
| | 丧偶 | 3.7 |

## 三、京郊易地搬迁村民生计状况分析

易地搬迁工程建设的一项重要任务就是促进村民就业与增收。京郊的首批易地搬迁村（2004—2012 年）通过十多年的村庄发展，目前都已成为远近闻名的旅游村、富裕村、美丽乡村。在 2013—2017 年的搬迁村中，也有部分村庄通过大力发展休闲旅游与民俗旅游逐渐富裕起来；2018 年以后搬迁的村庄，也制订了村庄产业转型发展计划。村庄基础设施好了，产业发展起来了，村民也更愿意回村就业、创业了。村庄获得了新发展，村民的生活也发生了翻天覆地的变化，农户家庭的生计资本和生计策略也相应发生了改变。

## （一）生计资本发生变化

农户拥有的自然资本主要包括其承包经营的土地、林地、宅基地及其上的各类附属物，以及用于灌溉和生活的水资源。搬迁前后农户拥有的土地、林地、水资源等自然资本变化不大，而部分农户家庭的宅基地面积发生了较大变化。搬迁前，农户生计主要是以农业生产为主的生计活动，对自然资本依赖性较高。搬迁后，对于开展了民俗旅游及民宿经营的农户，对自然资本的依赖度更高了；对于以外出务工为主的农户，自然资本依赖度较低。

物质资本主要包括农户居住的住房以及用于家禽饲养所用的圈舍，用于土地耕种所用的各种各样的农业机械和其他生产工具是从事农耕生计的重要物质资本。搬迁后农户家庭住房的价值远高于搬迁前，饲养家禽的圈舍基本已经舍弃，农业机械及其他生产工具有所减少，私家车、农用车大量增加。总体来说，农户家庭的物质资本大幅增加。

在金融资本方面，农户家庭因为盖房导致银行储蓄减少，搬迁后工资、养老金和其他补助性收入有所增加，部分农户经营性收入大幅增加。因此，不同地区、不同搬迁农户之间的金融资本差异较大。

在人力资本方面，随着年轻人通过升学、就业等方式入城，远郊农户家庭人口结构日趋老龄化，人口的老龄化也使得村民平均健康水平下降；同时，村民依然存在受教育水平普遍偏低的问题；区、乡镇每年开展多次各类技能培训，村内劳动力的劳动技能有较大提升。

在社会资本方面，绝大多数易地搬迁村村民依然住在原有的村庄内，原有的社会关系在物理区域上没有被人为隔离，甚至因为集中居住使得彼此间的互动交往更为方便；搬迁后村民的生活环境更好、民生更有保障，邻里关系也更加融洽。

总体来说，搬迁后农户家庭的生计资本有所增加，尤其是物质资本和社会资本明显增加，但是不同区、不同村之间，以及不同农户家庭之间的生计资本差异依然非常大，农户家庭因资本差异而选择的生计策略也存在很大不同。

## （二）生计策略明显改变

当农户生计处于脆弱性环境中时，农户所采取的生计策略取决于自身拥有的生计资本的总体状况，因此，生计资本是农户选择不同的生计策略、获得积极的生计成果、维持生计安全的必要条件。对易地搬迁村的长期跟踪监测表明，搬迁前后村民的生计策略发生了较大变化。在研究中，初步将生计策略按照生产要素分配和收入来源划分为非劳动力收入主导型、农业收入主导型、务工收入主导型、兼业型。

搬迁前，村民的主要生计策略是农业收入主导型，包括种地，种植林果、蔬菜，村内保洁员以及外出务工等。由于村民受教育水平普遍较低，外出务工以出租、物业、家政、建筑施工队为主。在村内及其周边企业务工以临时工或者短工为主，按天结算工资，收入稳定性低。

搬迁后，村民采用的生计策略更为复杂，其收入来源主要包括村内公益岗、特色种植、民宿和民宿经营、村内企业务工、外出务工等；兼业型农户明显增多，农业收入主导型农户占比较小。年轻人仍以外出务工为主，50 岁以上的劳动力倾向于在村内或者周边务工；开展了民俗旅游和民宿经营的搬迁村，村民在村内就业创业的比重较大；搬迁村内有景区或企业，能够吸纳较多劳动力就业。搬迁后，村庄大力推行退耕还林、封山育林、荒山造林等生态保育措施，很多村民原有的山地、山林实现了退耕，由此增加了较多的生态公益岗位，有的搬迁村每户都有生态管护员，每月可以获取 650～1200 元的工资；村庄“八大员”、保洁员等，基本解决了在村劳动力就业的问题。同时，养老金、生态补偿金、土地租赁收益、集体经济收益分红等非劳动力收入大幅增加。

可见，搬迁前从事农业生产是村民采取的主要生计策略，农业收入是家庭收入的主要来源；搬迁后，非农业从业比例显著增加，采取农业与非农业活动兼具的方式来维持生计的兼业型农户比例也有小幅增加。除纯农型外，非农型农户和兼业型农户在搬迁后收入都显著增加，其中兼业型农户收入较高，家庭生计策略优势较大，应对生计风险的能力也较强。

开展民俗旅游经营是一部分有条件的村民搬迁后为实现增收致富目标的首要选择（见表 3-3）。

**表 3-3　重点监测易地搬迁村民主要就业方式及在本村就业比例**　　单位:%

| 所属区 | 易地搬迁村 | 主要就业方向 | 农村劳动力在本村就业比例 |
|---|---|---|---|
| 怀柔区 | 北辛店村 | 公益岗、外出务工、中草药种植 | 67 |
| | 长岭沟门村 | 公益岗、外出务工、林果种植 | 53 |
| | 崎峰茶村 | 民俗、公益岗、外村务工 | 50 |
| | 转年村 | 外出务工、农业种植、公益岗 | 32 |
| | 小黄塘村 | 外出务工、公益岗、民宿 | 53 |
| | 铁矿峪村 | 外出务工、公益岗 | 62 |
| 门头沟 | 炭厂村 | 民俗、村内企业上班、公益岗 | 90 以上 |
| | 岭角村 | 林果种植、旅游服务、外出务工 | 19 |
| | 柏峪村 | 外出务工、民俗、公益岗 | 30 |
| | 韭园村 | 林果种植、民俗 | 73 |
| | 洪水口村 | 民俗、景区、公益岗 | 90 以上 |
| | 淤白村 | 公益岗、外出务工 | 20 |
| 平谷区 | 桃园村 | 林果销售、种植 | 90 以上 |
| | 北水峪村 | 林果种植 | 57 |
| | 关上村 | 林果种植、外出务工 | 50 |
| 密云区 | 石洞子村 | 民俗、公益岗、外出务工 | 40 |
| | 冯家峪村 | 公益岗、商业服务、外出务工 | 50 |
| | 古北口村 | 民俗旅游、公益岗 | 70 |
| | 南达峪村 | 公益岗、种地 | 29 |
| | 苏家峪村 | 公益岗、种地 | 50 |
| | 尖岩村 | 民俗旅游服务 | 90 |
| 延庆区 | 大吉祥村 | 民俗、外出务工、本村务工 | 50 |
| | 窑湾村 | 民俗、本村务工、公益岗、外出务工 | 55 |
| | 里长沟村 | 公益岗、外出务工 | 33 |
| | 山底下村 | 外出务工、公益岗、林果种植 | 38 |
| 房山区 | 黄山店村 | 民俗旅游 | 90 以上 |

通过调研数据可以看出，大部分搬迁村都有较多市、区两级挂牌民俗旅游户。受新冠疫情影响，这两年民俗户的经营状况差于往年，甚至很多民俗户暂停经营；但是大部分村民期待村庄发展旅游产业的意愿依然强烈。有部分村民期待通过村庄旅游基础设施促进自身的民俗接待增收，部分村民期待村庄旅游业发展促进合作企业增加分红。

炭厂村、古北口村、尖岩村是旅游业发展较好的典型村，村民对村庄旅游业发展充满信心，90%以上的村民于本村开展民俗经营及相关工作，村民生计可持续发展能力明显提升，村民也普遍对现有收入及生活状况较为满意。韭园村、柏峪村等有较好的历史人文资源和生态环境资源，周边有著名景区，但是目前村庄产业发展优势仍未形成，也没有带动村民在村就业与增收，村民仍然以外出务工为主。北辛店村、崎峰茶村、冯家峪村等搬迁村，地理位置较为偏远，虽环境优美但是旅游特色并不突出，有较多的村民在早期开展过农家乐经营，但是随着社会的发展，原有的接待设施已落后于市场需求，很多挂牌民俗户已停止了经营，仅有些北京城里前来养老休闲的老人长期于村内租住。石洞子村、苏家峪村、转年村等与企业签订了合作协议，随着村庄旅游业及其他产业的发展，未来必将有效带动村民在村就业与增收。关上村、长岭沟门村特色旅游资源少，旅游业基础薄弱，村民发展民俗旅游经营的意愿较弱，大部分农户家庭的主要收入依然来自外出务工的收入，且搬迁前后变化不大，村民生计可持续发展能力较弱（见表3-4）。

**表3-4　部分搬迁村民俗经营现状及未来发展意愿**　　单位：户

| 搬迁村 | 挂牌民俗户 | 在经营民俗户 | 村民未来经营休闲旅游业意愿 |
|---|---|---|---|
| 北辛店村 | 56 | 8 | 强，冬季游客少 |
| 长岭沟门村 | 0 | 0 | 强，缺乏资金 |
| 崎峰茶村 | 45 | 10 | 强，旅游基础薄弱 |
| 转年村 | 4 | 4 | 强，正在开发 |
| 小黄塘村 | 15 | 7 | 强，典型带动 |
| 铁矿峪村 | 1 | 1 | 一般，主要靠企业分红获利 |
| 炭厂村 | 27 | 27 | 强，现有经营状况良好 |
| 岭角村 | 2 | 5 | 弱，担心没有游客 |

续表

| 搬迁村 | 挂牌民俗户 | 在经营民俗户 | 村民未来经营休闲旅游业意愿 |
|---|---|---|---|
| 柏峪村 | 49 | 15 | 强，周边景区带动效应大 |
| 韭园村 | 24 | 20 | 强，距离市区近，基础好 |
| 洪水口村 | 60 | 40 | 强，距离市区太远，基础设施有待升级 |
| 桃园村 | 0 | 0 | 强，正在开发 |
| 北水峪村 | 0 | 0 | 一般，村庄偏远，少数村民有意愿 |
| 关上村 | 0 | 0 | 弱，旅游资源少 |
| 石洞子村 | 2 | 2 | 强，正在开发 |
| 冯家峪村 | 20 | 1 | 弱，偏远，游客少 |
| 古北口村 | 120 | 120 | 强，基础好，发展态势良好 |
| 南达峪村 | 0 | 0 | 弱，有资源但是基础薄弱 |
| 苏家峪村 | 1 | 1 | 强，正在开发 |
| 尖岩村 | 250 | 200 | 强，限制因素多 |
| 大吉祥村 | 38 | 13 | 强，期待企业带动 |
| 窑湾村 | 20 | 10 | 强，期待企业带动 |
| 里长沟村 | 0 | 1 | 一般，等待企业分红 |

## 第四节　基于 SLA 框架的搬迁农户可持续生计能力评估

### 一、评价指标体系构建

#### （一）评价指标选择思路

评价指标体系是正确认识和全面理解被评价对象或系统的手段，是由表征评价对象各方面特性及其相互联系的多项指标构成的具有内在结构的有机整体。首先应对评价对象达到全面覆盖，所选的各项指标应尽可能全面、真实、有效反映评价的目标和特性，即各项指标应具备高度的灵敏性、科学性和对评价空间的全面覆盖性，所选各项指标相互之间的冗余度越低越好；各项指标尽可能做到可量化，并达到计算方法和量度的统一。本章基于 DFID 建立的 SLA 框架，构建京郊山区搬迁农户可持续生计评价指标体系。在选取评价指标时，主要采用 Delphi（专家函询调查法），结合搬迁村民生计提升的目标、现状和特征，向多位长期从事农户生计相关研究的专家学者进行征询，最终确定了指标层的 10 个二级指标、22 个三级指标。在评价指标体系建设中，生计资本是可持续生计框架的基础，由人力资本、自然资本、社会资本、物质资本、金融资本组成“生计五边形”。同时，依据调研结果，将搬迁户生计策略多样性划分为三类：纯农型、非农型及兼业型。生计结果的评价包含农户经济水平、环保意识、就业能力及抗风险能力；经济水平包括收入和收入来源的稳定性两个方面，环保意识则从村庄生态环境及居民生活环境两部分进行考察。

### （二）评价指标释义与赋值

根据 SLA 框架模型和层次分析思想，将评价指标体系设计为三级，第一层级为可持续生计框架的三个主要考察部分，即搬迁农户生计资本、生计策略和生计结果。第二层级为自然资本、物质资本、金融资本、人力资本、社会资本、生计策略多样性、环保意识、家庭经济发展能力、就业能力和抗风险能力共 10 项。第三层级为表现农户生计水平的具体指标，在可持续生计观念指导下进行设计，首先对国内外文献专著等相关研究进行检索，选择出现频率较高的指标，并通过比对和筛选，确定最初的各项指标，之后运用 Delphi 请农户生计研究的相关专家学者对指标进行调整，最终确定了三级指标层及各项具体指标。同时，对于耕地质量、邻里关系、借贷款难易程度、平均受教育程度、村庄生态环境质量、村庄生活环境质量、家庭劳动力就业能力、家庭应对风险的能力等指标，根据李克特五分量表法对各项观察指标进行赋值。由于个别指标赋值存在一定的地域差异性，故本章参考预调研访谈内容，以及部分文献，对是否在行政机关任职、平均受教育程度、家庭收入主要来源等指标进行赋值。由于存在不同的量纲、数量级和变化幅度，采用极差标准化、分段赋值等方法进行处理，便于不同类别生计资本及其他指标的测算和对比分析，详见表 3-5。

表 3-5　农户家庭生计资本、生计策略和生计结果测量指标及释义

| 类别 | 一级指标 | 二级指标 | 指标说明 |
| --- | --- | --- | --- |
| 生计资本 | 自然资本 | 耕地面积 | 家庭所承包的耕地面积（单位：亩） |
| | | 耕地质量 | 非常贫瘠 = 1，贫瘠 = 2，一般 = 3，肥沃 = 4，非常肥沃 = 5 |
| | | 生态补贴林地面积 | 家庭获得生态补偿的林地面积（单位：亩） |
| | 物质资本 | 房屋资产额 | 家庭居住的房屋资产值（单位：万元） |
| | | 家庭耐用品资产总额 | 床、空调、洗衣机、电视、冰箱、电动车、摩托车、小汽车、手机等家庭耐用品的数量与单价乘积之和（单位：万元） |
| | 社会资本 | 是否在行政机关任职 | 是 = 1，否 = 2 |
| | | 邻里关系 | 非常不好 = 1，不好 = 2，一般 = 3，好 = 4，非常好 = 5 |
| | | 红白喜事支出 | 以一年为单位（单位：万元） |
| | 金融资本 | 家庭年收入 | （单位：万元） |
| | | 家庭存款 | （单位：万元） |
| | | 家庭外债数额 | （单位：万元） |
| | | 借贷款难易程度 | 非常难 = 1，难 = 2，一般 = 3，容易 = 4，非常容易 = 5 |
| | 人力资本 | 家庭劳动力数量 | 18～65 岁未在上学且身体健康的劳动力（单位：人） |
| | | 平均受教育程度 | 小学及以下 = 1，初中 = 2，高中 = 3，大专 = 4，本科及以上 = 5 |
| | | 接受技能培训的次数 | 每年参加技能培训的总次数（单位：次） |
| 生计策略 | 生计策略多样性 | 家庭收入主要来源 | 1 = 纯农型，完全从事农业活动；2 = 非农型，完全从事非农业生产活动；3 = 兼业型，同时从事农业活动和非农业活动 |
| 生计结果 | 环保意识 | 村庄生态环境质量 | 非常不好 = 1，不好 = 2，一般 = 3，好 = 4，非常好 = 5 |
| | | 村庄生活环境质量 | |
| | 家庭经济发展能力 | 家庭总资产 | （单位：万元） |
| | | 经济来源的稳定性 | 非常弱 = 1，弱 = 2，一般 = 3，强 = 4，非常强 = 5 |
| | 就业能力 | 家庭劳动力就业能力 | 非常弱 = 1，弱 = 2，一般 = 3，强 = 4，非常强 = 5 |
| | 抗风险能力 | 家庭应对风险的能力 | |

## 二、结构方程模型

### （一）研究假设

以结构方程模型（SEM）为基础，构建搬迁农户生计资本、生计策略与生计结果影响因素的理论模型。通过参考和整合文献资料，以及前期实地调

查，构建自然资本、物质资本、金融资本、社会资本、人力资本、生计策略、生计结果七个结构变量，用以衡量其影响因素的指标体系，具体见表 3-6。

**表 3-6　搬迁农户生计适应模型结构变量**

| 结构变量 | 观察变量 |
|---|---|
| 自然资本 | 耕地面积、耕地质量、生态补贴林地面积 |
| 物质资本 | 房屋资产额、家庭耐用品资产总额 |
| 金融资本 | 家庭年收入、家庭存款、家庭外债数额、借贷款难易程度 |
| 社会资本 | 是否在行政机关任职、邻里关系、红白喜事支出 |
| 人力资本 | 家庭劳动力数量、平均受教育程度、接受技能培训的次数 |
| 生计策略 | 家庭收入主要来源 |
| 生计结果 | 村庄生态环境质量、村庄生活环境质量、家庭劳动力就业能力、家庭总资产、经济来源的稳定性、家庭应对风险的能力 |

根据 SLA 框架和 SEM 模型，提出搬迁农户生计资本、生计策略与生计结果研究假设：

H1：自然资本对生计策略有显著作用。

H2：人力资本对生计策略有显著作用。

H3：物质资本对生计策略有显著作用。

H4：金融资本对生计策略有显著作用。

H5：社会资本对生计策略有显著作用。

H6：自然资本对生计结果有显著作用。

H7：人力资本对生计结果有显著作用。

H8：物质资本对生计结果有显著作用。

H9：金融资本对生计结果有显著作用。

H10：社会资本对生计结果有显著作用。

H11：生计策略对生计结果有显著作用。

### （二）模型设定

SEM 是基于变量的协方差矩阵来分析变量之间关系的一种统计方法，能够有效建立、估计和检验因果关系，是多元数据分析的重要工具。在社会科学领域的经济、管理类相关研究中，经常会遇到需要同时解决多个自变量与因变量的因果关系，或潜变量之间的联系等计量统计。该模型既可包含可观测的显在变量，也可包含无法直接观测的潜在变量，其可以替代多重回归、通径分析、因子分析、协方差分析等方法，明确地描述单一变量之间或单一变量与总体之间的相互作用，能更具体地呈现变量间的相关性信息和影响作用的程度。

在 SEM 模型分析中，对其路径系数等参数值进行计算时，目前应用最广的适配函数估计法是极大似然估计法，使得研究者能够基于数据分析的结果对模型进行修正。结构方程一般包括测量模型和结构模型两部分。

测量模型描述的是潜变量 $\xi$、$\eta$ 和观测变量 $X$、$y$ 之间的联系。表达式如下：

$$X=\Lambda_X\xi+\delta;\ \ y=\Lambda_y\eta+\varepsilon$$

式中，$X$ 为外生指标变量；$y$ 为内生指标变量；$\Lambda_X$ 和 $\Lambda_y$ 分别为各自对应的因子载荷矩阵；$\delta$ 和 $\varepsilon$ 为误差项。

SEM 模型描述的是潜变量 $\eta$ 和 $\xi$ 之间的联系，表达式如下：

$$\eta=B\eta+\Gamma\xi+\xi$$

式中，$B$ 为内生潜变量之间的相互影响效应系数；$\Gamma$ 为外生潜变量对内生潜变量的影响效应系数；$\xi$ 为 $\eta$ 的残差。

### （三）连续变量相关性分析及模型变量选择

对指标体系里的 22 个变量开展相关性分析（或模型预测时潜在多重共线性变量）（见图 3-3），可以发现，家庭总资产与房屋资产额及家庭耐用品资产总额显著相关；红白喜事支出与家庭年收入及家庭存款显著相关；借贷款难易程度与家庭劳动力数量、家庭劳动力就业能力、家庭应对风险的能力具有较强的相关性；家庭应对风险的能力与家庭劳动力就业能力及经济来源的稳定性有较强的相关性，在因子分析中应注意上述因子可能出现的相互影响。

SEM 模型内置要求平均各变量样本数不少于 10 组，本章初始观测变量共 22 个，若构建全变量模型（10 个潜变量）需要超过 220 个调查对象，因样本限制，按照变量共线性情况和全变量测试情况，保留了 14 个变量，分别为耕地面积、生态补贴林地面积、房屋资产额、是否在行政机关任职、邻里关系、家庭年收入、家庭外债数额、家庭劳动力数量、平均受教育程度、家庭收入主要来源、经济来源的稳定性、村庄生活环境质量、家庭劳动力就业能力、家庭应对风险的能力，此 14 个变量将被应用于 SEM 模型分析（见表 3-7）。

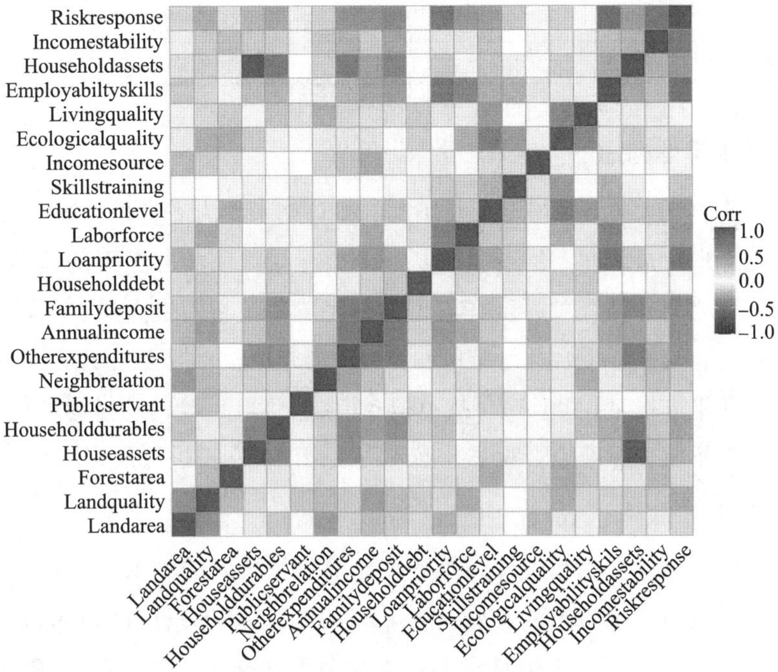


图 3-3　拟选用变量的相关性分析

表 3-7　修正后的结构变量

| 序号 | 结构变量 | 观察变量 |
|---|---|---|
| 1 | 自然资本 | 耕地面积 |
| 2 | | 生态补贴林地面积 |
| 3 | 物质资本 | 房屋资产额 |
| 4 | 社会资本 | 是否在行政机关任职 |
| 5 | | 邻里关系 |
| 6 | 金融资本 | 家庭年收入 |
| 7 | | 家庭外债数额 |
| 8 | 人力资本 | 家庭劳动力数量 |
| 9 | | 平均受教育程度 |
| 10 | 生计策略多样性 | 家庭收入主要来源 |
| 11 | 家庭经济发展能力 | 经济来源的稳定性 |

续表

| 序号 | 结构变量 | 观察变量 |
|---|---|---|
| 12 | 环保意识 | 村庄生活环境质量 |
| 13 | 就业能力 | 家庭劳动力就业能力 |
| 14 | 抗风险能力 | 家庭应对风险的能力 |

### （四）模型构建

研究中将五大生计资本、生计策略、生计结果作为潜变量，运用 Amos 软件构建七个潜变量之间及潜变量与各自观察变量之间相互关系的模型，并标明各潜变量之间的路径关系。在模型构建完成后，利用最大似然法对模型进行模型拟合。待模型拟合运行结束后，通过卡方检验、拟合优度指数（GFI）、近似误差的平方根（RMSEA）、规范拟合指数（NFI）等判别指标进行模型评价。若模型不能较好地拟合观察数据或路径错误，则需进行模型修正。

1. 信效度检验

为了获取生计资本和生计结果各细化潜变量之间的联系和作用强度，构建了 3 因子（潜变量为生计资本、生计策略和生计结果）模型 SEM1，以及修正模型 7 因子（潜变量为生计策略、生计结果并细化生计资本）模型 SEM2 和 6 因子（潜变量为生计资本、生计策略、生计结果—环保意识、就业能力、经济水平和抗风险能力）模型 SEM3。采用验证性因子分析（Confirmatory Factor Analysis，CFA）检验观测变量效度，并比较分析不同因子模型的拟合效果。受调查样本限制，潜变量数量大于 7 个，则模型无法运行，因此最大选择了七因子模型。总体检验值见表 3-8。可见，三个模型的卡方检验值均达到了显著水平，说明三个模型均可以开展因子分析；三个模型的 CFI 值和 TLI 值均低于 0.9，SEM2 的值相对较高，RMSEA 仅有 SEM2 最接近 0.05，因此其模拟效果最优。

**表 3-8　模型筛选参数要素对比**

| 对比要素 | 模型 | chisq | *df* | P-value | RMSEA | CFI | TLI | SRMR | AIC | BIC |
|---|---|---|---|---|---|---|---|---|---|---|
| 观测变量效度对比（基于验证性因子分析） | SEM2 | 161.338† | 58 | 0 | 115† | 737† | 0.587 | 088† | 6743.267† | 6879.815† |
| | SEM3 | 267.985 | 67 | 0 | 0.149 | 0.719 | 618† | 0.154 | 7710.86 | 7821.26 |
| | SEM1 | 553.88 | 75 | 0 | 0.217 | 0.33 | 0.187 | 0.119 | 7980.755 | 8067.913 |

续表

| 对比要素 | 模型 | chisq | *df* | P-value | RMSEA | CFI | TLI | SRMR | AIC | BIC |
|---|---|---|---|---|---|---|---|---|---|---|
| 模型拟合参数对比 | SEM2 | 214. 508† | 68 | 0 | 126† | 627† | 501† | 0. 126 | 5153. 994† | 5261. 489 |
| | SEM3 | 552. 84 | 73 | 0 | 0. 221 | 0. 329 | 0. 163 | 119† | 5160. 651 | 5253. 62 |
| | SEM1 | 553. 88 | 75 | 0 | 0. 217 | 0. 33 | 0. 187 | 0. 119 | 5157. 69 | 5244. 849† |

注：CFI 为比较度指数；TLI 为增值拟合指数；† 为最佳值

模型 SEM2 拟合参数见表 3-9。

表 3-9　模型 SEM2 拟合参数

| 类型 | 变量 | 参数值 | 标准误 | *Z*-value | *P*(>｜*Z*｜) | Std. lv | 标准化系数 |
|---|---|---|---|---|---|---|---|
| 潜变量参数 | NC = ~ | | | | | | |
| | Landarea | 1 | | | | 0. 196 | 0. 197 |
| | Forestarea | 0. 724 | 0. 338 | 2. 141 | 0. 032 | 0. 142 | 0. 142 |
| | PC = ~ | | | | | | |
| | Houseassets | 1 | | | | 0. 996 | 1 |
| | SC = ~ | | | | | | |
| | Publicservant | 1 | | | | 0. 345 | 0. 347 |
| | Neighbrelation | 0. 633 | 10. 764 | 0. 059 | 0. 953 | 0. 219 | 0. 219 |
| | FC = ~ | | | | | | |
| | Annualincome | 1 | | | | 11. 039 | 11. 027 |
| | Householddebt | 0. 001 | 0. 233 | 0. 006 | 0. 995 | 0. 017 | 0. 017 |
| | HC = ~ | | | | | | |
| | Laborforce | 1 | | | | 0. 464 | 0. 466 |
| | Educationlevel | 0. 965 | 0. 381 | 2. 533 | 0. 011 | 0. 448 | 0. 45 |
| | LS = ~ | | | | | | |
| | Incomesource | 1 | | | | 1. 034 | 1 |
| | LO = ~ | | | | | | |
| | Livingquality | 1 | | | | 0. 054 | 0. 054 |
| | Emplybltysklls | 11. 326 | 11. 297 | 1. 003 | 0. 316 | 0. 607 | 0. 621 |
| | Incomestability | 10. 538 | 8. 895 | 1. 185 | 0. 236 | 0. 565 | 0. 577 |
| | Riskresponse | 18. 83 | 16. 313 | 1. 154 | 0. 248 | 1. 009 | 1. 072 |
| 潜变量回归参数 | LO ~ | | | | | | |
| | NC | -0. 091 | 0. 272 | -0. 336 | 0. 737 | -0. 334 | -0. 334 |
| | PC | 0. 007 | 0. 027 | 0. 247 | 0. 805 | 0. 126 | 0. 126 |
| | SC | 0. 056 | 0. 701 | 0. 079 | 0. 937 | 0. 359 | 0. 359 |
| | FC | 0 | 0. 083 | 0. 002 | 0. 999 | 0. 029 | 0. 029 |
| | HC | 0. 07 | 0. 227 | 0. 308 | 0. 758 | 0. 606 | 0. 606 |
| | LS | 0. 013 | 0. 109 | 0. 123 | 0. 902 | 0. 258 | 0. 258 |

续表

| 类型 | 变量 | 参数值 | 标准误 | Z-value | P(>\| Z \|) | Std. lv | 标准化系数 |
|---|---|---|---|---|---|---|---|
| 潜变量协方差 | NC~ | | | | | | |
| | PC | 0 | | | | 0 | 0 |
| | SC | 0 | | | | 0 | 0 |
| | FC | 0 | | | | 0 | 0 |
| | HC | 0 | | | | 0 | 0 |
| | PC~ | | | | | | |
| | SC | 0 | | | | 0 | 0 |
| | FC | 0 | | | | 0 | 0 |
| | HC | 0 | | | | 0 | 0 |
| | SC~ | | | | | | |
| | FC | 0 | | | | 0 | 0 |
| | HC | 0 | | | | 0 | 0 |
| | FC~ | | | | | | |
| | HC | 0 | | | | 0 | 0 |
| | NC~ | | | | | | |
| | LS | 0. 266 | 0. 075 | 3. 541 | 0 | 1. 312 | 1. 312 |
| | PC~ | | | | | | |
| | LS | 0. 114 | 0. 059 | 1. 933 | 0. 053 | 0. 11 | 0. 11 |
| | SC~ | | | | | | |
| | LS | 0. 048 | 0. 078 | 0. 616 | 0. 538 | 0. 134 | 0. 134 |
| | FC~ | | | | | | |
| | LS | -0. 317 | 0. 056 | -5. 65 | 0 | -0. 028 | -0. 028 |
| | HC~ | | | | | | |
| | LS | 0. 191 | 0. 064 | 2. 994 | 0. 003 | 0. 397 | 0. 397 |
| 观测变量方差 | Landarea | 0. 954 | 0. 298 | 3. 205 | 0. 001 | 0. 954 | 0. 961 |
| | Forestarea | 0. 973 | 0. 104 | 9. 367 | 0 | 0. 973 | 0. 98 |
| | Houseassets | 0 | | | | 0 | 0 |
| | Publicservant | 0. 873 | 14. 857 | 0. 059 | 0. 953 | 0. 873 | 0. 88 |
| | Neighbrelation | 0. 945 | 2. 355 | 0. 401 | 0. 688 | 0. 945 | 0. 952 |
| | Annualincome | -120. 853 | 59. 246 | -2. 04 | 0. 041 | -120. 853 | -120. 594 |
| | Householddebt | 0. 992 | 0. 422 | 2. 353 | 0. 019 | 0. 992 | 1 |
| | Laborforce | 0. 777 | 0. 152 | 5. 099 | 0 | 0. 777 | 0. 783 |
| | Educationlevel | 0. 792 | 0. 166 | 4. 759 | 0 | 0. 792 | 0. 797 |
| | Incomesource | 0 | | | | 0 | 0 |

续表

| 类型 | 变量 | 参数值 | 标准误 | $Z$-value | $P(>\|Z\|)$ | Std. lv | 标准化系数 |
|---|---|---|---|---|---|---|---|
| 观测变量方差 | Livingquality | 0. 989 | 0. 065 | 15. 111 | 0 | 0. 989 | 0. 997 |
| | Emplybltysklls | 0. 585 | 0. 141 | 4. 142 | 0 | 0. 585 | 0. 614 |
| | Incomestability | 0. 64 | 0. 078 | 8. 164 | 0 | 0. 64 | 0. 668 |
| | Riskresponse | −0. 133 | 0. 169 | −0. 788 | 0. 431 | −0. 133 | −0. 15 |

模型观测变量信效度评价参数见表 3-10。

**表 3-10　模型观测变量信效度评价参数**

| 评价参数 | 参数值 |
|---|---|
| ComparativeFitIndex（CFI） | 0. 737 |
| Tucker-LewisIndex（TLI） | 0. 587 |
| Loglikelihoodusermodel（H0） | −3324. 633 |
| Loglikelihoodunrestrictedmodel（H1） | −3243. 964 |
| Akaike（AIC） | 6743. 267 |
| Bayesian（BIC） | 6879. 815 |
| Sample-sizeadjustedBayesian（BIC） | 6731. 137 |
| RMSEA | 0. 115 |
| 90Percentconfidenceinterval-lower | 0. 094 |
| 90Percentconfidenceinterval-upper | 0. 136 |
| P-valueRMSEA≤0. 05 | 0. 000 |
| SRMR | 0. 088 |

2. 模型选择

对于模型 SEM1，生计资本改善对生计策略存在负向影响，路径系数为 −0. 21，即生计资本越丰厚，生计策略越倾向于原始生计；生计资本改善对生计结果存在正向作用，路径系数为 1. 04，即生计资本增加，生计结果趋于改善；生计策略改进或多样化有助于增进生计结果，路径系数为 0. 32（见图 3-4）。SEM1 由于将自然资本和其他类型生计资本统筹分析，混淆了不同资本类型对生计策略的影响类型和差异，出现生计资本改善对生计策略存在负向影响的结果，违背常识，不宜采用。SEM3 的验证性因子分析结果中生计资本对生计策略存在负向作用（见图 3-5），其原理同 SEM1，因此也不宜采用。因此，选择相对较优的 SEM2 开展后续分析，其结构方程模型路径示意图见图 3-6。

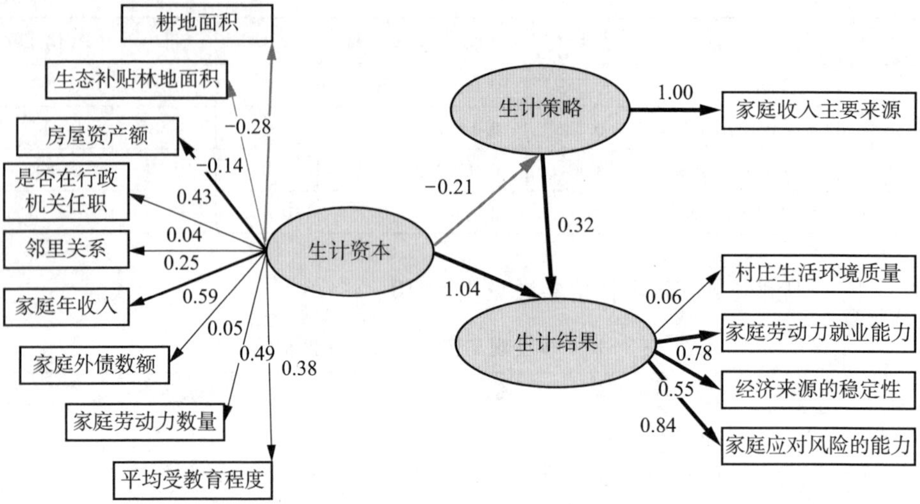


图 3-4　SEM1 结构方程模型路径示意

注：图中条块为观测变量，椭圆为潜变量，绿色为正向（促进）作用，红色为负向（抑制）作用，实线为直接作用，虚线为间接作用，数字为路径系数。线条粗细为作用强度，与数字相对应。

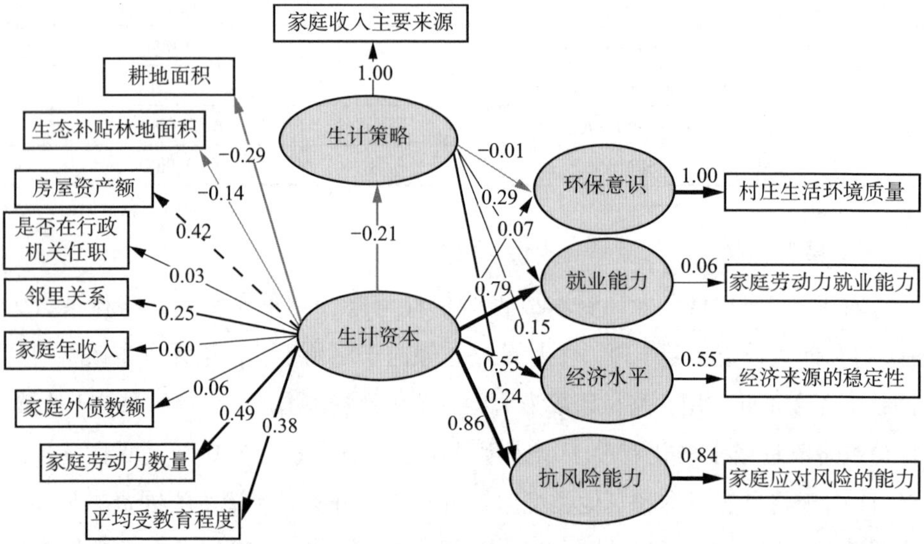


图 3-5　SEM3 结构方程模型路径示意

注：图中条块为观测变量，椭圆为潜变量，绿色为正向（促进）作用，红色为负向（抑制）作用，实线为直接作用，虚线为间接作用，数字为路径系数。线条粗细为作用强度，与数字相对应。

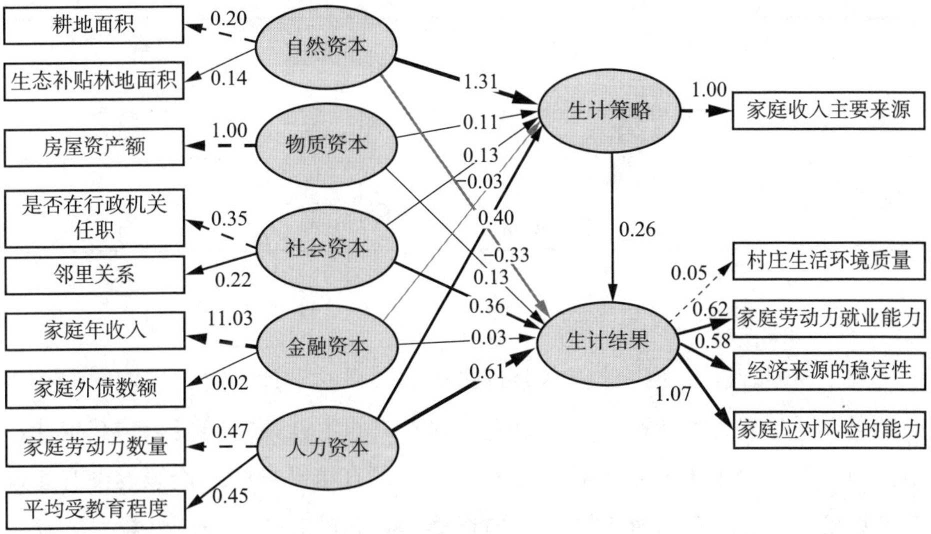


**图 3-6　SEM2 结构方程模型路径示意**

注：图中条块为观测变量，椭圆为潜变量，绿色为正向（促进）作用，红色为负向（抑制）作用，实线为直接作用，虚线为间接作用，数字为路径系数。线条粗细为作用强度，与数字相对应。

## 三、假设检验的结果分析

对模型 SEM2 的路径系数进行估计，得到自然资本、人力资本、物质资本、金融资本、社会资本、生计策略、生计结果七个潜变量之间的路径系数和作用方向（见表 3-11、图 3-6）。

**表 3-11　假设检验的结果**

| 对应的假设条件 | 假设路径 | 路径系数 | 作用方向 |
|---|---|---|---|
| H1 | 自然资本→生计策略 | 1. 31 | 正向 |
| H2 | 人力资本→生计策略 | 0. 40 | 正向 |
| H3 | 物质资本→生计策略 | 0. 11 | 正向 |
| H4 | 金融资本→生计策略 | -0. 03 | 负向 |
| H5 | 社会资本→生计策略 | 0. 13 | 正向 |
| H6 | 自然资本→生计结果 | -0. 33 | 负向 |
| H7 | 人力资本→生计结果 | 0. 61 | 正向 |

续表

| 对应的假设条件 | 假设路径 | 路径系数 | 作用方向 |
|---|---|---|---|
| H8 | 物质资本→生计结果 | 0.13 | 正向 |
| H9 | 金融资本→生计结果 | 0.03 | 正向 |
| H10 | 社会资本→生计结果 | 0.36 | 正向 |
| H11 | 生计策略→生计结果 | 0.26 | 正向 |

## （一）主要路径及其系数

理论模型假设五大生计资本会直接影响农户的生计策略，进而影响其生计结果，同时五大生计资本又会通过影响农户的生计策略间接影响其生计适应能力。在SEM模型中，自然资本对生计结果直接影响的理论假设没有通过显著性检验，金融资本对生计策略的直接影响亦没有通过显著性检验，其余均通过假设检验。假设检验的主要路径如下：

①自然资本→生计策略，路径系数=1.31；

②人力资本→生计策略，路径系数=0.40；

③自然资本→生计结果，路径系数=-0.33；

④社会资本→生计结果，路径系数=0.36；

⑤人力资本→生计结果，路径系数=0.61；

⑥生计策略→生计结果，路径系数=0.26；

⑦自然资本→生计策略→生计结果，路径系数=1.31×0.26=0.341；

⑧人力资本→生计策略→生计结果，路径系数=0.40×0.26=0.104。

## （二）关键生计资本及其影响因素分析

### 1. 生计资本与生计策略、生计结果之间的关系分析

除金融资本外，其余四类生计资本对生计策略的影响为正向，影响最大的是自然资本，其次是人力资本和社会资本，农户家庭耕地面积、劳动力数量及是否在行政机关任职对农户生计策略的选择产生主要影响。人力资本和社会资本对农户家庭生计结果影响较大，金融资本对生计结果的促进作用偏弱；自然资本对其具有负向作用（路径系数为-0.33），可能是因为耕地及生态林较多的农户家庭大多会考虑在家务农或者选择护林员作为职业，而这两

项生计策略的收入较低，且种地收入稳定性不强，导致了农户家庭自然资本值越高生计结果预测值越低。各类生计资本也可以通过先影响生计策略进而间接影响生计结果，例如，人力资本→生计策略→生计结果的路径值达到0.104，产生了较强的影响。可见，可以通过增加自然资本、人力资本和社会资本来优化农户家庭的生计策略，也可以通过增加人力资本和社会资本来优化农户家庭的生计结果。

2. 结构变量间的关系分析

生计资本与生计策略关系：自然资本、人力资本对生计策略具有显著的正向（促进）作用，路径系数分别为1.31和0.40；物质资本、社会资本对其具有较弱的正向（促进）作用；金融资本对其具有微弱的负向（抑制）作用，路径系数为-0.03。

生计资本与生计结果关系：社会资本、人力资本对生计结果具有显著的正向（促进）作用，路径系数分别为0.36和0.61；物质资本、金融资本对其具有微弱的正向作用；自然资本对其具有中等的负向（抑制）作用，路径系数为-0.33，可能是拥有更高耕地面积、林地补贴的访谈者更倾向于收入单一或保守生计。

生计策略与生计结果关系：生计策略对生计结果具有中等程度的正向（促进）作用，可理解为随着收入结构多样化，生活水平趋于提升，但生计多样化引致的生活水平改善幅度有限。

## 四、农户生计可持续能力评价

### （一）指标权重确定

鉴于选取的评价指标有一部分是定性指标，因此采用AHP和Delphi法相结合的方式来确定指标权重。AHP的基本操作原理是将与评价决策有关的元素分解成目标层、准则层、指标层等层次，邀请有关专家对各层的相关因素进行两两比较，判断各因素的相对重要性并选择分值，然后通过矩阵演算和一致性检验，以最终确定评价指标的权重。首先，通过Delphi法征集专家意见，邀请专家对五个准则层的相对重要性进行两两比较。其工作原理是基于1~9比例标度法打分，即假设两个判断因素的相对重要性程度分别为“同等重要”“稍微重要”“明显重要”“强烈重要”“极端重要”，与之对应的被赋值为 1、3、5、7、9，而 2、4、6、8 表示重要程度介于上述相邻判断之间，同时，若两个判断因素的位置颠倒，则标度值互为倒数。在两两比较的基础上综合各专家的评分，以此确定成对比较的判断矩阵。其次，对判断矩阵的每一列进行归一化处理，并根据归一化的判断矩阵，运用和积法计算目标层判断矩阵的最大特征值及其对应的特征向量。最后，进行一致性检验，以判断计算获得的权重值的可信度。修正后评价指标的权重见表 3-12。

**表 3-12　修正后评价指标的权重**

| 序号 | 二级指标 | 三级指标 | 权重 |
|---|---|---|---|
| 1 | 自然资本（0. 12） | 耕地面积 | 0. 060 |
| 2 | | 生态补贴林地面积 | 0. 060 |
| 3 | 物质资本（0. 12） | 房屋资产额 | 0. 120 |
| 4 | 社会资本（0. 12） | 是否在行政机关任职 | 0. 060 |
| 5 | | 邻里关系 | 0. 060 |
| 6 | 金融资本（0. 12） | 家庭年收入 | 0. 060 |
| 7 | | 家庭外债数额 | 0. 060 |
| 8 | 人力资本（0. 12） | 家庭劳动力数量 | 0. 060 |
| 9 | | 平均受教育程度 | 0. 060 |
| 10 | 生计策略多样性（0. 2） | 家庭收入主要来源 | 0. 200 |
| 11 | 家庭经济发展能力（0. 05） | 经济来源的稳定性 | 0. 050 |
| 12 | 环保意识（0. 05） | 村庄生活环境质量 | 0. 050 |
| 13 | 就业能力（0. 05） | 家庭劳动力就业能力 | 0. 050 |
| 14 | 抗风险能力（0. 05） | 家庭应对风险的能力 | 0. 050 |

### （二）综合评价模型

评价指标体系中定量指标数据均来源于现实指标资料。定性指标除由农户评价的指标外，还以实地调研资料为依据进行分级评价。由于评价指标性质不同，计算单位存在差别，因而指标间存在不可公度性。为消除指标间的量纲，选择极值标准化方法对原始数据进行标准化处理。$Z$ 为经处理后的标准化值，$X$ 为处理前的原始统计数值，$X_{min}$ 为原始统计数值的最小值，$X_{max}$ 为原始统计数值的最大值，经过处理后的数值 $Z$ 范围在 0~1，有利于进行比较分析。

$$Z=\frac{X-X_{min}}{X_{max}-X_{min}}$$

将标准化的数据 $P_{ij}$ 和各指标权重 $W_{ij}$ 构成加权平均综合标准模型，建立农户可持续生计发展水平（level of sustainable livelihoods）综合评价模型如下：

$$L_{SL}=\sum_{i=1}^{10}\sum_{j}^{n}W_{ij}P_{ij}$$

式中，$L_{SL}$ 为农户生计可持续综合指数，反映农户可持续生计总体水平；$W_{ij}$ 为各评价指标的权重，其大小反映评价指标的相对重要性；$P_{ij}$ 是第 $i$ 项第 $j$ 个评价指标的可持续水平值，反映各评价指标可持续性水平高低。一般设定指标值为 1 时，农户的生计水平处于绝好的状态；设定指标值为 0 时，农户的生计水平最差；设定指标值为 0.5 时，农户生计水平为中等或当地农户生计发展平均水平值，指标值越大，表明农户的生计可持续性水平越高。

### （三）综合评价结果及其解释

#### 1. 易地搬迁农户可持续生计评估总体情况

综合指数值大于 0.7 被认为农户生计可持续能力较强，在 0.5~0.7 被认为可持续能力一般，低于 0.5 则被认为可持续能力较弱。本章获取的综合指数均低于 0.7，大于 0.5 的农户仅占 25%，低于 0.4 的农户占 32%，说明搬迁农户的生计水平整体偏弱（见表 3-13）。

**表 3-13　可持续生计综合指数区间分布**　　单位：%

| 综合指数分布区间 | 占总体样本的比率 |
|---|---|
| 0.6 | 1 |
| 0.5~0.6 | 24 |
| 0.4~0.5 | 43 |
| 0.3~0.4 | 24 |
| <0.3 | 8 |

从区级层面看，五个区搬迁农户可持续生计水平差异不大，平谷区和延庆区略高于其他三个区。从搬迁村层面看，怀柔区小黄塘村和喇叭沟门村、平谷区桃园村、密云区冯家峪村综合指数较高，农户生计可持续能力较强；怀柔区崎峰

茶村、门头沟区达摩庄村农户生计可持续能力整体较弱（见表3-14、图3-7）。

**表3-14 调研区及各村可持续生计综合指数**

| 所属区 | 易地搬迁村 | 综合指数 |
|---|---|---|
| 怀柔区（0.428） | 喇叭沟门村 | 0.501 |
| | 崎峰茶村 | 0.356 |
| | 铁矿峪村 | 0.387 |
| | 小黄塘村 | 0.514 |
| | 长岭沟门村 | 0.381 |
| 门头沟区（0.405） | 达摩庄村 | 0.371 |
| | 高台村 | 0.404 |
| | 洪水口村 | 0.479 |
| | 水峪嘴村 | 0.400 |
| | 塔河村 | 0.402 |
| | 淤白村 | 0.372 |
| 密云区（0.444） | 冯家峪村 | 0.494 |
| | 古北口村 | 0.424 |
| | 南达峪村 | 0.400 |
| | 石洞子村 | 0.457 |
| 平谷区（0.495） | 北水峪村 | 0.481 |
| | 桃园村 | 0.508 |
| 延庆区（0.453） | 大吉祥村 | 0.419 |
| | 窑湾村 | 0.486 |

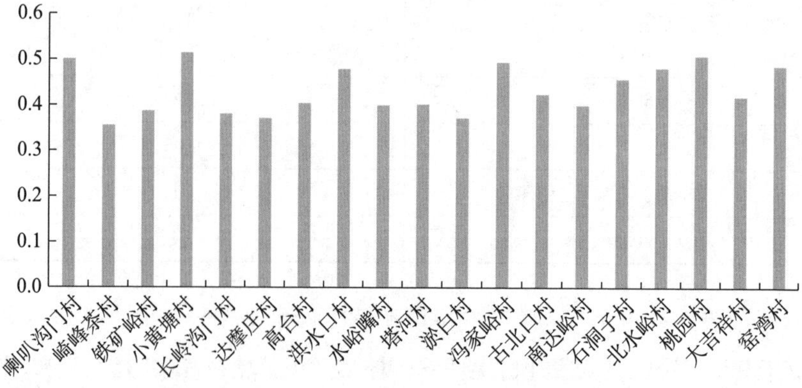


**图3-7 调研村农户可持续生计评价综合指数**

2. 农户可持续生计能力影响因素分析

选取可持续生计综合指数值位于前 10%（见表 3-15）及后 10%（见表 3-16）的农户开展分析。

表 3-15　可持续生计综合指数值前 10%的农户基本信息

| 所属区 | 乡镇 | 村 | 农户 | 年龄（岁） | 性别 | 受教育程度 | 综合指数 |
|---|---|---|---|---|---|---|---|
| 密云区 | 冯家峪镇 | 冯家峪村 | LXG | 59 | 1 | 高中 | 0.652 |
| | 冯家峪镇 | 石洞子村 | LFL | 57 | 1 | 高中 | 0.606 |
| | 东邵渠镇 | 南达峪村 | WCP | 46 | 2 | 高中 | 0.573 |
| | 冯家峪镇 | 冯家峪村 | FM | 47 | 2 | 本科 | 0.569 |
| | 冯家峪镇 | 冯家峪村 | LXZ | 59 | 1 | 初中 | 0.563 |
| 延庆区 | 四海镇 | 大吉祥村 | PSJ | 61 | 1 | 初中 | 0.587 |
| | 井庄镇 | 窑湾村 | Y4 | 60 | 2 | 高中 | 0.574 |
| | 四海镇 | 大吉祥村 | A | 46 | 2 | 高中 | 0.553 |
| | 井庄镇 | 窑湾村 | Y7 | 58 | 1 | 初中 | 0.548 |
| | 井庄镇 | 窑湾村 | Y3 | 57 | 2 | 初中 | 0.542 |
| 门头沟区 | 清水镇 | 洪水口村 | DHL | 60 | 2 | 高中 | 0.549 |
| | 清水镇 | 达摩庄村 | LZL | 59 | 1 | 高中 | 0.543 |
| 平谷区 | 镇罗营镇 | 桃园村 | TMH | 49 | 2 | 高中 | 0.539 |
| 怀柔区 | 汤河口镇 | 小黄塘村 | TYF | 38 | 2 | 大专 | 0.538 |

表 3-16　可持续生计综合指数值后 10%的农户基本信息

| 所属区 | 乡镇 | 村 | 农户 | 年龄（岁） | 性别 | 受教育程度 | 综合指数 |
|---|---|---|---|---|---|---|---|
| 门头沟区 | 妙峰山镇 | 水峪嘴村 | HCL | 46 | 2 | 初中 | 0.322 |
| | 雁翅镇 | 淤白村 | CCX | 56 | 1 | 小学 | 0.305 |
| | 清水镇 | 塔河村 | WQD | 53 | 1 | 初中 | 0.298 |
| | 清水镇 | 达摩庄村 | LY | 76 | 2 | 初中 | 0.282 |
| | 清水镇 | 塔河村 | RQL | 62 | 2 | 小学 | 0.280 |
| 延庆区 | 四海镇 | 大吉祥村 | H1 | 53 | 1 | 小学 | 0.303 |
| | 四海镇 | 大吉祥村 | PY | 69 | 1 | 小学 | 0.240 |
| | 四海镇 | 大吉祥村 | HJY | 70 | 1 | 小学 | 0.228 |

续表

| 所属区 | 乡镇 | 村 | 农户 | 年龄（岁） | 性别 | 受教育程度 | 综合指数 |
|---|---|---|---|---|---|---|---|
| 怀柔区 | 渤海镇 | 铁矿峪村 | T1 | 70 | 2 | 小学 | 0.282 |
| | 琉璃庙镇 | 崎峰茶村 | SBC | 51 | 1 | 小学 | 0.207 |
| | 琉璃庙镇 | 崎峰茶村 | LHC | 49 | 1 | 初中 | 0.189 |
| 密云区 | 东邵渠镇 | 南达峪村 | WGF | 48 | 2 | 初中 | 0.281 |
| | 东邵渠镇 | 南达峪村 | JSQ | 72 | 2 | 小学 | 0.280 |
| | 东邵渠镇 | 南达峪村 | WYP | 56 | 2 | 初中 | 0.271 |

位于前10%的农户中，密云区和延庆区各有5户农户家庭生计可持续能力较强，主要居住于密云区冯家峪村、延庆区大吉祥村和窑湾村，这几个村都是产业经济发展较好的村；平谷区、怀柔区和门头沟区个别村有少部分村民生计可持续能力较强。生计可持续能力较强的农户其家庭成员的受教育程度普遍较高，一般是高中以上；且户主较为年轻，有较强的就业能力。

位于后10%的农户中，门头沟区较多，又以最为偏远的清水镇为最多；密云区、延庆区和怀柔区也各有几户农户生计可持续能力较弱。此14位受访农户中有8位仅有小学文化，有7户仅靠务农为生，其收入来源主要是村周边打零工及种地收入，其中有2户是护林员，比纯农户收入稍高一些；有5户为年龄较大的老两口独自在村内生活，靠养老金和国家财政补贴为生。本章中出现的可持续生计能力最弱的农户，居住于怀柔区琉璃庙镇崎峰茶村，与母亲、妻子生活在一起，以在本村种地为主要工作，平时在村内打些零工，家庭年收入仅1万余元，靠天吃饭，经济来源不稳定；母亲体弱多病，农村退休金不足以弥补医药费；仅有一套自住平房，想做民俗接待，但是没有客源；家庭整体应对外界风险的能力非常弱，且短期内没有增加收入的途径。可见，年老体弱且无子女照顾的农户家庭、受教育程度较低非农就业机会少的农户家庭普遍生计可持续能力较弱，若无政策扶持，其生计能力提升较难。部分低收入村民也想做民俗或民宿经营，此类村庄通常生态环境较好但地理位置较为偏远，鲜有游客驻足游玩，同时村民对自身的接待能力也不太肯定；村民普遍希望村“两委”班子能带领大家一起兴办旅游业，从而增收。此外，当前在村劳动力少有外出务工的打算，促进其就业增收只能从推动村庄产业发展来进行全盘考虑。

# 第五节　基于农户生计改善的搬迁扶贫成效及问题分析

## 一、易地搬迁工程促进了搬迁村产业发展

北京市京津风沙源治理工程实施易地搬迁的村庄，都是处于地质灾害易发区和生存条件恶劣地区的偏远山区村，村庄经济产业发展大多非常落后，农业种植业是当地的主要产业形态，从事基础农业生产是村民的主要就业途径，农业产出收入也是当地农户家庭的主要经济来源。以延庆区四海镇大吉祥村为例，大吉祥村位于北京市延庆区四海镇的最西端，距延庆新城约 50 千米，距离北京市区约 2. 5 小时车程，是典型的偏远山区村。大吉祥村生态环境优美，自然资源禀赋优越，但是由于距离市区较远，且无企业发展带动，村庄发展内生动力不足；同时，由于村庄无集体产业用地，集体经济发展存在瓶颈；村民仅靠一亩三分地的产出维持生计，土地经济产出率低，增收非常困难，村庄经济活力严重不足，导致村内稍微有能力的劳动力都外出务工，村庄成了名副其实的“空心村”。

新村建设带来了村庄产业重构与新兴产业兴起的契机。风沙源治理易地搬迁工程以“建设一个搬迁村、形成一个美丽民俗村、打造一个乡村酒店”为目标，通过调整村庄布局，整合村庄的自然资源、生态资源与人文资源，建设具有产业功能的新村与农宅，组织引导农民大力发展生态休闲与乡村旅游产业，促进一二三产业融合发展，盘活农村经济，拓宽农民增收渠道，带动当地农民就业增收。2004—2012 年实施易地搬迁的 14 个村目前都发展成为民俗旅游专业村；2013—2017 年实施易地搬迁的 46 个村中，有 37 个村已经确定以发展民俗旅游业为村庄主导产业，有 17 个村已经成立民俗旅游专业合作社；2018 年以后实施搬迁的村庄绝大多数规划以民俗旅游为村庄主导产业，有部分村庄已开展民俗旅游经营（见图 3-8）。

北京市京津风沙源易地搬迁工程通过 15 年的建设，在村庄产业重构促进经济提速发展方面积累了丰富的经验。首先，对村域用地进行综合整治与规

划，通过土地流转与置换，提高土地利用效率，释放出来的有效空间为下一步的产业植入创造了机会。其次，在土地综合整治的基础上，将乡村产业发展与空间重构贯穿起来，通过空间结构的串联重组，实现生产集约、生活提质、生态改善的“三生”目标。产业重构促使村庄建设用地与农业用地上的产业集群、产业结构发生改变，主要表现为规模农业、智慧农业、特色农业、品牌农业以及乡村旅游业融合发展。连续监测易地搬迁村产业重构与新兴产业发展现状见表3-17。

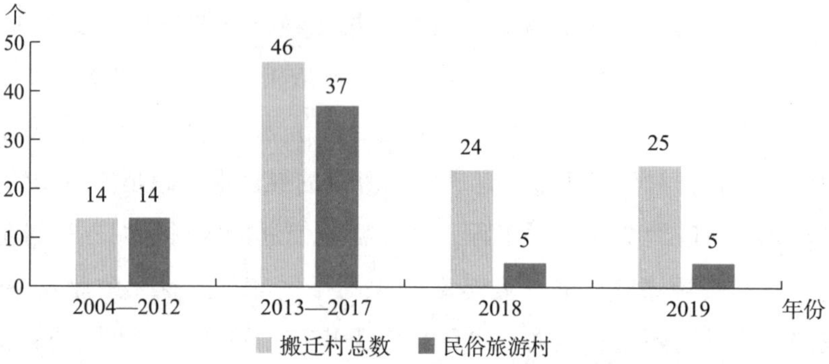


图3-8 不同阶段易地搬迁村发展民俗旅游业的总体情况

表3-17 连续监测易地搬迁村产业重构与新兴产业发展现状

| 搬迁村 | 休闲旅游产业发展与村庄产业重构 |
| --- | --- |
| 洪水口村 | 原来是产业单一、经济薄弱的深山村，现在是市级民俗旅游村。依托村庄内神泉峡景区等丰富的生态资源，大力发展休闲旅游产业，村年休闲旅游总收入176万元，有效地促进了村庄经济发展与村民就业增收 |
| 尖岩村 | 水库移民村，现有挂牌民俗户100多户。克服了村庄土地资源稀缺等瓶颈问题，依托水库移民文化，打造休闲、民宿、水库移民风情文化节、栗子宴美食节等产业，促进村庄产业结构优化，年休闲旅游总收入超过100万元，2018年全面实现了脱低 |
| 大吉祥村 | 原为传统农业种植村。新村建设中依托丰富的旅游资源，规划以休闲旅游业为主导产业，引入北京大地风景文旅集团、天猫集团等知名企业合作开发，以天猫小镇、高端民宿、休闲旅游为亮点，高端引领、特色发展，打造形成人、屋、村、生态、产业融合发展的京郊特色田园综合体 |
| 窑湾村 | 有一定旅游资源，旅游产业基础较为薄弱；规划引入大隐于市等知名企业，以红色文化体验为特色发展乡村旅游，着力发展绿色田园经济，主要包括生态富硒绿色种植基地建设、红色旅游、休闲度假（高端民宿）、有机康养、农业观光、民俗体验等；部分新型产业已着手经营 |
| 转年村 | 周边旅游资源较为丰富，旅游产业基础薄弱；规划引入社会资本，合作开发生态农业、养老公寓、民宿等；目前正在实施产业项目建设 |

易地搬迁村产业重构的典型案例：北京市2013—2020年实施了易地搬迁的村庄中，多数搬迁村在产业重构中谋划村庄的经济社会高质量发展，并形成了几种典型模式。第一类是在新村建设的同时全局谋划打造村庄发展“田园综合体”，如大吉祥村、窑湾村、转年村、西白莲峪村等；第二类是依托村庄及其周边丰富的旅游资源打造休闲旅游专业村，如洪水口村、炭厂村、岭角村、水峪嘴村、董家沟村、柏峪村等；第三类是通过深入挖掘村庄特色打造特色民俗旅游村，如尖岩村、黄山店村、法城村、铁炉村、东马各庄村、菜木沟村等。

典型案例1：大吉祥村“以旧换新”式村庄产业重构模式，打造村庄“田园综合体”。大吉祥村是典型的远郊深山村、偏远山村，原有集体经济薄弱，村民仅靠土地产出维持生计，是有名的“空心村”，但是村庄森林覆盖率超过90%，生态环境优良，旅游资源丰富，是消夏避暑休闲旅游胜地。大吉祥村在新村建设中引入社会资本参与建设，以“妫水之源，花海之端，吉祥花谷，幸福家园”为宗旨，着手大力发展休闲旅游业。一是引入北京大地风景文旅集团联合进行村庄发展规划与产业开发。村集体流转1005亩土地给大地风景公司，签署50年土地流转协议，每亩地获得一次性租金100万元，50年后地上物归村集体所有；村集体整理出40处闲置农宅提供给公司发展高端民宿，公司负责修建、修缮、经营房屋，20年后房屋归村民所有。二是引入天猫集团打造天猫小镇，村集体整理出30多处闲置农宅给天猫集团发展线下体验馆和高端民宿。三是引入北京食神餐饮有限公司，发展乡村特色餐饮业；将黄芪茶、无公害蔬菜等农产品生产、小工艺品制作等与休闲旅游相结合，促进农旅融合发展。四是依托村庄优美的自然风光、历史文物古迹、民族特色文化等资源，大力发展民俗旅游；依托村庄浅山资源，发展户外运动项目；依托乡村民俗，发展观赏、文化体验项目；依托农户家庭闲置民宅（每户有2~5间闲置房），发展休闲民宿。以天猫小镇、高端民宿为亮点，通过多方合作，形成规模效应，促进人、屋、村、生态、产业融合发展，从根本上打造乡村新秩序、新生态，建设形成既有主题明确的引爆点，也有完整的休闲闭环的特色小镇和京郊特色田园综合体，带动村庄发展与村民增收。

典型案例2：窑湾村“延伸拓展”式村庄产业重构模式，打造村庄“田园综合体”。窑湾村是传统农业大村，旅游业基础薄弱，旅游资源相对较少，旅游特色不明显。在发展中，针对自身的发展优势和薄弱环节，窑湾村因地制宜，提出了以良好的生态环境为依托，以生态农业为基础，以运动、休闲、旅游为主导，以有机康养为亮点，合理引入外部资本，大力发展绿色田园经济与休闲度假产业，农旅融合全面提升村庄产业发展水平。在窑湾村，利用村内1000余亩富硒耕地，与村内企业北京华庆达经贸发展有限责任公司联合，发展生态富硒绿色农业；与大隐于市企业合作，打造乡村酒店与高端民宿；与北京御和养老企业管理有限公司联合开发康养产业；发展10~15户农户开展餐饮服务；打造集生态农业、观光采摘、民俗体验、红色旅游、休闲度假、有机康养于一体的乡村旅游文化名村。

典型案例3：洪水口村和炭厂村"延伸拓展"式村庄产业重构模式，打造"休闲旅游专业村"。洪水口村位于灵山脚下，是北京海拔最高的村庄之一，是典型的远郊深山村，曾经生活贫穷、经济落后、外债沉重。为摆脱贫穷落后的面貌，洪水口村从1998年到现在先后组建了10余个股份合作组织，现在仍在经营的股份制项目还有4个，年纯收益176万元，分别是灵山清泉矿泉水厂、聚灵峡景区、二帝山景区和古道山庄合作社。全村168户村民，户户入股；针对有些想入股又拿不出钱的村民，采用"股工制"，以工入股，享有的利润分配权利与通过资金入股的村民完全相同，既解决了生产需要劳动力的问题，又让这部分村民成了股民，深得民心。年底分红，入股多的人家能分到四五万元，少的也有五六千元。洪水口村成了远近闻名、名副其实的"靠股份合作制助推经济增长、致富奔小康的股民村"。多种合作组织共同存在、和谐发展，使当地资源、资本、劳动等生产要素在组合中焕发出新的生命力，推动着全村经济的发展。妙峰山镇炭厂村是典型的偏远深山村，原来是远近闻名的贫困村，全村211户390人，2014年启动实施了新村建设。依托村内国家AAA级旅游景区——神泉峡景区、800亩仁用杏基地、百亩苹果园、80亩核桃园、20亩樱桃园、海棠园和鲜杏园等丰富的生态农业及优美的自然环境景观资源，重新规划、大力发展旅游、林果、农业、民俗接待等新兴产业，目前村内有挂牌民俗户28户、乡村餐馆10余家。神泉峡景区提供30个就业岗位，年接待游客20万人，年门票收入200万元。炭厂村民俗户年旅游收入20万~30万元，村旅游综合收入超过400万元，目前已经是市级民俗旅游专业村；2017年村经济总收入近1200万元，农村居民人均纯收入

15561 元。在村庄未来发展总规划中，实现全域景区化，围绕食、宿、行、游、购、娱、育七大要素，发展“旅游+”模式促进多产业融合，形成“村庄+景区”联动发展态势。

典型案例 4：尖岩村“以旧换新与延伸拓展”复合式产业重构模式，打造特色民俗旅游专业村。尖岩村是修建密云水库时的整建制搬迁移民村，2015 年对村内 193 户危房进行了改造提升，切实改善了百姓的生活环境。全村共 467 户 1400 人，人均仅不到 3 分耕地（共 500 亩），林地、果园也很少，大部分土地都划归了生态用地（18000 亩），有限的空间、库区严格的准入制度都严重限制了村庄产业的发展，以前是密云有名的低收入村。为摆脱发展困境，尖岩村深入挖掘村庄特色资源谋发展。尖岩村紧邻密云水库，是密云区西线旅游必经之地，红色文化底蕴深厚，盛产油栗、大白杏、梨等水果，依托这些有利条件，村领导班子定下了“扬长避短、大力发展休闲旅游业”的脱贫攻坚关键策略，“守着家宅搞旅游”，以“尖岩村水库移民风情村”“特色栗子宴”闯出一条致富新路。目前，村庄的休闲旅游业已经形成一定规模，获批市级民俗旅游专业村，有民俗户近 200 户，可同时接待 1200 人就餐、3000 人住宿；年收入超过 10 万元的民俗旅游经营户 3 户，其余经营户年收入以 3 万～4 万元居多。村内有采摘园 7 处，约 100 亩；垂钓园 1 处，50 亩；村 2018 年接待游客约 2 万人；民俗旅游总收入约 100 万元。为促进村民增收，村委会在密云水库西面密关路观景台设置了 40 个农副产品售卖摊位，每个摊位每年约可收入 5 万元。2018 年，村内低收入户全部脱低致富。未来，尖岩村将通过邀请中央美院等高校驻村创作，提升村庄文化品位，打造水库移民文化特色旅游专业村。

## 二、村庄产业发展促进了农户就业增收

村庄产业的发展极大地促进了村民回村就业、创业，也改变了村民的生计方式。当前，大部分搬迁村建设成为北京民俗旅游村和美丽乡村，乡村旅游业和民俗接待的蓬勃发展，有效推动了村民在乡就业、在家致富，并形成了年轻人返乡创业、就业潮。调研中，尖岩村所有受访农户都在 2017 年开展了民俗旅游经营（见图 3-9），目前全村有挂牌民俗户近 200 户，全村 83%的劳动力在本村就业。炭厂村和洪水口村是老牌民俗旅游专业村，村内劳动力

基本上都在本村经营与民俗旅游相关的产业（见图 3-10）。大吉祥村、窑湾村、苏家峪村虽然休闲旅游业刚刚起步，但是大多数受访农户家庭计划开展民俗旅游经营。大吉祥村、窑湾村、转年村等搬迁村负责人说："尽管现在大部分劳动力在外就业，只要村内民俗旅游搞得好，村民都愿意回乡创业。守着村庄能致富，是大家伙儿最愿意的事。"

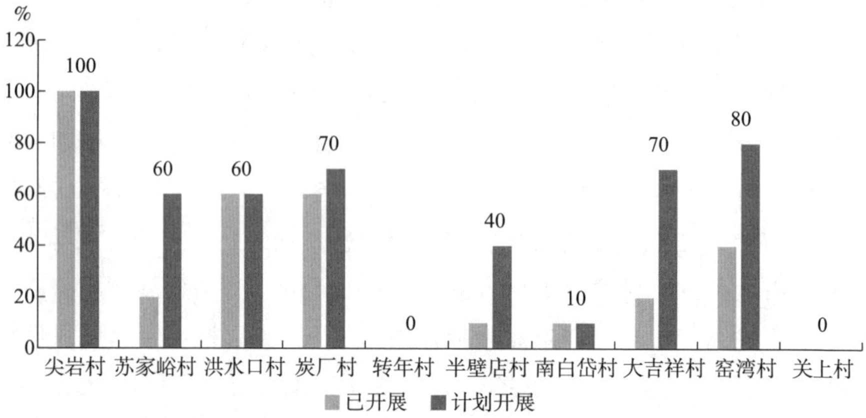


图 3-9　各调研村已开展/计划开展休闲旅游的农户比例

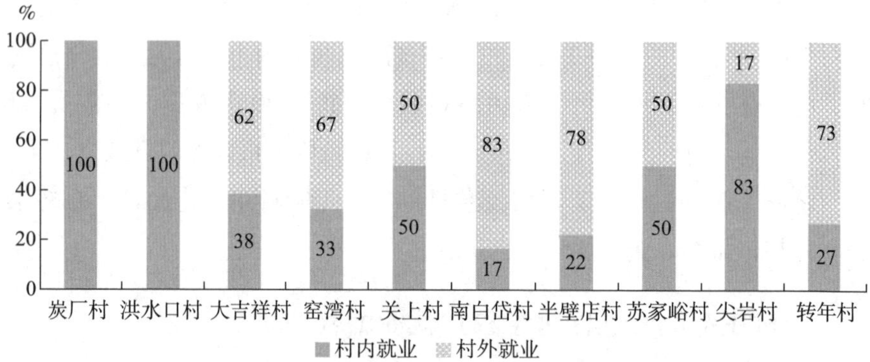


图 3-10　各调研村劳动力于本村及村外就业情况

以门头沟区塔河村和洪水口村两个村为例开展对比分析。两个村自然环境、生活环境和村民家庭人口结构近似，但村庄旅游资源、新村规划以及开展农家乐、民宿经营时间差异较大。洪水口村劳动力基本都在本村就业，只有少数村民因为孩子读书在门头沟区就业；塔河村劳动力当前在村就业率不到 30%，随着百花山旅游的兴起，陆续有村民回村经营民宿和民俗旅游。洪水口村村民 D 家老两口自 2016 年新村建成以来一直从事农家乐经营，家里有一栋楼做民宿接待，另有一栋临街的楼做餐饮接待，现在家庭农家乐年收入超过 20 万元，家庭总资产超过 220 万元。其儿子儿媳在门头沟区务工，现拟回家一起开展民俗经营。塔河村村民 W 与妻子、儿子、儿媳共同生活在村内，分别从事保洁员、公路养护员等职业，现家庭年收入 7.3 万元，主要来源于公益岗工资和村周边务工等。2016 年 W 新建了 9 间建筑面积超过 200 平方米的二层小楼，共投入 50.2 万元，自己出资 35 万元；现有家庭总资产约 57 万元。W 计划开展民宿经营，每间客房定价 200 元/晚，提供早餐，游客可定制午餐和晚餐，民宿营业后，预计家庭年收入将增加近 10 万元，家庭经济状况将大大改善。

延庆区大吉祥村与洪水口村和塔河村稍有不同，搬迁前村庄底子薄、经济基础薄弱，村民老宅大多非常破旧；村庄周边没有知名景区，但是自然风光非常秀美，四海镇打造的“四季花海”景区就在村庄附近。2016 年，大吉祥村与北京大地风景文旅集团签署了“共生社区”合作协议，打造了“猫叔农场”“猫公馆”“大树与猫”民宿等共同发展项目，在村集体和企业共同蓬勃发展的同时，有效带动了村民发展民宿和民俗旅游经营。搬迁户 P 以前是司机，2019 年新建了 7 间建筑面积共 200 平方米的新宅做民宿，年收入从搬迁前的 7 万元增加至 16.6 万元；现有家庭总资产近 300 万元，主要是房屋资产大幅增加。随着大吉祥村民俗旅游的名气越来越大，P 家的收入还会继续增加。“大树与猫”民宿是村庄发展的“领头羊”，他们团队与村集体、村民及村内其他民宿经营者都有良好的合作，当“大树与猫”的民宿订满的时候，他们会推荐游客至村内其他条件好的民宿居住。调研表明，村内越来越多的村民想参与民宿经营，未来几年在外务工的年轻村民也将陆续返村开展民宿和旅游经营，村庄产业的发展很好地促进了村民生计可持续发展。洪水口村、塔河村和大吉祥村搬迁户生计状况比较见表 3-18。

**表 3-18 洪水口村、塔河村和大吉祥村搬迁户生计状况比较**

| 类别 | 一级指标 | 二级指标 | 洪水口村搬迁户 | 塔河村搬迁户 | 大吉祥搬迁户 |
|---|---|---|---|---|---|
| 生计资本 | 自然资本 | 耕地面积（亩） | 0 | 1 | 0 |
| | | 耕地质量 | 贫瘠 | 较好 | 好 |
| | | 生态补贴林地面积（亩） | 2 | 0 | 0 |
| | 物质资本 | 房屋资产额（万元） | 100 | 50 | 240 |
| | | 家庭耐用品资产总额（万元） | 20 | 5 | 10 |
| | 社会资本 | 是否在行政机关任职 | 否 | 否 | 否 |
| | | 邻里关系 | 好 | 好 | 好 |
| | 金融资本 | 红白喜事支出（万元） | 2 | 0.2 | 2 |
| | | 家庭年收入（万元） | 20 | 7.3 | 16.6 |
| | | 家庭存款（万元） | 100 | 5 | 30 |
| | | 家庭外债数额（万元） | 0 | 3 | 0 |
| | | 借贷款难易程度 | 非常容易 | 容易 | 容易 |
| | 人力资本 | 家庭劳动力数量（人） | 2 | 4 | 2 |
| | | 平均受教育程度 | 高中 | 初中 | 初中 |
| | | 接受技能培训的次数（次） | 0 | 0 | 0 |
| 生计策略 | 生计策略多样性 | 纯农型、非农型、兼业型 | 非农型 | 兼业型 | 非农型 |
| 生计结果 | 经济水平 | 家庭总资产（万元） | 220 | 57 | 近 300 |
| | | 家庭年总支出（万元） | 10 | 3 | 7 |
| | 自然环境 | 生态环境 | 非常好 | 好 | 好 |
| | | 生活环境 | 非常好 | 好 | 好 |

以上三个村都是偏远深山村，原有发展基础非常薄弱，通过易地搬迁新村建设，村庄基础设施得到极大改善，也为村庄产业发展奠定了基础。其中，洪水口村是村集体带领村民发展致富的典范，大吉祥村是村企合作增收致富的典范。这两个村之所以能带动全村致富，其根本原因是在产业发展中充分考虑了全体村民的利益，让利于民，谋求共同发展和共同富裕。例如，在大吉祥村，北京大地风景文旅集团参与新村建设时与村民签订了 20 年共同发展协议，企业出资建房并经营 20 年，20 年后房屋归村民所有；企业通过村集体流转了 500 亩土地兴建生态农场，优先雇用本村村民就业，年底再给村民按

股分红；村民可以得到房屋租金、土地租金、工资、年底分红等多项收入，其家庭年收入较搬迁前翻了几番。大吉祥村和洪水口村产业发展带动村民就业增收的模式，在北京远郊极具代表性，也是较为成功的发展模式。

## 三、低收入农户可持续生计能力大幅提升

易地搬迁村大多是生存条件恶劣的偏远深山村，因此，一部分搬迁村的经济发展水平较低，是原有的低收入村、“困难村”。如怀柔区宝山镇转年村、密云区溪翁庄镇尖岩村、门头沟区雁翅镇炭厂村、门头沟区斋堂镇柏峪村、延庆区珍珠泉乡下花楼村等，都是低收入村。随着易地搬迁工程建设的实施，各村的基础设施建设、村庄面貌焕然一新，休闲旅游业的发展、村内公益性岗位的增设、生态补偿制度的完善等，都为村民就业、创业提供了更多机会，到 2019 年，易地搬迁所有低收入村均已脱低，黄山店村、尖岩村、炭厂村、水峪嘴村等休闲旅游发展得好的村庄，村民均已脱低致富。

新村建设、入住新宅、增收致富使得部分村民的生活发生了翻天覆地的变化。延庆区井庄镇窑湾村村民小李年过 30 岁，父亲早逝后与母亲一起生活，家里房子还是 20 世纪 70 年代盖的，早就破败不堪。小李此前在北京城里打零工挣钱，由于文化水平不高，收入较低，根本没有钱翻盖房子。因为没有像样的婚房，一直没有婚娶。新村建设后，小李搬进了一套 110 平方米的三居室，村里另外分配了一套 90 平方米的产业安置房，准备出租给公司发展高端民宿。现在，小李在村委会的推荐下到区里务工，每月有 3000 元左右的收入，参加村里绿化工程建设也有部分收入。有了新房，收入也大幅度增加，小李也于 2017 年结了婚，2018 年生了个儿子。小李以前沉默寡言、不愿与人交往，现在的小李性格日渐开朗，和乡亲们关系非常融洽，一家人和和美美地过日子，小李年迈母亲的脸上挂满了笑容。

## 四、搬迁农户生计可持续能力依然较弱

易地扶贫搬迁促进了农户生计结果的整体优化，在搬迁农户收入增加、经济水平提高的基础上，搬迁村整体环境质量得到改善，人居环境得到优化。但是，在生计可持续性方面仍然存在诸多问题。首先，搬迁村大多是远郊深山村，经济发展水平较低，劳动力受教育程度和整体素质普遍偏低，农户家

庭收入的主要来源仍是务工和政府提供的生活保障性资金、公益岗工资等；自我发展意识不足，依赖政府帮扶，从而阻碍家庭发展。其次，生计策略的可持续性差，大多数村民仍以打零工为主，只有少数搬迁户从事小规模、中小成本的个体经营，生计方式单一。因此，仍应从多方位关注搬迁户生计可持续性问题，确保搬迁村民“搬得出、稳得住、能致富”。

## 第六节　京郊山区搬迁农户可持续生计策略的建议

易地扶贫搬迁破解了北京远郊农村“一方水土养不起一方人”的发展困境，促进了生态环境保护，提升了村庄基础设施水平，夯筑了村庄产业发展的基石，在一定程度上促进了农户生计方式多样化。但是，要真正实现安居兴业，仍然受到农业生产经营性收入增长困难、工资性收入不稳定、集体经济促进财产净收入增长困难、农村基层组织带动作用有限等多种因素制约。为此，要进一步在政府的主导下，通过深化农村集体产权制度改革、加强农民就业创业帮扶、加快农村产业高质量发展、完善政策保障体系等方式，因地制宜、综合施策，促进农民持续快速增收，助推乡村振兴战略的稳步实施。

### 一、强化政府主导，构建搬迁农户更高水平的创业就业支持服务体系

强化优化政府主导作用，完善各项社会保障制度，进一步促进乡村治理体系和治理能力提升，全面提升乡村整体水平。一是深化农村集体产权制度改革，推动资源变资产、资金变股金、农民变股东，加快建立有利于农民增收的制度环境和内生机制，从而增强农民增收新动能。二是加大对远郊农村产业扶持的力度，加快推进农村产业项目落地见效。三是通过土地流转等相关政策在保证耕地资源不受破坏的前提下，鼓励并支持农户开展多样的、有特色的生计活动，帮助农户提高家庭收入，促进农户生计转型，从而提高应对风险的能力。四是精准施策、分类施策，精准识别问题，细化措施到位，做到精准发力，助推农户实现就业增收。五是夯实农村基层党组织建设基础，

进一步提升基层党组织在经济发展领域的领导能力，打造“一懂两爱”的“三农”工作队伍，提升基础党组织在促进增收带动中的作用。

## 二、促进搬迁村民生计可持续能力提升的建议

多方支持鼓励农民就业创业，拓宽增收渠道；注重非农引导，有序调整农户收入结构。一是大力推进农业转移人口技能培训，增强就业与再就业能力。支持农村社区组建农民劳务合作社，加强输出、输入地劳务对接，通过市场配置培训需求，加快“订单式”劳务培训和协作，提高职业技能培训的针对性和有效性，促进农业转移人口由传统农民工向现代农民产业工人转变。二是实施新型职业农民培育。结合当地产业分布现状、发展趋势和农民实际需求，分类指导，积极培育生产经营型、符合农业企业和专业合作社用工需求的专业技能型职业农民，以及以提供农机作业、植保收获、农技指导、河道保洁、绿化养护、垃圾分类管理等社会化服务为主的专业服务型职业农民，加快构建有文化、懂技术、善经营、会管理的新型职业农民队伍。三是鼓励农民就地创业、返乡创业。积极吸引城市优质创业培训资源向农村辐射，加强农村创业见习基地和涉农“创业孵化基地”建设；鼓励返乡高校毕业生、返乡青年和农民工、大学生村官、农村青年、巾帼致富带头人、退伍军人等开发特色农业、观光休闲、乡村旅游、森林经营、农村电商等新业态项目。四是鼓励规范工商资本投资农业农村。引导和鼓励企业尽可能创造就业岗位，吸纳农民就地、就近务工，建立合理的利益分配机制，增加农民务工收入；引导农户自愿以土地经营权等入股企业，建立企业与农民之间紧密的利益联结机制，使农民能够得到企业发展的“红利”，确保农民的长远收益。

## 三、基于村民生计可持续能力提升的村庄产业发展建议

易地搬迁促使农户生存背景和自身属性发生重大改变，村庄产业的转型发展也带给搬迁户重新选择生计策略的机会。产业发展尤其是乡村旅游业发展联农带农效益好的村庄，村民更愿意回村就业创业；农户参与村庄产业发展，在改善自身生计结果的同时也促进了乡村产业持续健康发展。因此，应高度重视村庄产业发展在促进村民生计转型上的重要作用，在产业发展中强调村民的参与及利益的合理分配，以提升村民生计可持续能力，进而促进村

庄的繁荣稳定发展。据此提出以下几点建议：

一是加大带动益农产业链各环节促进就业政策扶持力度。高度重视搬迁之后的生计接续和产业赋能，通过庭院经济开发、扶贫岗位设置、低劳动强度种养及工商业扶持，推动未完全丧失劳动力和以半（弱）劳动力为主的经济困难家庭有效融入乡村产业发展，获得可持续收益回报，降低搬迁之后的生计脆弱性，缓释相对贫困。

二是精准开展搬迁农户的产业技能培训。结合搬迁之后的产业转型与产业培育方向，瞄准搬迁农户技能需求，开展种养专业技能培训和企业经营知识培训，尤其是针对农户规模化种养中的难题，建立专业技术队伍入村指导与培训的长效机制。发挥龙头企业和产业组织主导功能，推动技能培训与就业、经营一体化，强化技能培训的市场导向与职业实效。

三是完善利益联结机制。建立和完善搬迁群众与不同带贫主体之间的利益联结机制，应结合“党支部+”“优势资源+”“特色产业+”等不同模式的发展经验，综合施策，使之形成紧密联结的产业共同体，最终实现“有经营主体、有特色产业、有要素入股、有群众参与、有分红收益”的目标。推动新型农业经营主体高质量发展。鼓励和引导产业经营者加入农民专业合作社，以利益为纽带依法进行生产经营，实现“抱团”发展。为经营主体提供土地流转、基础设施建设、农户培训等多方面支持，创新各主体之间的利益联结模式。

四是完善后续产业带贫益贫机制。加强龙头企业、村办企业和专业合作社的扶持培育，推广“企业+合作社+农户”等模式。积极引导搬迁群众以承包地、资金、资产等入股龙头企业或合作社，推广“保底收益+按股分红”运作模式，构建紧密的利益联结机制，化解搬迁群众产业发展的自然风险和市场风险。

五是加强项目资产收益使用管理。对各类资金投入形成的项目资产，采取“资产收益+带动就业”的模式，选择符合要求的经营主体，将扶持资金形成的固定资产（基础设施和设备购置等）量化到村集体并进行分红，从而带动村集体和搬迁群众增加收入。

# 第四章

# 乡村闲置资源开发与盘活利用研究

## ——以闲置宅基地为例

# 第一节　绪论

## 一、研究背景

乡村振兴是在中国共产党第十九次全国代表大会中提出的一项重大战略决策，“三农”问题是解决国计民生的根本问题。乡村要振兴要有保障乡村振兴的存量用地，从而发展农村集体经济，使农民收入稳定、收入分配合理有序，同时为建设有序、富美新农村提供科学规划与布局。2023 年中央“一号文件”在深化农村土地制度改革的基础上，提出稳慎推进农村宅基地制度改革试点，深化农村集体经营性建设用地入市试点等。探索建立兼顾国家、农村集体经济组织和农民利益的土地增值收益有效调节机制。进一步赋予农民更加充分的财产权益。

自改革开放以来，我国城镇化发展的进程不断加快。在这一过程中，农村人口开始向城镇转移。据统计，截至 2023 年底，城镇常住人口 93267 万人，比上年末增加 1196 万人；乡村常住人口 47700 万人，减少 1404 万人；城镇人口占全国人口的比重（城镇化率）为 66.16%，比上年末提高 0.94 个百分点。2023 年全国农民工总量 29562 万人，比上年增加 311 万人，增长 1.1%。其中，本地农民工 12372 万人，比上年增加 293 万人，增长 2.4%；外出农民工 17190 万人，比上年增加 18 万人，增长 0.1%。2023 年末，在城镇居住的进城农民工 13256 万人。经我国政府相关部门预测，随着农村人口的不断涌入，到 2030 年我国城镇内拥有中国国籍的常住人口将达到总人口的 70%，并且随着社会的不断发展，还会有更多的农村人口向城镇转移。随着农村人口不断涌入城镇，农村地区的常住人口逐渐减少。但是，对于农村地区来说，不管是土地市场还是劳动力市场都相对比较滞后，致使农村土地和农民这两个生产要素进入市场的时间存在差异，最终导致大量的宅基地闲置。农村的宅基地所有权属于集体，但农民可以无偿分配使用，这使得农村的宅基地、农房等资产常年处于闲置状态，导致村庄用地空废化现象十分严重，造成农村资产浪费，影响村庄发展。

随着乡村振兴战略的实施给乡村带来重大变革，农村经济获得了前所未有的发展。但是，现在仍有六成的农村地区面临着发展资产不足的问题。薄弱的经济基础严重制约了乡村振兴的进程。截至 2023 年 4 月，我国农村集体资产的清查核实结果为 7. 7 万亿元，其中经营性资产 3. 5 万亿元，集体土地等资源 65. 5 亿亩；全国已建立乡、村、组三级集体经济组织 96 万个。这些数据的摸清使集体产权归属更明了、农民财产权利更多了。那么如何促进农村产权流转交易有序开展，如何有效配置农村资源成为当前发展的重要问题。

## 二、研究目的与意义

### （一）研究目的

本章进行乡村闲置资源开发与盘活利用研究，主要研究对象为宅基地。探寻其发展历程、形成原因、面临发展困难等基本现状，并在此基础上通过典型区域的研究，创新乡村闲置宅基地创新应用模式，有效提升农村多样化发展路径，形成有效乡村闲置宅基地利用策略。

### （二）研究意义

理论意义。对乡村闲置宅基地进行盘活利用是符合农村地区实际情况的改革，符合党和国家的政策，本章探索盘活利用乡村闲置宅基地的发展方式，不仅为丰富农村宅基地退出机制的构建提供了相关经验的借鉴，还提供了重要理论支撑。

实践意义。一方面，我国公有制经济的一个主要构成部分就是集体经济，其处于非常关键的位置，盘活乡村闲置宅基地，可以壮大集体经济，提高农村地区发展水平，让农民群众共享改革红利，进一步缩小城乡差距，建设整洁有序的村庄，从而建成产业兴旺、生态宜居的富美乡村，实现乡村振兴。

另一方面，对农村闲置宅基地进行充分的盘活利用，不仅提高了农民的经济收入，还缓解了农村土地资源供需之间的矛盾。随着我国新型城镇的不断发展，农民开始逐渐转移，一些农村宅基地被闲置下来，这也为新型城镇的建设与发展提供了重要的土地资源保障。总之，盘活利用乡村闲置宅基地，不仅能够夯实宅基地的退出体制机制理论基础，还能提高农民收入、壮大村集体经济、合理利用资产，使农村科学有序地发展，为乡村振兴打牢基础。

## 三、研究内容

第一部分，基本概念和理论，阐述本章的研究理论基础，并整理本章相关研究内容和进展的综述。

第二部分，剖析乡村闲置宅基地现状，厘清乡村闲置宅基地发展历程、发展现状以及对当前面临的困境进行研究。

第三部分，乡村闲置宅基地典型区域分析，选取浙江上虞、湖北武汉、安徽省三个典型区域进行案例分析。

第四部分，乡村闲置宅基地盘活利用策略研究，针对多种实现模式和发展中的约束条件和制约因素，提出进一步推动闲置宅基地盘活利用多样化发展的政策建议。

## 四、研究方法与路线

### （一）研究方法

1. 文献资料法

通过输入关键词来搜索相关的文献资料和硕博士优秀论文等，搜索的学科范围涵盖了经济学以及管理学等，与此同时还调阅了大量乡村振兴战略、农村资源变资产、农村集体产权制度改革等相关文件和规范。

2. 实地调研法

以文献资料研究为基础，编制调查问卷，掌握乡村闲置资产的第一手资料，并深入探讨农村资源与农村资产应用的难点。

3. 案例分析法

案例分析法是选取案例作为研究对象的研究方法，是在社会学中最早被采用的质性研究方法之一，得到了相关领域学者的推崇，它能够对研究案例进行深入、系统的分析。本章之所以选取案例分析法，是因为目前典型地区浙江、湖北、安徽等区域代表了国内较为先进的理念、方法、模式，选取此法可以较为详尽地、清楚地展现案例。

### （二）研究路线

研究路线如图 4-1 所示。

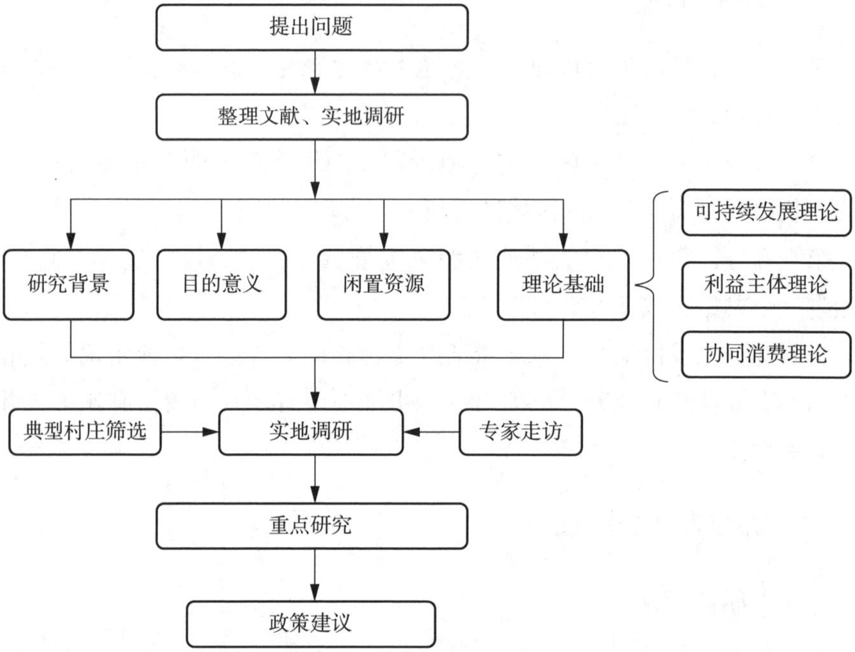


图 4-1　研究路线

## 第二节　理论研究

### 一、相关概念界定

### （一）闲置资源

国内外现有文献中，对闲置资源有着不同的解读。张耀辉（2005）认为，闲置资源是具有一定潜在利用价值的，只是在现阶段并没有得到充分的利用。其传达了两层含义：一方面，对于资源的所有者而言，这些资源并没有产生实时的效益和价值，反而因为需要维持资源后续使用而平白增加了支出；另一方面，真正需要使用这些资源的人也并不需要资源完全的支配权力，仅仅看中了资源的实际作用或想行使资源的使用功能。陈劲（2006）则从企业资源的角度指出，资源是否闲置取决于资源所有者的主观判断。如果所有者自身认为该物品没有任何利用价值，或者所有者对该物品的利用不充分，就会导致该物品的闲置。然而这样的物品可能对于其他公司而言，是非常有价值的，只是缺少对这些资源价值的认识和识别。

总体来说，就闲置资源而言，资源本身是依然存在价值的，一方面其本身质量决定了其价值的高低；另一方面使用或者管理等外在因素导致其当下的利用价值没有被激发出来，反而带来了一些负面的影响。

### （二）乡村闲置资源

资源丰富多彩，包括土地资源、数据资源、经济资源等。在乡村的特定地域背景下，乡村闲置资源通常指乡村地区在发展过程中所产生闲置的空间资源，主要包括闲置房屋和闲置土地两类。其中，我国学术界研究较多的为乡村的闲置宅基地。有学者对闲置的时间给出了明确的界定，陈荣清（2010）认为，无人使用，空置时间达到一年的宅基地才可定义为闲置的宅基地。王露露（2010）从用途角度对于闲置宅基地进行了界定：闲置宅基地除了废弃和空置之外，并没有其他的发展方向。此外，宅基地上建筑物的闲置也导致了宅基地闲置。长期以来，无人居住导致的宅基地被废弃也可纳入闲置的范围。

### （三）乡村闲置宅基地

现阶段，国内还没有达到准确认知乡村闲置宅基地的程度。不仅是在理论研究中对闲置宅基地及相关概念的认识不能达成统一，法律规定上亦是如此。

杨亚楠认为乡村闲置宅基地有狭义、广义之分，狭义上的闲置宅基地是指未有实际用途的空置宅基地，广义的则是指宅基地空置、废弃，以及宅基地上建筑物的闲置。喻瑶认为闲置宅基地是指空闲或房屋坍塌、拆除两年以上未恢复使用的宅基地。陈荣清（2010）认为闲置宅基地是现利用的农村宅基地中，在一定时间内其地上建筑物或附属物无人居住或使用而导致的空置状况，包括一定时间内无人居住的新、旧房屋的占地。杨雪认为闲置宅基地指的是存在于我国农村的，其上有建筑物或无建筑物，因各种原因无法发挥其应有效能的宅基地。程旭将农村闲置宅基地定义为由于非正常需求的增加而导致的农村宅基地面积相对应的增加。徐洁认为闲置宅基地是指由于各种人为或自然原因未得到充分利用至使被遗弃的但具有生产力或生产潜力的农村土地。

综上所述，乡村闲置宅基地是指由于自然或人为因素，已建房屋却未居住或未建房屋、未利用的农村集体土地，包括在某一段或长或短的时间内空放着无人居住和利用的农村住房、住房附属设施以及庭院的整体或部分。

## 二、相关理论基础

### （一）可持续发展理论

可持续发展理论源于20世纪70年代初期，其具有较为突出的三大特点，即公平性、可持续性和共同性。其中，公平性旨在说明不同阶层之间所拥有的发展机会和利益是均等的；可持续性表示想要长久维持一种较为稳定的状态，就要考虑自然资源的承载能力，不得超越其极限；共同性则指引我们要以共同的原则推动事物的发展。该发展理念强调既要考虑当前的实际需求，也要注重后辈的长远发展。

可持续发展理论注重以对资源进行保护和合理利用为前提，在提高资源利用效率的基础上推动经济社会的高质量发展，这与当前乡村闲置宅基地的再利用目标是谋合的。盘活乡村闲置宅基地最直接、最根本的目标就是提高资源的利用效率，在不增量甚至减量规划之下，通过存量的挖掘和盘活，一方面提高乡村的环境品质，另一方面创新乡村产业业态，推动乡村经济高质量发展，实现乡村发展的可持续性。

### （二）利益主体理论

利益主体理论源于20世纪中期盛行的一种强调合作或协作的理念。该理论最早在1963年由斯坦福研究所（Stanford Research Institute）以专业术语的形式提出。后来利益主体的概念出现在管理学领域，是指一件事物中存在的多个利益相关者，他们相互影响、彼此制约。Freemen 进一步完善了该理论，并将定义延伸为：某组织的利益主体是影响实现该组织发展目标或受该组织目标影响的任何个体或组织。

近年来，人们越来越关注乡村发展中存在的利益关系以及利益分配，其利益主体主要包含村民、村集体、政府部门以及以开发企业为主的社会力量等。在乡村闲置宅基地再利用过程中，利益主体所扮演的角色不同，其所拥有的权利与享有的利益也存在很大差距。从利益性质上看，开发企业更多地追求经济利益，村民更加看重经济和环境利益，而政府和村集体更多地追求社会利益。在乡村闲置宅基地再利用过程中，利益主体理论，对引导各利益主体参与再利用过程，平衡复杂多变的利益关系起到了一定的启示作用，使共赢关系从共同参与和利益分配的角度得到了更好的落实。

### （三）协同消费理论

协同消费理论是指利用智慧手段进行资源的匹配，通过整合闲置宅基地，降低消费成本，在打破原有商业规则的基础上重构全新的商业模式。该理论所传达的“人人平等、共同参与、共创价值、共享成果”的价值观也逐渐得到了人们的认可。协同消费的中心思想便是闲置生产力使用最大化，灵活提供商品使用价值。随着“互联网+”、大数据技术的发展，为激活再利用闲置宅基地的使用权提供了新的思路和方法。同时，闲置资源的供给具有多样性，和传统市场相比，其低廉的价格一定程度上会影响消费者的需求，具有无限的市场潜力。

在乡村发展的特定环境之下，乡村地区的供给和需求之间的矛盾是协同消费理论进乡村的关键驱动。一方面，乡村地区人口外流和资源供给过剩带来了资源的闲置与浪费；另一方面，由于当前生态环境制约，用地紧张，乡村发展空间不足，乡村发展遭遇瓶颈。因此，引导更多的资本和企业支持乡村发展，鼓励村民以主人翁的角色共同参与盘活乡村闲置资源活动。同时在信息文明时代，利用新兴的技术手段，促进乡村旅游、养老服务等产业与共享经济的深度创新融合，以闲置资源为切入点，引导村民返乡灵活就业，实现乡村产业的新发展。

## 三、相关研究综述

### （一）国外研究动态

国外研究者对土地资源的闲置问题也很关注，但由于我国国情和发展阶段与国外存在不同，因此国外学术界对闲置土地的分类也有其特点。国外学者所研究的棕地（brownfield）可近似理解为闲置土地。棕地一般指曾用于开发建设，现已废弃、闲置或未充分使用的土地。在一些国家特指其中已经受到或者潜在具有有害或危险物污染的用地。Michel 对美国的用地政策进行研究后发现，购买土地没有再开发棕地效益高，因为它还需要结合用地性质改变城市交通运输模式，但是棕地的开发利用受限于场地改造技术水平，成本类型较为单一，值得进一步研究。

同时，将棕地再开发用作居民点时还需考虑居民的意愿和偏好。Nathanail 在棕地的持续开发利用的研究中对棕地的定义做出了明确的阐述：棕地是指曾被利用的，但现阶段闲置或利用低效的，需借助技术工程措施进行改良和整理才能进行再开发利用的农村土地。Nathanail 同时在研究中指出，政策的支持和资金的注入是棕地能够持续利用的关键。Dennis 通过构建效用分析模型（Hedonic Price Model）来研究棕地的开发再利用价值，得出这样的结论：棕地的再开发利用不仅可以“变废为宝”，为居民创造丰厚的经济收益，为政府带来税收，还能改善城乡环境，包括经济环境、法治环境等。Mailes 和 Garcia 则认为由于国情和经济发展水平的不同，国外的村庄演化特征不同于国内，我国的空心化问题主要是指宅基地的闲置所导致的空心化。

随着生态环境重要性的进一步提升，国外的学者也将治理闲置土地的手段转移到生态手段。Branas 通过对费城闲置土地持续调查研究，发现利用生态化的手段治理闲置土地不仅能够提高市民的健康水平，还能够有效地降低城市的犯罪率。Maliene 通过对利物浦滨水区闲置土地再开发的研究得出结论，闲置土地的再开发可以推动城市经济发展，促进城市的更新与再生。Grewal 则提供了一条颇具开创性的思路，即将闲置土地改造为城市菜园。这种方式破除了传统的大拆大建模式，也规避了种植景观树营造公园绿地的单一模式，基于对棕地本身经济效益、社会效益的考量，兼顾了地方治理与生态环境的考虑。在前人研究成果的基础上，Nassauer 认为城市菜园思路未来有着广阔的发展前景，原因在于官方重视思路里经济效益与生态效益之间、基础设施与开敞空间之间较好的平衡，因此更侧重拟订针对城市菜园的合理布局计划。但同时他也指出，不合理的规划会使棕地的改造产生难以预期的效果，因此他强调棕地的改造要因地制宜。

## （二）国内研究动态

### 1. 分类整合研究

乡村闲置资源种类较多，随着乡村社会经济的发展，闲置资源的发展程度有所差异，乡村闲置资源的再利用情况也不一样。目前对于闲置资源的定义、分类及包含内容，学者通常根据闲置资源的原始功能、形成现状和利用模式进行划分。秦振兴（2016）从闲置资源的原始功能出发，将苏南乡村的闲置资源划分为生活闲置资源、生产闲置资源和公共设施闲置资源三类。张容军（2017）则通过分析闲置宅基地的闲置的时间、程度、有无建筑物等现状，从而构建四级闲置宅基地分类体系。就乡村闲置资源的利用模式来讲，朱文韬（2018）在农业供给侧结构性改革的背景之下，从共享经济角度下闲置资源的商业利用模式角度将乡村闲置资源分为闲置农地、闲置民居、闲置农机、闲置劳动力、闲置校舍以及闲置农产品六类，由于其以乡村经济发展为出发点，因此划分的种类相对来讲比较完善。

综上所述，目前国内学术界对闲置资源的分类方式比较多样，不同的研究视角、研究背景对应不同的分类标准，但对闲置资源的界定都是比较明确的：闲置资源是指虽然原有阶段性功能已经消失，或者目前使用功能不彰，但未来有更积极的使用方式或者潜力的空间（王惠君，2001）。

### 2. 再利用策略研究

从根本上讲，闲置资源的功能并没有消失，而是需要利用正确的方式来使用闲置资源，因此目前学术界对闲置资源的研究主要聚焦在乡村闲置资源再利用策略的研究上。陈铭（2014）引入“庭院经济”的再利用策略，促进乡村闲置空间的再利用，提高村民生活品质。秦振兴（2016）围绕“生态经济”的再利用策略，针对不同种类的乡村闲置资源提出了修整生活闲置资源、改造生产闲置资源、盘活公共设施闲置资源三个方面的具体再利用方式。

由于近年来共享经济的发展，不少学者都寻求借助共享经济的浪潮来解决资源闲置的问题，提出了许多具体化的共享模式，其中比较有代表性的有“共享农房”和“共享土地”的再利用策略。“共享农房”的再利用策略最早在2017年由安徽省合肥市三十岗乡实行，取得了不错的效果。范怀超（2017）提出“共享土地”的再利用策略，鼓励万众创新，推动群体合作，从而改善我国农地低效利用的现状，促进乡村闲置土地的再利用，从而释放土地的巨大潜能。

3. 开发利用模式研究

在针对乡村闲置资源的再利用开发中，出现了由不同的主体引导下的开发模式，有学者通过研究总结了当前主流的几种开发利用模式。平嘉亮（2018）指出在共享经济的理念下，通过农民自主、企业自主、农企合作以及政企合作四种开发模式发展地域经济，促进乡村闲置资源的有效分配和再利用。由于经营主体不同，这四种模式各有优劣。而覃雨薇等（2020）通过分析我国现主流的三种乡村闲置资源开发模式，分别是政府、开发商、村民不同主体主导的再开发模式，对比总结各模式的开发特征、主体职能、优劣势等。并在此基础上提出以设计师为主导的开发闲置资源模式，以期能够激发乡村的地域文化特色、保留村庄的原生乡土气息、促进乡村经济的良性发展。

综上所述，由于我国体制和国情的特殊性，国内外学术界对乡村闲置资源的界定、分类以及再利用方式存在一定的差异。国外对乡村闲置资源的研究则侧重闲置土地的再开发利用及其再开发过程中经济效益的分析。同时，其闲置土地的概念与我国略有不同，国外并不存在明确的宅基地的概念。但其将闲置土地再开发称为公共服务设施用地和住宅用地的实际经验，可以为我们研究乡村闲置土地提供借鉴。除此之外，闲置农房、闲置公共空间等其他具有再利用价值的乡村闲置资源的再利用一般与各国的乡村复兴运动具有紧密的联系，是乡村建设工作的重要一环。因此，乡村复兴的国际经验对研究我国乡村闲置资源再利用以及乡村振兴的课题具有一定的参考价值。

国内相关乡村闲置资源的研究主要集中在校园校舍、宅基地等特定对象上，研究对象并没有完全铺开，缺少对乡村闲置资源的系统性梳理。当前乡村闲置资源的再利用策略仍主要聚焦于乡村经济发展，同时对乡村的生态环境、社会氛围等也进行了一定的考虑。

## 第三节　乡村闲置宅基地现状剖析

### 一、乡村闲置宅基地特征

#### （一）时间特征：季节性闲置明显

在城乡发展不平衡的背景下，大量的农村人口流向城市，且伴随着数以千万计的农民工进城，这些都会导致“空心村”的出现，而“空心村”代表很大程度的农村资源闲置。除此之外，虽然有相当一部分农民转为城镇户口，但其在农村的宅基地仍保留，这就导致了大量闲置宅基地的出现。其中，主要包括有候鸟式闲置、访客式闲置、间歇性闲置。候鸟式闲置是指农户成员某个时间段会在家连续居住数月，等到复工或天气变冷后，离开农村回到城市；访客式闲置是指非连续居住，比如外出居住或定居的农民，在过年、过节的时候或因为亲戚朋友红白喜事等回村里短暂地居住一段时间，类似于访客；间歇性闲置是指农户家庭成员中城市人口每年偶尔回村居住极短时间。

#### （二）空间特征：以分散性闲置为主

国内乡村闲置宅基地分布较散且不均匀。通过文献分析发现，乡村闲置宅基地的空间特征与海拔高低以及经济发展水平息息相关。海拔较高，交通、基础设施不完善，导致大量农户想办法搬走；经济发展水平较低，就业、经营等机会少，也会导致农户外出寻求发展机会。这两种因素一旦出现，便导致了该地区乡村宅基地的大量闲置。

#### （三）经济特征：潜在利润巨大

目前，国内已有一些地区的相关政府部门做了积极的尝试。如将乡村闲置宅基地改造为民宿，节假日、周六日会接待大量游客，获益颇丰。尤其是在一些山地植被与空气环境好、自身山林生态优势明显的地区，发展趋势以开发乡村旅游、农家乐为主，积极发展乡村旅游、农业观光、农业康养等农村三产项目，而游客与康养人群的增多，就需要提供住处，大量的闲置宅基地资源则为该地区发展旅游、观光、康养奠定了坚实的基础。盘活乡村闲置宅基地，为农户带来不菲的收入，给当地经济带来发展机遇。

### （四）制度特征：制度制定不完善

乡村闲置宅基地的所有权归集体所有，而资格权、使用权属于农户，即“三权分置”。随着市场经济的发展和大规模的人口流动，农户从第一产业转移到第二、第三产业的过程中，乡村闲置宅基地出现两大问题，即“出不去”“进不来”。“出不去”是在“一户一宅”制度背景下，大量的农民脱离农村土地，外出务工成为城市建设力量，导致了农村宅基地被迫闲置，而这部分土地无法通过资源优化配置重新利用，农民外出与宅基地闲置呈正相关，大量的农村集体建设用地被浪费；“进不来”是非农户籍无法在农村获得宅基地，城市居民到农村购置宅基地进行居住这一行为是被禁止的。这一制度保护了农民的基本居住权益，但是如果不探索新的宅基地流转制度，则难以满足城市居民体验绿水青山、调养身心的更高精神文化需求，会造成更多的宅基地闲置。

## 二、乡村闲置宅基地发展历程

新中国成立以来，我国的乡村发展大体上经历了国家工业化、乡村工业化、城市化等重要历史时期，在此背景下，农民经历了对土地依赖度高、对土地依赖度降低、离乡返乡、离乡不返乡等阶段。乡村闲置宅基地的产生与乡村的发展是息息相关的，从某种程度上说乡村闲置宅基地是乡村发展特定历史时期的产物。

### （一）第一阶段（1949—1978 年）：闲置宅基地极少

新中国成立伊始，国家便实施以农业为基础的建设策略，推动国民经济稳步发展，同时推行“农产品统购统销”“城乡二元户籍制度”“农业合作化和人民公社制度”三项制度，国民经济得到一定恢复，同时也加剧了城乡分割，形成了城乡二元体制。农民由于户籍等原因，缺乏参与国家工业化的机会，被束缚于集体土地，从事农业生产活动，向国家低价提供农产品。正是农民的可贵奉献，为工业建设提供了原始的资本积累，奠定了初步的工业基础。这一时期我国乡村人口快速增加，从 48402 万人增加到 79014 万人（见图 4-2）。在不能离乡离土的时代背景之下，人口的快速增长带来居住需求的旺盛，农房数量不断增加，乡村房地资源的闲置现象极少出现。

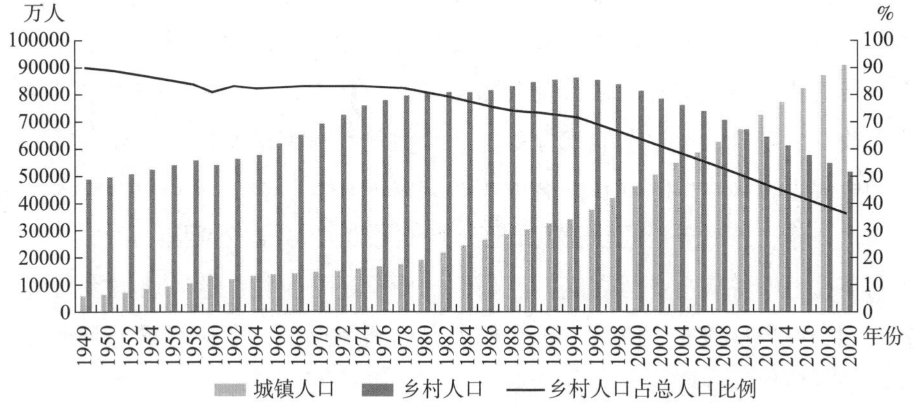


**图 4-2　1949—2020 年中国乡村人口历年变化情况**

## （二）第二阶段（1979—1998 年）：闲置宅基地初具规模

自 1978 年施行对内改革、对外开放的政策以来，对内改革先从农村开始，实行家庭联产承包责任制。制度改革极大地调动了农民从事农业生产的积极性，在释放大量农村剩余劳动力的同时，更是提高了生产效率。农村剩余劳动力得以在农业生产活动之外寻求其他非农就业机会，但由于城乡户籍制度的限制，这些人多数仍留在农村参加非农经济活动，促进了乡村工业化的发展。乡村工业化带来乡村就业结构变化，同时也让地区经济得到释放，农民的收入水平、消费水平得到了显著提升。一方面，农民对土地资源的依赖程度降低，加之当时政府政策对农用地的管控相对宽松，乡村的耕地资源出现闲置甚至减少；另一方面，农民新建房屋、改建房屋的需求增加，部分地区甚至由村集体出资出力集中建设居住小区。

## （三）第三阶段（1999—2012 年）：季节性闲置宅基地规模增大

20 世纪末，我国修订后的《中华人民共和国土地管理法》明确了土地权属。确立了村庄土地征收制度，地方政府以低价征收农村集体土地，再通过垄断一级交易市场的方式转为国有进而出让。21 世纪初，中央通过有关承包地使用权流转的政策文件为土地流转放开口子，但同时要求流转过程应该建立在“依法、自愿、有偿”的基础上。

与此同时，这一阶段我国城镇化率以每年 1.41%的速度增长，城镇化和工业化都进入发展的快车道（如图 4-3 所示）。随着城镇化和工业化快速发展，乡村工业化的内外环境也都不断发生着变化：传统的计划经济已经被市场经济替代，外资企业和私营企业的力量逐渐壮大，村集体的作用也不断发生着改变。乡镇企业逐渐脱离原始的、分散的乡村聚落空间，向开发区、工业园区集中转移，伴随着乡镇企业集中转移的还有资金、劳动力、技术等诸多生产要素，外出务工的乡村人口形成一定数量的城乡“两栖”人口，这些人每年往返于城市与乡村之间，但最终的归宿还是乡村。这一阶段乡村的闲置房地资源数量增加，但是由于乡村人口的离乡返乡，乡村闲置宅基地具有明显的季节性闲置特点。

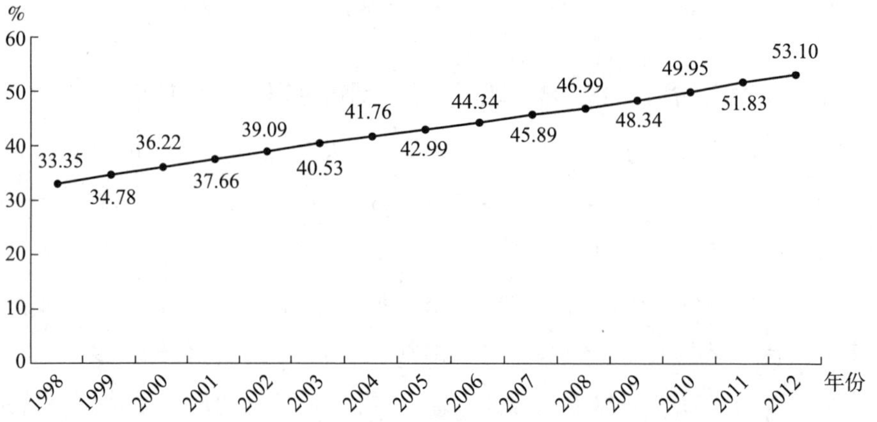


图 4-3　1998—2012 年中国城镇化率

## （四）第四阶段（2013 年至今）：长期性闲置宅基地大量增加

这一阶段，国家鼓励农民落户城镇，各地政府积极响应，出台了一系列的相关文件及政策。如提出以宅基地整理和使用权流转为核心的宅基地置换、农村换房“三置换”策略和以促进土地节约集约、缓解用地矛盾的“三集中”策略，鼓励、引导农民落户城镇。还有针对土地空间优化配置的问题，通过对建设用地、农业用地以及城镇居民用地的合理调配化解发展痛点，从土地空间要素层面保障多方利益需求、促进经济更好地发展。这一系列政策的出台，在一定程度上加快了农民市民化和农村城镇化的进程，有效推动了农村居住用地、工业用地的集约化发展。但同时也让农村“人去房空”，造成资源的闲置浪费。

在这一阶段，除了政策对要素流动的影响之外，第一代进城就业人员的子女，特别是具有鲜明时代特征的“80后”“90后”一辈成长起来，也逐渐加入背井离乡、去城市寻求就业机会的队伍中。与父辈不同的是，他们拥有更高的学历和更多的技术技能，为了追求更多的工作机会和更舒适的生活体验而愿意在城市购房居住和生活，离乡不返乡，从而导致乡村的房屋、土地、公共设施等资源闲置数量增加以及闲置时间延长。因此，这一阶段国家及各地积极探索宅基地“三权分置”和农村“三变”改革，在盘活利用乡村闲置房地资源的同时，适应城市居民多元化的休闲旅游需求，催生乡村包括旅游业、住宿餐饮业在内的多类产业的萌芽，也带动了乡村的内生发展活力。

## 三、乡村闲置宅基地现状及现行主要政策法规

### （一）乡村闲置宅基地现状

截至目前，国内还没有关于闲置宅基地官方统一口径的统计数据，这些数据基本上是学者根据自己的研究形成的地方性判断。

我国乡村的闲置宅基地情况复杂，每个地区所拥有的闲置宅基地各不相同。为了解国内乡村闲置宅基地的概况，笔者只能从近年来知名学者研究的成果来分析。例如，李剑阁等对全国2749个村庄进行了调查，结果显示，闲置宅基地的比例为10.4%；张正和等得出的结论是，我国乡村宅基地的闲置率为10%~15%；钟在明学者认为，我国乡村有12%~15%的宅基地处于闲置状态，相当于城镇全部建设用地的一半以上。虽然我国对乡村闲置宅基地的统计没有一个准确的数值，但不难发现，正是由于乡村资源本身没有进行很严苛的管理、“一户多宅”现象严重、乡村布局相对分散等原因，乡村资源闲置成为一种很普遍的现象。

对于我国而言，城市化进程正在加速，建筑用地、耕地面积日益减少，那么大量的乡村资源闲置必然会对土地造成浪费。苗青认为，闲置和废弃的宅基地约占乡村宅基地总数的 20%；吴春岐认为，中国近 2 亿宅基地中，有 12%~15%处于闲置状态，以此可以看出，目前我国乡村宅基地的闲置比例约为 15%；王露露、文嫚认为，根据全国第二次农业普查数据可以看出，乡村中“一户多宅”的现象还是相当普遍的。

另外，随着大量农村人口向城市转移，“空心村”不断形成，乡村资源的闲置现象自然会越来越多。

### （二）现行主要政策法规

2000 年以后，现行的关于宅基地管理的主要政策法规包括：2004 年《国务院关于深化改革严格土地管理的决定》（国发〔2004〕28 号）明确指出加强村镇建设用地的管理，禁止农村集体经济组织非法出让、出租集体土地用于农业建设，禁止城镇居民在农村购置宅基地。其中，农民集体建设用地若符合规划，则可依据相关法律进行流转，鼓励支持农村对自有建设用地进行整理，实施城乡建设用地增减挂钩政策。2008 年《国务院关于促进节约集约用地的通知》（国发〔2008〕3 号）第四条明确提出强化农村土地管理，稳步推进农村集体建设用地节约集约利用。高度重视农村集体建设用地的规划管理，鼓励提高农村建设用地的利用效率，严格执行农村一户一宅政策。2019 年，农业农村部印发的《关于积极稳妥开展农村闲置宅基地和闲置住宅盘活利用工作的通知》中鼓励紧紧围绕实施乡村振兴战略，抓住新产业新业态的发展势头，结合农产品冷链、产业链延长、仓储需求等一二三产业链上融合发展的项目，将闲置宅基地更好地融入进去，开拓其更多经济价值。

## 四、乡村闲置宅基地成因

我国乡村形成宅基地闲置原因有多个方面，通过大量的文献阅读与整理，发现不同作者所处角度不同，形成了不同的观点。综合来讲，大体分为四个方面：国家政策层面、人口流动方面、村民观念方面、自身规划方面。

## （一）国家政策层面

国家和政府对于大量的已经没有人居住的宅基地以及农宅的出现，表现出认识不足；对于目前有人居住，但很快变为闲置的宅基地，直到变为空置或者废弃的宅基地之后才有所察觉。从长远的角度来分析，这样的管控显然是不利于乡村各方面发展的。

随着我国城镇化的快速发展，国家对于新农村的建设步伐也加快了，我国各地政府加快对城郊附近乡村的建设与改造，例如居民楼的大量建设，不少乡村本地人也因此搬入了更好的环境中生活。根据我国相关法律规定，我国宅基地属于集体建设用地，原则上履行“一户一宅”，但实际上“一户多宅”现象在乡村中非常普遍，部分乡村本地人搬离乡村也就造成了大量的宅基地以及农宅的闲置。

## （二）人口流动方面

随着我国经济的快速发展与崛起，城市化进程逐步加快，城乡差距逐渐拉大。这导致越来越多的农民选择迁移到城市，在城市打工或永久居住在城市，虽然已经在城市中生活，但现实生活中这类人有很多不公平待遇，缺少城市户口使得他们无法在医疗、教育、养老等社会保障体系方面受到公平的待遇，故此在城市中打拼的同时，也在自己的老家保留房产。但现如今，乡村的经济条件也在日渐成熟，部分村民会在新规划好的宅基地进行建房，而原来的一些宅基地以及农宅逐渐被废弃，这也造成了宅基地闲置以及农宅率的增加，从而使一些乡村宅基地及农宅空置或“季节性”空置。

## （三）村民观念方面

村民的思想观念对宅基地闲置也产生了重大的影响。首先，一些落后地区的部分村民依然受“传儿不传女”的思想，将自己准备的房屋留给儿子，然而有些家庭只有女儿，这样的情况则可能会导致闲置宅基地的产生；其次，有些村民的宅基地是祖祖辈辈传承下来的，这些人不愿意卖掉或者转让给其他人，这种情况会在一定程度上导致闲置宅基地的产生；最后，受封建迷信思想的影响，在我国传统住宅中尤其在乡村住宅中，会特别讲究“风水”，假若一间房屋的风水不好，这间房屋及其宅基地则可能会被放弃使用，在这种情况下，房屋以及宅基地无法使用与流转，造成了宅基地闲置。

### （四）自身规划方面

乡村的合理规划对资源的利用起着很大的作用。在我国一些地区，城镇缺乏系统的规划，或者规划缺少科学性，有些甚至没有进行村镇规划，导致村镇居住建筑分散，给生活带来不便。随着人们生活水平的提高，当地政府开始重视村镇规划的重要性，越来越多的村民开始在新规划的宅基地上新建房屋，而旧有的宅基地则被逐渐废弃，这也在一定程度上增加了宅基地的闲置率。

## 第四节　乡村闲置宅基地典型区域分析与经验总结

### 一、典型区域分析

### （一）浙江上虞：闲置农房激活计划

1. 背景介绍

绍兴市“闲置农房激活计划”为绍兴市委、市政府2018年政府工程和区县政府年度目标考核重要内容，优先在绍兴市柯桥区、上虞区进行试点。上虞区地处杭州湾南翼，交通条件优越，且上虞区具有深厚的历史文化底蕴。同时，上虞区产业经济发达，空间上基本形成“北共、中城、南闲”的发展格局。试点工作启动后，上虞区鼓励多种盘活利用模式，通过做好公共服务、出台“一揽子”计划、引入第三方监督、降低金融贷款门槛等创新举措，基本建立了“闲置农房激活计划”的框架体系。

2. 盘活利用模式

（1）加强顶层设计，强化政策保障

上虞区根据绍兴市“闲置农房激活计划”指导意见，发布了关于闲置农房包括宅基地在内的资源流转交易等工作文件，其中对流转交易的范围及条件、交易程序及模式、激活目标及责任分工等进行了明确。

上虞区制度顶层设计具有较为典型的特征：闲置农房的再开发要守住红

线，将工作计划内的对象全部约束在现有法律法规框架内；适当降低流转交易门槛，流转范围也不再局限于村庄内部，而是面向全域居民放开；限定流转方式，放活开发模式，明确限定采取经营权租赁方式，鼓励以村户合作、村企联动、“产交公司+农宅经营服务站+农户”等多种模式合作开发；尊重上位规划，保证在科学规划、合理设计的基础上进行相关的建设开发活动，坚持规划引领，突出特色。

（2）完善组织体系，明确责任分工

试点工作启动后，上虞区立刻成立相关工作小组展开农村产权交易的相关工作，成立区、镇、村三级部门构建多层级服务体系（如图 4-4 所示）。其中，区级层面成立公司，总抓产权交易事项；乡镇街道设立信息分中心，负责具体闲置农房流转信息发布、交易撮合和鉴证；村级层面成立农宅经营服务站，既有中介功能，也有合作社功能。

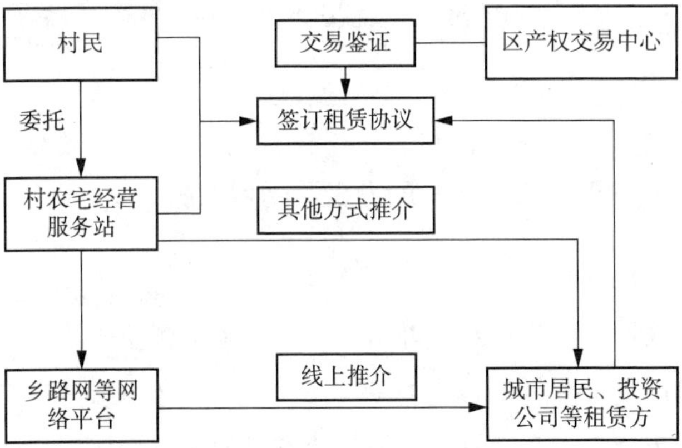


**图 4-4 上虞区闲置农房激活组织流程**

（3）强化确权赋权，做好清查摸底

上虞区按照“活权必须先确权、赋权”的总体思路，积极加强确权赋权工作以及对闲置农房、田地、建筑等农村资源的清查工作，在服务站里及时更新资源信息、动态完善信息数据库。在清查摸底时，上虞区采取调查认定方式确定闲置农房，即只要是农民认定为闲置且有意愿进行流转的，就可以纳入闲置农房数据库。此种认定方式既保证了建库资源为有效闲置资源，又避免了闲置农房概念不清、政策不明朗所带来的一系列问题。

（4）创立“乡路”网站，搭建交易平台

上虞区在试点过程中，牢固树立“互联网+”思维，利用智能智慧技术充分释放农村数字红利。“一站”即“乡路”网站，其基于“阿里云”开发出的信息平台，提供闲置可流转的农房租赁服务，平台插入标签分门别类展示用户需要的农房资源相关信息。用户可以自主发布信息，经过审核录入系统，交易过程支持网上银行、云闪付等多种支付方式。“一端”即“乡路”（CountryRoad）移动客户端，其上线不足一月注册人数已千余人，点击浏览量超 3 万次。乡路网主页见图 4-5。

图 4-5　乡路网主页

## （二）湖北武汉：市民下乡助力盘活闲置农房

1. 背景介绍

由于农村人口市民化、农民外出务工、管理不到位等因素，武汉市农房闲置情况越发严重。按照 2017 年中央“一号文件”有关要求，武汉市委、市政府明确了城市资本下乡、村民进城，让农民的资产变成财产性收入的农村工作总基调。先后制定相关政策文件，全面启动闲置农房盘活利用工作，鼓励多主体、分类盘活利用闲置农房。

2. 盘活利用模式

（1）加强顶层设计，强化政策引领

武汉市自启动“市民下乡，村民进城”工作以来，出台了一系列闲置农房盘活利用政策，从程序、主体、途径、形式等方面进行了制度设计。构建了“市+区”政策支持体系，利用奖补政策引导企业家、高知群体、城镇居民诸多群体投入闲置资源市场。同时，鼓励多元化盘活利用，有意向者可通过租赁、流转、参股等方式合理利用闲置农房，包括但不限于民宿、农家乐、民俗文化展厅、创业指导服务站、农村电商联络点等多种功能。

（2）完善组织体系，明确责任分工

由武汉市农委具体统筹协调，会同相关部门制订实施方案，设计政策制度，并联合各区每月召开一次工作协调推进会和政策讨论会；各区县加强对本区闲置农房盘活利用的指导工作，定期上报闲置农房盘活利用工作推进情况；村集体为实施主体，具体负责市场对接、房源信息真实性审核、租赁协议签订协调、协议签订数据统计上报以及农房规范化管理等工作。

（3）创新宣传方式，提升政策影响力

武汉市针对农房出租方（村民）和承租方（下乡市民）采取不同的宣传方式。对村民应着重加强闲置农房盘活利用政策宣传，将村支书的联系方式在网上公布，方便有闲置农房出租需求的村民及时与他们沟通联系；针对有租赁需求的承租方，武汉市定期举办推介会，同时借助中央电视台、《长江日报》等媒体进行宣传报道。

（4）借助政府信息平台，发布闲置农房信息

经由村集体同意且通过合规性审查的闲置农房，在保障村民自身意愿的前提下，于农村综合产权信息平台等多个互联平台上发布交易信息。信息发布具体包括领取表格、填写表格、信息筛选、提交申请、信息发布五个步骤。承租人也可以通过平台发布承租信息，并由专门机构审核其基本信息（见图4-6）。

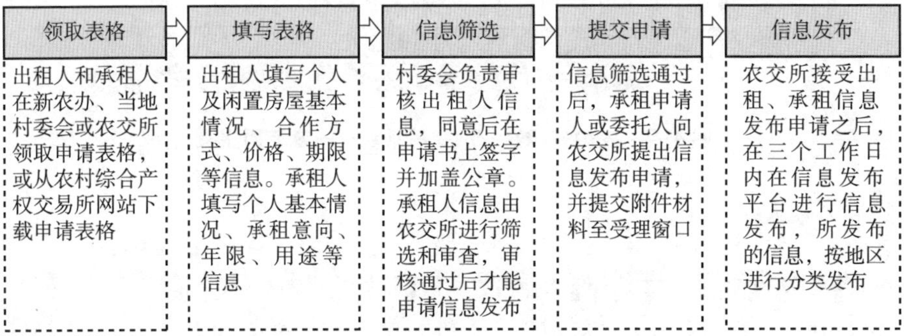


**图4-6　武汉市闲置农房租赁、合作信息发布流程**

(5) 分步实施，有序推进

按照村落基础设施条件，分阶段推进盘活利用工作，并优先向下乡市民推荐已进行美丽乡村建设、设施相对完善的村落。针对贫困地区、较难开展的盘活利用工作，政府同时给予基础设施配套奖励。

## (三) 安徽省：利用空闲农房发展乡村旅游业

### 1. 背景介绍

为贯彻落实《中共中央、国务院关于深入推进农业供给侧结构性改革　加快培育农业农村发展新动能的若干意见》《中共安徽省委、安徽省人民政府关于将旅游业培育成为重要支柱产业的意见》精神，促进安徽省闲置农房的盘活再利用，助力乡村旅游发展，增加农民财产性收入。2017 年 11 月，安徽省人民政府办公厅出台《关于支持利用空闲农房发展乡村旅游的意见》，鼓励多主体、分类盘活推进全省闲置农房，促进乡村旅游发展。安徽省闲置农房交易平台——农汇网主页见图 4-7。

图 4-7　安徽省闲置农房交易平台——农汇网主页

### 2. 盘活利用模式

(1) 分类有效推进利用

一方面，鼓励多主体盘活利用。鼓励农民自营、市民和大学生下乡租赁经营、社会资本与农村集体经济组织或者农户联合经营、国内外知名品牌管理公司连锁经营等。另一方面，有序推进盘活利用。严格把控闲置农房再利用的建筑安全，主动利用起省内大别山区、皖南国际文旅示范区等各地的政策加持及差异化资源，优先推进沿交通线、近风景区、环城郊区的闲置农房盘活利用。

（2）强化领导统筹协调

安徽省促进旅游业改革发展领导小组统筹协调盘活利用闲置农房发展乡村旅游工作，各地、各有关部门建立健全工作机制，明确任务分工、确保协调维护，并将乡村地区脱贫攻坚等工作与统筹协调工作有机结合、通盘考虑。

（3）政策助力奖补结合

一是给予资金奖励。对村集体经济组织、农户、社会资本方给予奖励。二是提供空间场所。为有意向进驻的投资主体、高等院校提供低价的场所，可为其争取水电优惠等其他利好政策，并按照实际孵化成果给予相应补贴。三是提供社会保障。对响应政策文件、意向投入乡村旅游的市民，可依据当地规定要求向经营主体及聘请职工提供社保参保服务，处于义务教育和学前教育阶段的孩子也能享受当地教育资源。四是提供便利服务。重点做好返乡下乡人员开展闲置农房盘活利用的政策咨询工作，实时更新房屋出租信息，为租赁闲置农房作为经营场所办理工商登记。

## 二、经验总结

通过对比分析国内典型区域乡村闲置宅基地的盘活利用（见表4-1），可以得出以下有益经验。

**表4-1　各地闲置宅基地盘活与利用主要做法对比**

| 区域 | 闲置农房 | 组织领导 | 信息平台 | 政策出台机构 |
|---|---|---|---|---|
| 浙江上虞 | 1815间 | 成立农村产权交易工作领导小组 | 乡路网 | 绍兴市委办公室 |
| 湖北武汉 | 11.6万间 | 武汉市新农村建设工作领导小组 | 武汉市农村综合产权信息平台 | 武汉市人民政府办公厅 |
| 安徽省 | 结合房地一体农村宅基地综合发证工作开展调查、建库 | 安徽省促进旅游业改革发展领导小组 | 农汇网 | 安徽省人民政府办公厅 |

### （一）注重因地制宜原则，分类盘活闲置资源

各地区闲置农房分类盘活利用突出体现在以下两个方面：一个是盘活时

序方面，优先发展基础设施较为完善、旅游发展较好的景区周边以及交通干线沿线村落。湖北省武汉市优先推荐已完成美丽乡村建设的村落进行盘活利用；浙江省则优先选择基础条件好、村“两委”和群众参与积极性高的村落进行试点。另一个是盘活利用方式方面，鼓励根据农房自身条件、区位交通以及各主体自身因素等情况，因地制宜地采用租赁、合作、入股等多种方式盘活利用。

### （二）注重创新支持政策，引导盘活闲置资源

针对当前闲置农房盘活利用存在的法律法规和政策体制不完善、不适应的实际情况，各地区创新设计支持政策，引导和推动盘活利用闲置农房。湖北省武汉市将原来给农户的相关政策转向企业家、知识分子、城镇居民等群体；浙江省绍兴市在政策设计中，对闲置农房改扩建需求予以重点关注。此外，闲置农房的再利用工作要加强与田园综合体建设、脱贫攻坚工作以及乡村振兴战略等政策融合，充分释放政策整合优势。

### （三）注重挖掘自有品牌，推动三产融合发展

各地区掌握本土经济发展现状、当地差异资源和自有产业品牌，特别是利用区域已有品牌，将盘活工作与相关产业经济有机结合，不断扩大关联产业的影响力及美誉度，提升闲置农房盘活利用效率。浙江省将民宿产业整合进工作内容，湖北省武汉市加强了休闲业与农业观光等产业融合发展，推动闲置农房盘活利用。

### （四）注重优化设施环境，夯实盘活利用基础

多地在乡村振兴的长期实践中，主动思考，借助美丽乡村建设工作，通过科学规划、综合整治，不断加大对乡村基础设施环境的改善力度，不断提高乡村便利性和宜居性。湖北省武汉市的部分村落完成了美丽乡村建设，基础设施得到提升，同时对贫困村有盘活利用需求的提供基础设施奖励。

## 第五节　乡村闲置宅基地盘活利用策略

党的二十大报告提出，全面推进乡村振兴，坚持城乡融合发展。乡村闲

置宅基地的灵活利用，是推动城乡融合发展、畅通城乡要素流动的重要内容。盘活乡村闲置宅基地，既可避免资源的浪费又可以促进乡村发展，拓宽农民增收渠道，是落实乡村振兴战略的重要手段。创新探索盘活农村闲置宅基地的利用对策，让农村“冷资产”变成“热财富”，对促进农民持续增收、助力乡村振兴具有十分重要的意义。我国政府出台了一系列政策，鼓励应用农村闲置资产。对此，要从多角度出发，通过多种方式，充分盘活利用农村闲置宅基地，提高农村经济水平，助力乡村振兴。

## 一、创新盘活利用方式

### （一）用“共享”的理念盘活利用闲置宅基地

通过流转、出让、租赁、托管等方式，将闲置宅基地集中起来，遵照“修旧如旧”的原则，对闲置宅基地进行保护性修缮和经营性开发。通过集中连片开发，打造一个集商贸、休闲、旅游、度假于一体的民居村落，让散落其间的宅基地成为真正意义上的“私家院落”。借助网络信息平台，在更大范围内推广乡村的优质资源，让“私家院落”的使用权得以共享，从而打通连接闲置宅基地主人、闲置宅基地开发公司、“私家院落”的分享者、其他社会资本方的利益链条。通过引入社会资本，激活“沉睡”的闲置宅基地资源，创造闲置民宅的新价值，带动美丽乡村建设。

针对闲置宅基地使用权共享中出现的同质化、权属管理、法律纠纷、利益分割等亟待解决的问题，应区分问题性质逐项加以解决。针对同质化问题，在对闲置古居进行保护性修缮和经营性开发过程中，厘清地域文化脉络，尊重史实，突出不同历史时期的建筑风格、建筑特点，个性化设计古居改造方案；针对权属管理问题，依据《国土资源部关于进一步加快宅基地和集体建设用地确权登记发证有关问题的通知》（国土资发〔2016〕191号）文件精神，做好闲置宅基地的确权登记工作，明确闲置宅基地使用权转让主体，消除闲置宅基地共享中的权属不清问题；针对法律纠纷问题，厘清闲置宅基地共享中涉及的所有权方、使用权方、经营开发方的权责关系，以契约的形式固定下来，避免可能的法律纠纷问题；针对利益分割问题，把闲置宅基地主人出让使用权的收益、网络平台收取的服务费、开发公司提取的开发管理费以及最终使用者支付的费用通过合同的形式固化利益分割关系，做到公平合理、有据可查。

### （二）突出重点分类盘活闲置宅基地

1. 不同产业主导区域闲置宅基地盘活策略

农业主导区域的远郊农村应当延伸产业链，打造农旅融合的乡村田园风光旅游产品。农业主导区域的远郊农村具有优越的自然资源禀赋，可以与较为发达的一产相结合，充分挖掘自身的自然地理资源和历史文化资源，延伸产业链，打造农旅融合的乡村田园风光旅游产品，将分散、破旧的宅基地开发成精品民宿，留住较远区域的游客；若村内土地利用供需矛盾较为突出，可在充分调查农民意愿后，在农民同意的情况下让农民“上楼”，集约利用土地，留出建设用地指标，拓展当地旅游服务功能。在开发投资具有较大风险的项目时，政府应给予企业资本有力的政策支持，给予农民及时合理的补偿，促进三者密切合作，推动管理机制顺利运行。

工业主导区域的近郊农村具有便捷发达的交通优势和较好的产业基础，应当激发村干部即运行主体的活力，尝试选择集体推动的宅基地整治盘活模式，在充分调研市场后，选择适合的产业开发方向，发挥带头作用和凝聚力，逐渐实现规模化产业集聚，形成品牌效应，利用独特性吸引更多的投资商和游客，发展壮大村集体经济，提升农民福利。上级政府应当给予基层村干部政策支持和激励，如拨发专项资金、增加专业培训，联系筹办招商引资洽谈会等。

产业融合发展型乡村相较其他类型农村，已具备了扎实的产业基础和较为完善的基础设施建设，在吸引城市资本投资上有较大的优势，应当充分利用已有的产业基础，与入市相结合盘活闲置宅基地空间，拓展产业发展资金来源，促进区域内资源协调利用，加快构建旅游经济、文化体育全产业链，促进农工商文旅融合发展。政府在此运行管理过程中，一方面应当严格监管，落实最严格的耕地保护制度、节约用地制度和生态环境保护制度；另一方面应切实保护处于弱势地位的农民的利益，提前预防农民退地进城失败后没有退路等问题风险。

2. 不同地区的闲置宅基地整治盘活模式选择对策

经济产业比较发达、基础建设较为完善、农民素质较高的东南地区可以选择“集体经营性建设用地入市打通”模式。将宅基地盘活利用与入市相结合，促进土地节约集约利用，同时这些地区农民外出打工出路较多，反悔以及没有退路的情况较少，产业项目发展前景也较好，但该模式中，政府应当进一步提高农民退地补偿标准；或可选择“集体统一经营或管理”模式，以集体力量带动整村发展，形成集聚效应，政府应当加大宅基地整治盘活宣传，更加注重基层治理，积极动员基层干部。

城市近郊，乡村人口外流突出的中西部地区可以选择“整村出租流转”模式。在不改变宅基地性质的情况下，重新翻修利用原址，在发展当地经济、带动就业的同时也可改善村容村貌。该模式中，政府应当为宅基地使用权流转的承租方企业颁发适宜的经营权证书或使用权证书，实现企业方的宅基地使用权能，如抵押贷款等，既能吸引更多的企业资本，也能帮助企业稳固资金链，防止产业项目中断。

居民点比较分散，小农经济较为发达的西北地区，可以根据资源禀赋条件选择“原址投资开发”模式。先通过宅基地整治利用修建特色民宿，打造“悠居田园”招牌吸引游客，再通过自然资源、民俗特产留住游客。但该模式前期开发可能缺少资金，因此政府应当提前做好符合实际的乡村规划，同时为引进城市资本提供政策支持。

村内土地利用供需矛盾较为突出的地区可以选择“集中规划开发”模式。但政府不能只考虑地区发展和经济利益而急于求成，违背农民意愿，强迫农民“上楼”，应当通过召开村民大会，多次走访调研，了解农民的真实想法和补偿意愿倾向，以形成切实提高农民福利的宅基地退出机制和合理的退地补偿标准。

### （三）多元化方式盘活利用闲置宅基地

#### 1. 培育多元化利用主体，通过创业创新盘活

不断培育壮大各类主体，鼓励引导村民在乡、市民下乡、大学生到乡、能人回乡、农民工返乡、企业家入乡和农村集体利用闲置宅基地创业兴业。合理引导闲置宅基地在特定范围内流转，探索形成“农户+村集体+社会资本”、“农户+村集体+新农人”、片区联动发展等主体多元的盘活利用模式。“农户+村集体+社会资本”模式，实现了社会资本与闲置宅基地的有效对接。

由村集体摸底村民流转意愿并搭建合作平台，并见证农户与公司的合作协议，可降低交易成本，保障合作双方权益。“农户+村集体+新农人”模式，相较于公司等外来主体，新农人乡土情结更深厚，也更容易被熟人社会接受和信任。同时，新农人善于“跳出农业发展农业、跳出农村建设农村”，把新技术、新模式、新理念带回家乡，对推动乡村转型发展具有积极作用。片区联动盘活模式，打破了集体经济发展单打独斗的传统思维，实现片区内多个集体经济组织的有序分工和联动发展。相邻两村地理位置邻近、文化民俗相似的特点，可探索区域内共同发展路径。

闲置宅基地的利用必须在农户利益、市场主体、集体利益和国家利益之间寻求平衡，根据各地的生产力实际水平、经济发展条件，因地制宜、循序渐进地推进。首先，建立利益联结机制。构建农民、社会资本、新农人、集体和国家的利益联结机制，实现多方主体利益共赢，满足多方主体利益诉求。对农户要确定合理补偿标准，制订差异化的补偿方案，谨防农户后续的生存风险；对社会资本和新农人既要鼓励扶持盘活闲置宅基地，又要规范经营范围和内容，防范各种风险；农村集体经济组织要提升村级班子队伍素质以及管理能力。政府组织可以利用绩效考核、部门任务等政策管理工具来提升政府行政内部效率，改善闲置资源利用的外部效率。其次，建立协商共治机制。激发农户参与闲置宅基地利用的内生动力，需要提升农户的乡村治理参与度，实现农户与集体经济组织协商共治。最后，建立收益共享机制。有效利用闲置宅基地从一定意义上可以缓解乡村产业发展的用地紧缺问题，而产业发展也可以反过来填补盘活闲置宅基地的资金缺口。资源与产业共建共享，可以通过产业集聚农村隐性资源，以流动的资源要素激发乡村内生“造血”功能，最终打通产业显化资源价值的渠道。

2. 探索多元化经营方式，通过整合提升资源盘活

各地资源禀赋、环境条件、历史传承和文化内涵各异，选择适合本地实际的农村闲置宅基地的盘活利用方式，把资源、文化和生态优势转变成经济和发展优势，才能探索出独具特色的可持续发展道路。

农户自主利用，首先是自营，在当地政府的引导扶持下，农户自行出资将自有闲置宅基地进行改造升级，自主经营民宿、农家乐等业态。其次是直

接出租，农户将闲置房屋出租给民宿投资者、养老自住者、回乡定居者、返乡创业人员或投资经营企业。最后是合作开发，农户与经营主体签订合同（协议），且在经村集体经济组织备案后，将自有闲置住宅入股或出租，由经营主体负责开发运营，农户获得分红或租金收益。

村集体经济组织可以采取作价回购、统一租赁、农户委托、农户入股合作等多种方式集中整合本村闲置宅基地，以便统一盘活利用。作价回购，是拥有闲置宅基地的农户，可与村集体经济组织协商，由村集体经济组织回购闲置宅基地（住宅）资源归村集体经济组织所有。统一租赁是指农户可以将闲置住宅租赁给村集体经济组织，按合同收取租金，租赁期限不得超过法定期限。农户委托，是农户可签订《村民闲置住宅经营管理授权委托书》将闲置住宅授权委托给村集体经济组织统一管理经营、出租、入股、招商合作，村集体经济组织可以收取一定的管理费用。入股合作是农户可以将闲置住宅一定年限的使用权作价，以契约方式入股村集体经济组织成立的公司或运营项目，协商确定分红比例。

村集体经济组织通过统一经营、出租、入股、合作等多种方式发展乡村旅游、文化体验、康养服务等乡村新产业新业态，达到盘活利用闲置宅基地资源。统一经营是指有条件的村集体经济组织可以选择适合本村特点的产业，聘请乡村运营人才，利用集中整合的闲置宅基地和闲置住宅开发经营。出租是指村集体经济组织可以将集中整合的闲置住宅统一对外出租，按合同收取租金，租赁期限不得超过法定期限。入股是指村集体经济组织可以将集中整合的闲置住宅作价入股相关经营主体，获取稳定收益和分红。合作是村集体经济组织可以将集中整合的闲置宅基地和闲置住宅与投资者合作开发，本着合作共赢的原则协商确定收入分配比例。

### 3. 发展多元化乡村业态，畅通闲置宅基地盘活通道

充分利用闲置农房等资源，结合优势特色农业资源，大力发展休闲农业、乡村旅游、农家乐、民宿、农耕文化、农事体验、科普教育、电子商务、寄递物流等新产业新业态，拓展农产品冷藏、保鲜、烘干、仓储、分拣、分级、包装和手工编织、酿造腌制等初加工产业。鼓励村集体经济组织利用从农户集中整合的闲置宅基地和闲置住宅，通过统一经营、出租、入股、合作等多

种方式发展乡村旅游、文化体验、康养服务等乡村新产业新业态。突出乡村产业特色，依托美丽宜居村庄、美丽休闲乡村建设，整合资源创建民宿（农家乐）集中村、乡村旅游目的地、乡村创客中心等盘活利用样板。

探索“民宿+”新业态，将民宿产业与餐饮美食、休闲旅游、电商文创等多元业态有机融合，打造独具特色的乡村休闲产业链。搭建农企合作展销平台，鼓励引导当地农户将自产的优质农副产品在展销平台上销售。同时雇用本地居民参与项目管理，实现利益共享。

挖掘乡村文化新元素，发展民俗型、休闲型、科普型等主题体验项目，将农耕文化与研学教育有机融合，带动“文化体验型经济”，赋予乡村可持续发展动能。利用农村闲置宅基地和闲置住宅开办健康养生基地、养老院、老年公寓、农村社会福利服务中心等养老服务机构，完善医疗、健身等配套设施，发展乡村“银发经济”。鼓励引导非本地人士到乡村居家养老。

发展乡村特色产业。立足乡村特色资源，支持利用农村闲置宅基地和闲置住宅发展休闲农业和乡土产业。支持各类人才来乡村创业就业，开展创意办公、电子商务和技术指导、创业服务。

## 二、建立健全政策制度

政策制度不明晰会导致在闲置宅基地盘活利用的过程中没有目标方向，各地在盘活利用乡村闲置宅基地过程中各自为政，形成杂乱无章的局面。因此要紧紧围绕各地发展实际，建立切实可行的闲散资源利用政策制度，指导乡村闲置宅基地盘活利用工作。

### （一）完善顶层设计，以高质量规划推动闲置宅基地盘活

在习近平新时代中国特色社会主义思想的指引下，认真贯彻习近平总书记对集约节约用地工作、耕地保护工作和农村工作的重要指示，以提高资源利用效率、乡村振兴、精准帮扶、产业发展为目标，加大对盘活利用工作的宣传力度，创新宣传方式，运用互联网等新媒体，向公众宣传农村闲散资源利用的相关政策，开展社区讲堂，多角度、全方位地宣传盘活利用农村闲置资源的重要意义，增强相关单位、个人以及农村集体和农民盘活利用闲置资源的意识，动员和引导全社会支持和参与农村闲置资源的活化和利用。

在法律法规上制定统一的闲置宅基地认定标准，包含闲置起算时间、有效计算时长、责任主体和责任范围等标准，明确闲置处罚的责任认定标准。制定地方性的《闲置宅基地处置办法》，村民、村民集体及政府要依法处理闲置宅基地，情节严重的予以约谈、现金处罚、媒体曝光。防范资本下乡的种种风险，应做好资本从入驻乡村领域，到经营、退出的全过程监管，注重强化对违规企业的管制和惩处，建立弹性的退出机制。

闲置宅基地利用要充分衔接区域的长远发展重大政策规划，坚持统筹规划、协调推进，将后期的盘活利用全部纳入规划调整方案中，统一编制方案，一并完成多个方面的工作。要鼓励村民全方位、全流程参与规划方案编制，培养村民自治、内生的发展建设体系。按照总体稳定、应保尽保、量质并重的要求，对已存在的农村闲散资源进行科学合理的论证分析，将有限的闲散资源从时间和空间的角度进行合理的分配利用，以期达到全面稳定盘活的目的。

### （二）加强跟踪管理，科学、动态监测闲置宅基地

调查摸底，建立台账。各地基层政府应该组织开展乡村闲置宅基地的调查，掌握其位置、面积、用途、产权等基本信息，建立当地闲置宅基地数据信息平台。并根据调查结果，在所辖区域的具体情况下划定其使用范围，并建立相应的管理制度和管理办法，为今后的管理工作提供科学的指导。引入监管机构，成立由政府相关部门成员、村集体代表、专家等组成的评估小组，明确监督职责及控制权等，全面落实闲置宅基地盘活开发的责任制度，积极推进闲置宅基地利用状况的年度更新评估，对乡村核心开发区域重点调查。

推行闲置宅基地利用验收机制，即使用人在获得闲置宅基地使用权后，需要及时完成对闲置宅基地的开发利用，按照规定的开发强度、用途及投资规模等要求完成建设，通过验收以后才可以继续运营使用。若企业没有达到指标，有明显的、超过标准的闲置宅基地未开发，则需说明原因。由主观原因造成的闲置，责令其在规定时间内完成建设，坚决遏制圈地、囤地、违约烂尾等恶性行为。

在闲置宅基地数据信息平台中加入动态监测功能，动态监测闲置宅基地数据情况，及时响应反馈机制。建立闲置宅基地盘活动态监测数据库，登记

确认闲置宅基地的基本信息，同时利用遥感技术、空间监测技术等对登记在库的闲置宅基地实施动态监测，并进行科学的定性、定量分析。创建闲置预警和快速反应机制，对于平台分析结果为低效使用、消极闲置的资源，按实际情况予以警示、责令整改。此外，数据库记录在案的储备土地过多或有其他不良开发行为的企业，应将其列入“黑名单”，该名单内的企业将无法再参与乡村建设合作。

### （三）活化利用手段，做到劣进优出

乡村闲置宅基地的属性决定了其整体质量偏低，但是其改善利用空间具有较大的可塑性。根据乡村闲置宅基地的空间位置、可利用等级信息，将所有闲置宅基地通过科学合理的方式进行重新规划和性质改良，保证农业生产和农民生活环境质量的优化和提升。首先，在乡村管理层面，成立闲置宅基地利用小组，对涉及闲置的资源采取行动，同时可联合政府部门、规划专家、媒体、村民等创立“闲置宅基地盘活更新项目”，广泛听取各方意见和建议。此外，还可以颁布闲置盘活更新的模式手册，制定各类资源的活化建议，详细说明可持续再利用资源的要点。其次，在具体操作层面，根据闲置宅基地的自身条件，在保留原有高价值特性的同时，对已经退化或者荒废的功能进行转型改变，力求最大限度地挖掘资源的再生潜力与价值。借鉴各地先进闲置宅基地盘活利用经验，赋予闲置宅基地新的功能和价值。最后，建立完善的农村闲散资源盘活利用信息公开制度，及时公示闲置宅基地的利用情况，增加其活化和使用的透明度，让广大群众对闲置宅基地盘活利用起到监督作用。

## 三、保障措施

### （一）组织保障

加强闲置宅基地盘活利用组织管理，建立共同推进工作机制。成立不同层级的闲置宅基地盘活利用工作领导小组，建立统一领导与协调机制，加强对乡村闲置宅基地盘活利用工作的组织领导，统筹推进各项工作，保障盘活利用工作的顺利实施。建立政府主导、自然资源搭台、部门合作、公众参与的工作机制，落实乡村闲置宅基地盘活利用的共同责任。各级政府要强化组织和领导，发挥统筹规划、统筹资金和整体推进的作用；自然资源主管部门

应积极构建信息共享平台，各有关部门应积极参与，协调联动；要尊重基层群众的主体性，广泛听取基层组织、农民的声音。为乡村闲置宅基地盘活流转供求双方提供信息发布、流转交易、交易见证、合同签署等服务。

### （二）人才保障

地方政府可以制定支持政策，积极鼓励一些技术人才、高等教育人才、乡村振兴人才、返乡创业青年、企业家以及优秀退役军人等落户农村，回乡发展。吸引人才留在农村、建设农村，积极参与到闲置宅基地盘活、闲置宅基地的流转和管理工作中来。拓宽村集体成员学习有关闲置宅基地管理内容方面的途径，鼓励村干部和农户积极参加农村资源相关改革政策的研讨会、宣传和培训等活动，提高村集体对闲置宅基地盘活利用的效率。

鼓励各地引进农村职业经理人，建立年度考核激励机制，以专业化策略为抓手，以市场化经营为手段，帮助村集体（村属企业）品牌化开发运营闲置宅基地和闲置住宅资源，发展壮大村级集体经济。农村职业经理人年度考核激励由各村根据实际运营需求设定，与经营业绩直接挂钩，符合乡村振兴人才扶持政策的，可按要求申报相关补贴等。

### （三）资金保障

建立健全农村金融服务体系，提供小额贷款、信用担保等金融支持，帮助农民开展农村经济活动。各级政府要加大投入力度，统筹安排土地出让收益、城乡建设用地增减挂钩节余指标和耕地占补平衡指标有偿调剂所得收益等，用于乡村闲置宅基地盘活利用项目。有序推进集体资产股份抵押、担保贷款。鼓励市场化运作，引导国有企业、社会资本参与乡村闲置宅基地盘活。动员村集体、村民合作社、农户参与本村和个人的闲置宅基地盘活利用。

有效整合盘活利用资金，充分发挥综合效益。确保农用地流转环节资金的主要来源，必须收好、用好、管好。应构建政府主导、多元投入、高效整合的资金筹集和管理体制，采用不改变预算和用途的方式，将投入资金进行打包，集中用于乡村闲置宅基地整治项目，以实现最大化的整体效益。同时，建立完善的资源盘活资金管理体系，确保资金及时到位、合理使用，并有效监督。

防范资本下乡的种种风险，应做好资本从入驻乡村领域到经营、退出的全过程监管，包括资本的准入门槛、过程监督和事后救济的机制建立。在健全准入机制方面，首先，建立严格的资质审查体系，可借助第三方评估机构对企业的性质、信用、资金、经营状况、盈利能力等条件进行审核，同时要求企业提供项目可行性报告、风险评估报告等。其次，可以根据各地发展方向和条件的现实情况，制定工商资本下乡的正面清单、准入门槛，限制入驻资本的门类，严格规范资本的投资方向，从而引导其进入合适的投资领域。

在企业经营方面，强调创建资本运作的全程监管机制，建立包含第三方及村民群体的监管体系，对资本项目开发的全流程进行动态反馈，包含项目资金运转情况、土地流转的形式及用途与规划预期的对标情况等，防止资金链断裂、圈地、囤地、项目开发篡改、搁置等不良行为发生。

### （四）宣传保障

宣传和执行力度不够会导致乡村闲置宅基地盘活或利用工作执行缓慢。因此，需加强政策宣传，加大执行力度。政府和农村组织必须充分了解相关政策和制度，并发挥基层政府组织的引导作用。一是各级政府必须加强和引入新的政治宣传形式，提高宣传效率，增强村民的思想意识，改变村民的传统思维方式。通过使用公众号、互联网、融媒体平台等各种渠道，以多元化、多样性的宣传手段全方面、大范围地介绍乡村闲置宅基地盘活利用相关政策，让政策宣传更受欢迎、更接地气。二是有关部门的工作人员到基层调查家庭农户的实际情况，上门走访为农民提供宣传讲解服务，提高农民的法律意识，有效激发农民的活跃性，增强农民盘活乡村闲置宅基地的主动性和创造力。三是充分发挥村集体的领导作用，做好宣传工作，让村集体所有成员都积极参与乡村闲置宅基地的盘活管理。要提高广大村民对政策和规章制度的认知水平，鼓励农户充分利用自身的智慧与能力，集思广益对乡村闲置宅基地利用提出意见和建议，提高参与程度和参与的积极性。

第五章

# 北京市与云南省农村集体经济发展对比研究

# 第一节　农村集体经济概述及发展现状

## 一、农村集体经济与新型农村集体经济的含义和特点

### （一）我国农村集体经济的含义与特点

20 世纪 50 年代，我国在城市建立了城镇集体经济，在农村建立了人民公社，两者均为典型的集体经济。80 年代后，城镇集体经济消亡，农村也进行了改革，形成了以家庭承包经营为基础、统分结合的双层经营体制，该体制也属于集体经济，因为实现家庭承包责任制后的农户并未脱离集体，他们只是获得了土地的承包权，和集体保持承包关系。1983 年初中共中央发布《当前农村经济政策的若干问题》指出：家庭经营的优势是给了农户自主配置资源的权利，解决了农业生产中劳动贡献度量的难题，因此能较大程度地激发农户生产的潜能，是与当时以手工劳动为主的农产生产特点相适应的；集体统一经营的优势是解决一家一户难以承担的事务，如机械化耕作、农田水利建设、病虫害防治等，更能适应以后生产力水平高的农业现代化需要。改革开放以来，作为农村集体经济的经营形式之一的家庭承包经营制能够适应农村生产力发展的阶段特点，具有旺盛的生命力，对农村解决温饱、实现农业现代化和奔向全面小康社会起着十分重要的作用。

20 世纪 90 年代末期，随着大量农民工进城打工，农村劳动力流失和土地荒芜的现象严重，这直接影响了农村家庭承包经营制度的根基。自党的十九大提出乡村振兴战略后，农村集体经济的重要地位凸显，以往在双层经营体制中家庭承包经营占主导地位的结构需求发生变化。在稳定和巩固家庭承包经营制，完善和发展农村双层经营体制的前提下，不断挖掘集体经济发展潜

力，从而寻找新的集体经济增长点的重要举措。

从人民公社到家庭联产承包责任制，再到新时期发展壮大农村集体经济，这些形式都属于我国农村集体经济发展的不同阶段，到底什么是农村集体经济呢？根据国务院 2016 年 12 月出台的《关于稳步推进农村集体产权制度改革的意见》，农村集体经济“是集体成员利用集体所有的资源要素，通过合作与联合的方式实现共同发展的一种经济形态，是社会主义公有制经济的重要形式”。也就是说，农村集体经济是由村、组集体开展或兴办，以村、组成员集体所有制为基础的生产经营活动。

农村集体经济主要有三个特点：一是集体所有。始终坚持集体所有，是农村集体经济的典型特征，生产资料是否归集体所有，也是农村集体经济与合作经济的重要区别。二是主体联合。集体成员之间的合作、联合与共同发展，是农村集体经济的又一主要特点，这也是其与个体经济的根本区别所在。三是形式多样。自新中国成立以来，伴随农村经济社会的不断发展变化，农村集体经济的内容和形式也越发丰富，并不只限于一种形式，而是包含了生产、经营、组织和分配等多种形式。

### （二）新型农村集体经济的含义与特点

新型农村集体经济是指按照归属清晰、权责明确、保护严格、流转顺畅的现代产权制度要求，以成员自愿合作与联合为原则，通过劳动者的劳动联合或劳动者的资本联合来实现共同发展的一种经济组织形态。《中华人民共和国宪法》第八条规定：“农村中的生产、供销、信用、消费等各种形式的合作经济，是社会主义劳动群众集体所有制经济。”因此，从广义上讲，集体经济是各种形式合作经济的统称，是“若干分散的个体通过联合与合作实现共同发展的经济组织形态，既可以是生产资料集体所有制为基础的组织方式，也可以是在产权清晰基础上的组织方式，即劳动者个人以资产入股形成的合作制或股份合作制形式”。从狭义上看，集体经济是传统的、只承认劳动者劳动联合而否认劳动者资本联合和个人产权的、实行生产资料集体所有的社区性公有制经济。

与传统农村集体经济相比，新型农村集体经济具有三个突出特点：第一，新型农村集体经济组织是独立的市场主体，具有公平参与市场竞争的权利。

第二，在新型农村集体经济组织中，农村集体资产实现从“共同共有”到“按份共有”的转变，集体资产权能清晰，资产权益能够合法流转，农民的财产权益得到更好的实现和维护。第三，新型农村集体经济不仅包括劳动者的劳动联合，还包括劳动与资本、技术、管理等要素的联合。

### （三）中国农村集体经济的实施主体

农村集体经济生产经营活动要得以有效实现，就必须借助有效率的集体经济组织，也就是说，农村集体经济的发展与壮大在法律上最终要通过一定的主体（农村集体经济组织）得以实现。因此，作为农村集体所有权的行使主体，农村集体经济组织与农村集体之间形成了法定的信托关系。中共中央、国务院出台的《关于稳步推进农村集体产权制度改革的意见》更是明确指出：“在清产核资基础上，把农村集体资产的所有权确权到不同层级的农村集体经济组织成员集体，并依法由农村集体经济组织代表集体行使所有权。”所以，以经济合作社等为组织形式的农村集体经济组织是现阶段中国农村集体经济的实施主体。实际上，在市场化改革进程中，农村集体经济发展壮大的障碍根源于其实施主体发展壮大中存在的问题。例如，自家庭联产承包责任制普及以来，中国绝大多数村庄要么把农民集体所有的土地等资源性资产承包给农户，要么把农民集体用于经营的建筑物等经营性资产折价给农户，从而造成农村集体经济组织统一经营的物质基础不够充分，市场竞争力普遍不足，进而影响农村集体经济的发展壮大。

## 二、农村集体经济发展的历史沿革

改革开放以来，中国政府的农村改革以实行家庭承包制为出发点，采取渐进、增量的方式推进，遵循“帕累托改进”（Pareto Improvement）或“卡尔多—希克斯改进”（Kaldor-Hicks Efficiency）原则的改革路线，使得农业、农村、农民在长达 40 多年的时间里既为自己赢得越来越有利的政策谈判地位，也为举世瞩目的中国经济增长做出巨大贡献。这条解放生产要素、完善激励机制的改革路线，充分贯穿了 1978 年以来特别是近年来农村集体经济发展的历史进程。

### （一）家庭联产承包责任制在全国推开阶段（1978—1984 年）

这一阶段集体土地承包到户的经营性集体土地较少，原先分割严重的城乡关系也开始逐渐松动，逐步明确了以家庭承包经营为基础、统分结合的双层经营体制，以家庭承包经营为主，农村集体统一经营，主要是为农户提供服务。在这一阶段，针对人民公社时期集体经济出现的各种问题，党中央果断决策，推行家庭联产承包责任制，极大地激发了广大农民的生产积极性，农业生产效率大幅提高，粮食产量激增。农村家庭联产承包责任制得到迅速推广，到 1983 年底，全国农村基本实现了以家庭承包经营为基础、统分结合的双层经营体制。到 1984 年，中央将土地承包期规定为 15 年不变。

### （二）乡镇企业集体经济飞速发展阶段（1985—2001 年）

这一阶段经营性集体土地开始增多，集体资产流失和土地问题开始突出；“土地剪刀差”严重，城市成为发展重点，城乡差距不断扩大；农业集体经济衰落，乡镇企业集体经济异军突起，村集体和乡镇集体广泛举办乡镇企业。

### （三）集体土地所有制背景下的土地股份合作化探索（2002—2012 年）

此阶段规模化经营的发展促使开始出现土地股份合作化，集体经营性土地发展模式多样化；统筹城乡发展被上升为国家战略，新农村建设在全国展开。加入世界贸易组织（WTO）后，集体经济市场化、多元化全面发展；沿海地区和城郊地区集体经济获得发展，社区合作经济组织也得到广泛发展。

### （四）盘活集体土地的再探索（2013 年至今）

经营性集体土地入市进入试点推广阶段，发达地区的乡镇政府开始深度介入集体土地的经营，非经济发达地区借助乡村振兴和农村扶贫进入盘活集体土地阶段；在全面建成小康社会的战略目标指引下，中国城乡关系持续好转。党的十九大提出实施乡村振兴战略，依托“三权分置”改革全面探索集体经济实现方式，针对集体经营性资产成立股份合作经济组织。

按照“扩面、提速、集成”的改革需求，中国政府加大了壮大农村集体经济的资金支持与政策帮扶力度。2014—2020 年，中央“一号文件”连续 7 年聚焦农村集体经济，明确提出做强农村集体经济，拓宽发展道路。继党的十七届三中全会和十八届三中全会强调发展和加强集体经济之后，2017 年 10

月召开的中国共产党第十九次全国代表大会再次强调要通过深化集体产权制度改革来加强农村集体经济。2017 年和 2018 年，中央农村工作会议连续两年提出，要建立以市场为导向的经济运行方式，壮大农村集体经济。2019 年 6 月，中共中央办公厅、国务院办公厅印发《关于加强和改进乡村治理的指导意见》，明确提出要“发展壮大村级集体经济”。2019 年 12 月召开的中央农村工作会议和 2020 年中央“一号文件”是发展农村集体经济的关键环节，即把“全面推进农村集体产权制度改革试点”作为现阶段农村改革的重点任务之一。总之，近年来，“加强农村集体经济”得到了中央一系列相关重要文件的认可，受到了中央政府的关注。

## 三、我国新型农村集体经济发展现状

2017 年，根据 2016 年 12 月《中共中央、国务院关于稳步推进农村集体产权制度改革的意见》要求，中央农办、农业部（现为农业农村部）组织开展了全国农村集体资产清产核资工作。经过 3 年，2019 年底基本完成全国清产核资工作。到 2019 年底，全国拥有农村集体资产的 5695 个乡镇、60.2 万个村、238.5 万个组，共计 299.2 万家单位完成了在线数据报送。全国农村集体家底基本摸清，显示出以下特点。

### （一）资产总量庞大，非经营性固定资产占比高

全国共有集体土地总面积 65.5 亿亩，账面资产 6.5 万亿元，其中经营性资产 3.1 万亿元，占 47.4%。非经营性资产 3.4 万亿元，占 52.6%。经营性资产是集体经济收入的主要来源，3.1 万亿元集体经营性资产的 2/3 是用于教育、科技、文化、卫生等公共服务的非经营性固定资产，预期可带来收益的厂房、商铺、机器设备等经营性固定资产大概 1 万亿元。未承包到户的耕地、园地、林地、草地等集体土地资源共有 15.5 亿亩，其中，有 36%对外出租经营或投资入股到新型经营主体。

### （二）资产分布地域不均衡，村庄间差距大

从地域分布看，农村集体资产大体呈“6、2、2”分布格局，东部地区资产为 4.2 万亿元，占总资产的 64.7%，中部和西部地区资产大体相同，分别占总资产的 17.7%、17.6%。村庄之间资产分布还不均衡，有超过 3/4 的资产

集中在14%的村。从资产经营收益看，有10.4%的村收益在50万元以上，主要集中在城中村、城郊村和资源丰富的村庄。村级资产4.9万亿元，占总资产的75.7%，村均816.4万元；乡镇、组级资产总额分别为0.7万亿元和0.9万亿元，分别占比11.2%和13.1%。近年来，新型农村集体经济发展取得了初步成效。从全国情况看，农村集体资产总量持续增加，截至2021年底，全国农村集体资产总额达到8.22万亿元，与2020年相比增长6.7%。78%的集体资产主要集中在村级，村均超过1100万元。村集体收入平稳增长，2021年全国村集体经济组织总收入6684.9亿元，村均122.2万元，与2020年相比增长5.8%。经营收益5万元以上的村32.4万个，占总村数的59.2%。村集体经济组织收益中，经营收入2409.3亿元，发包及上缴收入861.1亿元，投资收益2941.8亿元。

中国农村集体经济总体上呈现持续增长态势，但地区发展不平衡依然显著。北京市、上海市、广东省、浙江省始终位于前4名。东部地区集体经济发展水平最高且增长幅度最大，其次是中部地区，再次是东北地区，西部地区发展最落后且增长幅度最小。东北三省发展差异明显，辽宁省和黑龙江省仍然处于第二梯队，吉林省由第三梯队降至第四梯队。另外，安徽省、四川省、陕西省等部分中西部地区省份排名大幅跃升。但是，目前新型农村集体经济在发展中存在内生动力不足等问题。

### （三）农村集体经济发展形式多样

发展新型农村集体经济是发展社会主义公有制经济的必然要求，是实现共同富裕的重要途径，也是巩固党在农村执政基础的重要保障。习近平总书记在党的二十大报告中作了“巩固和完善农村基本经营制度，发展新型农村集体经济”的重大部署，为新时期农村经济社会发展指明了前进方向，提供了根本遵循。2023年中央“一号文件”提出，“巩固提升农村集体产权制度改革成果，构建产权关系明晰、治理架构科学、经营方式稳健、收益分配合理的运行机制，探索资源发包、物业出租、居间服务、资产参股等多样化途径发展新型农村集体经济”。随着农村集体产权制度改革的推进与新型农村集体经济组织制度的建设，多样化途径发展新型农村集体经济尤为迫切。

## 四、新型农村集体经济发展研究综述

### （一）新型农村集体经济的内涵特征研究

国家部分负责人和学者从不同角度指明或论述了新型农村集体经济，虽然角度和说法不同，但大都强调了其经营性的内涵特征。所谓新型农村集体经济，是指在农村地域范围内，以农民为主体，相关利益方通过联合与合作，形成的具有明晰的产权关系、清晰的成员边界、合理的治理机制和利益分享机制，实行平等协商、民主管理、利益共享的经济形态。中央农办主任、农业农村部部长唐仁健表示，“新型农村集体经济”就是产权关系明晰、治理架构科学、经营方式稳健、收益分配合理；而发展新型农村集体经济则有四条途径：资源发包、物业出租、居间服务、资产参股。朱有志和肖卫（2010）认为，新型农村集体经济本质上还是农村集体经济，是指在以家庭联产承包经营为基础的统分结合的双层经营体制下，作为市场经济主体的农民在自愿互利的原则下组织起来，基本生产资料共有或按股份所有，生产与交换过程中实行某种程度的合作经营，分配制度上实行按劳分配和按生产要素分配相结合的所有制经济。新型农村集体经济的产权结构是清晰的，治理结构是科学的，经营方式是多样的，体制机制是以市场为基础的。苑鹏和刘同山（2016）将新型农村集体经济的特征总结为所有权关系明晰化、所有者成员主体清晰化、组织治理民主化、分配制度灵活化。张弛（2020）以马克思主义政治经济学为研究视域，指出新型农村集体经济的本质为土地集体所有制的再合作与再组织，核心特征是适应社会主义市场经济体制。高鸣等（2021）认为，改革开放以后，部分地区或以乡镇企业为组织形式发展农村集体经济，或以集体产权制度改革为核心推动农村经营模式调整，最终建构起“以家庭承包经营为基础、统分结合的双层经营体制”的新型农村集体经济。赵意焕（2021）指出由于我国仍处于社会主义初级阶段，家庭承包经营、各类合作社、新型集体经济、传统集体经济等经营方式并存，是乡村振兴战略实施过程中农村经济的主要特征。新型集体经济是在我国土地流转政策支持下，为了适应市场经济和实现共同富裕目标的需要，通过资源变资产、资金变股金、农民变股民的方式，通过土地流转和集体资产清理等途径形成的资源或资产可供本村集体支配和经营的集体经济组织。江宇（2022）将新型农村集体经济定义为一定范围的劳动者共同占有生产资料并联合开展生产、经营、分配的公有制经济形态，党组织在其发展壮大中发挥领导作用。

## （二）发展新型农村集体经济的意义研究

王曙光等（2019）使用多个省市的面板数据，从公共产品供给、民主机制和公共决策等六个方面验证了农村集体经济的组织化减贫扶贫效果。张红宇等（2020）强调，农村集体产权制度改革以发展农村集体经济、引领农民逐步实现共同富裕为根本目的。丁波（2020）指出，农村集体经济有利于改变村级组织治理弱化的现状，通过治理权威形塑、治理资源强化和治理形式多样，增强治理主体的治理能力，促进村民自治在广度和深度方面发展，从而实现乡村治理体系和治理能力现代化。李文钢等（2020）审视新型农村集体经济的社区性特征及其社会经济发展成效，强调村落共同体重建应当以新型农村集体经济为基础。崔超（2021）指出，发展新型农村集体经济在乡村振兴中发挥着巩固脱贫攻坚成果、推动农业现代化转型、实现共同富裕等重要作用。发展新型农村集体经济有利于稳定土地承包关系、强化村级集体经济组织建设，为乡村振兴提供长效保障机制（郭文力等，2021）。衡霞（2021）指出，壮大新型农村集体经济有助于在促进乡村经济发展的同时，与乡村治理在资源、关系、认知等方面实现互嵌，从而推动乡村治理现代化进程。发展壮大村级集体经济已涉及党在农村的执政地位和执政基础，陈义媛（2021）基于烟台市案例发现借助村干部领导与党员的示范作用有利于增强村民归属感、强化村集体行动力、激发基层党建发展动力。李人庆等（2022）剖析了农村集体经济与共同富裕的内在逻辑，指出农村集体经济对增收致富、村庄建设、村民服务与乡风文明作用显著。丁忠兵等（2022）基于相关数据的统计分析，发现农村集体经济发展对增加农民收入、缩小城乡收入差距有超1%的直接贡献。李宁等（2022）指出，新型农村集体经济赋能农民农村共同富裕的路径机制包括保障个体农户独立进入市场、依托农村市场化与规模经济、促进集体经济和个体经济有机融合。马良灿（2021）、徐世江等（2022）构建了交互嵌入分析框架，阐释了新型农村集体经济在保持相对独立性的同时推动乡村治理同向发展的社会过程。

### （三）新型农村集体经济发展模式研究

众多学者以不同的角度和划分标准，将新型农村集体经济划分为不同的类型。苑鹏等（2016）从“三资”的开发和利用方式出发，发现新型集体经济主要有产业发展型、为农服务型、资产租赁型、资源开发型等几种发展路径，其实现形式包括村集体统一经营、土地股份合作制、成员股份合作制、联合社会资本的混合所有制等。孔祥智等（2017）瞄准农村集体经济的多样化发展态势，以资源条件的利用方式总结了工业化、后发优势、集腋成裘三种发展模式。丁波（2020）通过对皖南多个村庄的实地调研，结合农村集体经济的演进逻辑，提出农村集体经济的三种类型，即外生型、合作型和内生型。李平昊等（2021）以资源利用、产业发展以及合作方式为划分依据，指出当前北京市农村集体经济发展存在资源整合利用型、一二三产业融合型、旅游产业开发型、村企或村社合作型、农业综合开发型等模式。刘浩等（2021）通过定性比较分析，从发展路径特征总结得出新型农村集体经济的发展模式有市场导向型、产业发展型、资源开发型和生产服务型四种。屠霁霞（2021）从合作方式与扶持方式视角考量，认为浙江省新型农村集体经济的发展经验为村村联合、村企联合、山海协作、单位包村等“抱团”发展模式。叶敏（2021）以上海市 F 区的政策经验为例，分析城乡经济的互嵌与融合，发现主要有“飞地型”集体经济、配套型集体经济和文旅型集体经济等新型发展模式。余丽娟（2021）在“市场性”的核心特征下，提炼出政府扶持型、组织引领型、市场激励型等实践模式。王立胜等（2021）认为，从始发状态来看，新型农村集体经济可分为原发性和继发性两类；从经营方式上看，新型农村集体经济主要可以分为全资公司、股份公司、经济合作社等几种形式；从发展的动力机制上讲，新型农村集体经济可以分为自我积累型、城镇化引致型和企业家返乡型；从空间位置来看，可以将新型农村集体经济分为城中村型、城郊村型、乡野村型；从产业类型来看，可以将新型农村集体经济分为农业型、工业型、服务型、六产型。郝文强等（2022）基于浙江省桐乡市的实践，从“抱团”主体与经营方式归纳了自主经营、在地投资、飞地投资与平台经营等“抱团”发展模式。刘晓玲（2022）广泛调研湖南省各村庄，通过对经营方式的不同总结出产业发展型、乡村旅游型、为农服务型和资源开发型等新型农村集体经济发展模式。倪坤晓等（2022）将新型农村集体经济发展的内在逻辑归结为政府强势干预和市场自由运作的动态博弈、内部资产经营方式和外部要素管理机制的有机结合、收益分配与集体积累追求短期利益与长期利益的有效平衡。吴春宝等（2023）通过微观调查数据实证分析发现，在不同的经营与管理方式下，土地流转是当前农村集体经济发展最主要的模式，此外，还有产业带动型、物业租赁型和资源开发型、招商引资型、村办企业型、服务创收型等农村集体经济的发展模式（见表5-1）。

**表5-1　不同学者对新型农村集体经济发展模式的划分标准**

| 划分依据 | 模式 | 作者 |
| --- | --- | --- |
| “三资”的开发和利用方式 | 产业发展型、为农服务型、资产租赁型、资源开发型 | 苑鹏等（2016） |
| 资源条件的利用方式 | 工业化、后发优势、集腋成裘 | 孔祥智等（2017） |
| 演进逻辑 | 外生型、合作型和内生型 | 丁波（2020） |
| 资源利用、产业发展以及合作方式 | 资源整合利用型、一二三产业融合型、旅游产业开发型、村企或村社合作型、农业综合开发型 | 李平昊等（2021） |
| 发展路径特征 | 市场导向型、产业发展型、资源开发型、生产服务型 | 刘浩等（2021） |
| 合作方式、扶持方式 | 村村联合、村企联合、山海协作、单位包村 | 屠霁霞（2021） |
| 经营方式 | “飞地型”集体经济、配套型集体经济、文旅型集体经济 | 叶敏（2021） |
| “市场性”核心特征 | 政府扶持型、组织引领型、市场激励型 | 余丽娟（2021） |
| 始发状态 | 原发性和继发性 | 王立胜等（2021） |
| 经营方式 | 全资公司、股份公司、经济合作社 | |
| 动力机制 | 自我积累型、城镇化引致型、企业家返乡型 | |
| 空间位置 | 城中村型、城郊村型、乡野村型 | |
| 产业类型 | 农业型、工业型、服务型、六产型 | |
| “抱团”主体与经营方式 | 自主经营、在地投资、飞地投资、平台经营 | 郝文强等（2022） |
| 经营方式 | 产业发展型、乡村旅游型、为农服务型、资源开发型 | 刘晓玲（2022） |
| 经营与管理方式 | 土地流转型、产业带动型、物业租赁型、资源开发型、招商引资型、村办企业型、服务创收型 | 吴春宝（2023） |

关于新型农村集体经济发展模式的划分，目前学术界尚无统一的标准。学者们在对新型农村集体经济的发展模式进行划分时，主要从资源的开发利用方式、经营方式、合作方式、“抱团”方式、扶持主体以及发展路径等角度

进行分析总结，以此作为发展模式的划分标准，其中最常见的划分标准是通过经营方式进行划分。国家部分负责人和学者也从不同角度普遍指出或强调了新型农村集体经济经营性的内涵特征和适应市场经济的发展趋势，而且从广义上说，“三资”的开发利用、各种合作方式、“抱团”方式、发展路径以及扶持主体等，也可以用广义的经营内容与概念来包含和解释。集体经济中广义的经营可以包括经营的主体（集体成员：“能人”、村民等）、经营的客体（资源、资产、资金）、经营的方式和内容（合作、“抱团”、开发、利用、租赁、产业发展、市场化等）、经营的环境条件（政府扶持、经济环境、制度条件、企业帮扶等）、经营的载体（公司、合作社等集体经济组织）、经营的空间位置（乡村、城郊、城中村）。此外，新型农村集体经济的发展要想适应社会主义市场经济，其也必须有能适应社会主义市场经济的经营方式、内容和条件等，且政府部门在统计和考察集体经济发展绩效时也多将其经营性收入列为重要指标。因此，我们可以从广义上的经营性特征来总结或划分新型农村集体经济的发展模式。具体可以根据经营性特征将农村集体经济划分或总结为经营性主体特征下的“能人”带动型；经营性客体特征下的资源开发型、资产经营型、资金运营型等；经营性方式和内容特征下的产业发展型、村企合作型、村村“抱团”型、服务创收型、异地置业型、股份合作型、功能区项目带动型、乡村旅游型、村庄经营型、多元发展型等；经营性环境条件特征下的政企帮扶型、政府补助型、项目扶持型等；经营性载体特征下的全资公司型、股份公司型、经济合作社型等；经营性空间位置特征下的乡村型、城郊型、城中村型等。

### （四）新型农村集体经济发展的现实困境与对策方面的研究

#### 1. 现实困境研究

李平昊等（2021）通过研究发现，虽然模式多样，但北京市农村集体经济还存在集体原始资产不足、缺乏劳动力与专业人才、不同区域农村集体经济发展水平差距大等问题。孔祥智等（2017）、李韬等（2021）指出，新型农村集体经济的本质是外部输入的财政资金转化为村集体利润、租金与利息，在发展中还存在集体经济主体缺位、集体经济组织成员权责不清晰、法人治理结构不完善、集体经济缺乏长效发展机制等亟须解决的问题，面临产业选择、土地资源、负债经营、人才匮乏等制约因素。陈秀萍（2022）指出东北地区农村集体经济发展中出现了地缘优势小、乡村产业发展动能不足、村干部积极性不高等问题。吴春宝等（2023）指出，当前村庄创新发展壮大集体经济的主动性逐步增强，集体经济发展的新类型、新模式不断涌现，农村集体经济也呈现逐年增长的态势。但农村集体经济同样面临有效积累不足、资金渠道单一等现实困境，同时地区发展不平衡、不充分的问题仍然存在。

2. 对策研究

黄延信（2015）指出，发展农村集体经济应以农村集体产权制度改革为关键，赋予农村财产性权利，激活农村生产要素潜能，建立农村集体经济运营新机制。李平昊等（2021）认为，需从政府政策支持、农民专业教育、利益联结机制、农村基础设施、农村一二三产业融合等方面着力，加快农村集体经济发展。陆雷等（2021）立足于宏观层面，强调应当夯实农村集体产权制度改革的法律基础，推动特殊的集体经济体制向一般的市场经济体制转变。芦千文等（2022）则认为应当通过农村集体产权制度改革探索建立适应市场经济的集体经济制度基础，创新农村集体经济发展形式，从而有效解决新型农村集体经济发展初期的各种弊病。吴春宝等（2023）提出，在当前新型农村集体经济蓬勃发展的关键时期，村庄主体应充分发挥主动性作用，持续推进农村集体产权制度改革。

## 第二节　我国先行省份新型农村集体经济发展典型模式

本章根据我国沿海一带经济发达省市在农村集体经济发展方面的探索经验，结合农业农村部提出的新型农村集体经济发展方式，对新型农村集体经济发展典型模式进行归纳，采用案例的方式展现这些地区农村集体经济发展的先进经验。

### 一、浙江省农村集体经济发展典型模式

发展村级集体经济是党的十九大提出实施乡村振兴战略的重要内容和重

点任务。近年来，浙江省先后实施了扶持薄弱村发展物业经济、“消薄”三年行动、综改示范试点、扶持村级集体经济发展试点等一系列改革试点工作，取得了一些实效，积累了宝贵经验。通过大力开展“消薄”行动、积极探索村级集体经济有效实现方式等形成了十大发展模式，分别是资源开发型、物业经营型、资产盘活型、资本运营型、基金运作型、村庄经营型、产业发展型、生产服务型、村落建设型和土地股份合作型等。

### （一）资源开发型

霞川村是浙江省衢州市开化县西部的一个村庄，毗邻江西省婺源县江湾镇东头村，凭借土地、山水、田园等特色自然资源，开发增收项目，实现村级集体经济稳定增长。原来的霞川村由于位置偏远、交通不便、地少林茂，村集体无经营性收入，全村70%以上的青壮年外出务工，是十里八乡有名的经济薄弱村。为增强村级集体经济的“造血”功能，霞川村将目光瞄准了村里现有资源——大石龙水电站。积极探索实践多元化发展村级集体经济的有效途径，大石龙水电站建于20世纪70年代，前几年因机器老化故障、承包到期无人维护等关停，2017年大石龙水电站增效扩容技改项目被列入省级扶持村集体经济发展试点，总投资近300万元。经过规范化、专业化的设计建设，大石龙水电站发电机顺利完成改造，发电能力可达320千瓦，于2018年正式投入运行并成功并网发电。通过增效扩容技改的大石龙水电站，每年为村集体带来40万~60万元的稳定收入，使霞川村一举摘掉了集体经济薄弱村的“帽子”。同时，霞川村的水能资源得到充分有效利用，有力改善了当地生态环境和村民生产生活条件，实现了农村水电持续健康发展。

### （二）物业经营型

浙江省缙云县的洪坑桥村通过引导、扶持村集体利用集体所有的非农建设用地或村留用地，兴建标准厂房、专业市场、仓储设施、职工生活服务设施等，采取物业租赁经营等方式增加了村集体收入。洪坑桥村位于缙云县东部，距县城16千米，是溶江乡政府所在地。按照当地习俗，每逢农历“一”“六”是溶江乡的集市，由于无固定经营场所，集市时马路沿边摆满摊位，被称为“马路市场”。至今，“马路市场”已存在30多年，交通安全、环境污染问题日益凸显，每年需花费维护成本近10万元。为彻底取缔以路代市、占道经营的“马路市场”，溶江乡政府、村“两委”积极谋划洪坑桥村农贸市场迁建工程，按照缙云县南乡最大农贸市场、茶叶交易中心的目标定位，安排建设用地 8 亩，新建一个停车场、摊位、公厕、水电等基础设施完备的农贸市场。项目总投资 180 万元，其中省级扶持村级集体经济试点资金 128 万元，地方财政资金 10 万元，村级自筹 42 万元。经过溶江乡政府、村“两委”和当地村民的共同努力，2018 年，历时 5 个月的新农贸市场顺利建成并投入使用，共有 200 余名摊位业主入驻新农贸市场，实现村集体经营性收入近 28 万元。此外，通过收取集市临时摊位租金、茶叶交易场地租金、夜宵摊租金等方式，新农贸市场为洪坑桥村村集体经济输入了源源不断的新鲜“血液”。

### （三）资产盘活型

浙江省东阳市六石街道张麻车小区，采取公开拍卖、租赁、承包经营、股份合作等多种方式，对村集体闲置的会堂、厂房、祠堂和废弃学校等设施进行盘活，增加村集体收入。张麻车小区借助周边闲置房屋、厂房、老电影院等资源，委托公司统一管理、统一设计、统一施工，以美化提升村居环境为基础，着力打造独具特色的休闲文化旅游街区。项目总投资 425 万元，其中财政补助 200 万元，村级自筹 225 万元。小区按照“修旧如旧”理念对原有建筑进行修整加固，并在此基础上融入虚实互动 3D 视觉墙绘，将泥墙、赤膊墙和水泥墙装扮成一道道亮丽的风景线，显著提高道路两侧及周边的村居环境和商业品位，提高街区房屋总体租金水平。同时，小区引进专业文创公司，策划打造青年创客社区，发展集娱乐、休闲、办公于一体的轻奢众创社区，助力青年创业创新，实现居民小区和创客社区辐射互动。项目建成后，张麻车小区从一个老旧街区蜕变成为集文化、休闲、创业于一体的优选之地。六石街道张麻车小区文化创客通过游客观光、餐饮、商铺出租、承接影视剧拍摄等方式，实现年营业收入 30 多万元，有力带动第三产业发展，帮助村民就业、增收，小区也多次获得“东阳市五好（示范）农村党支部”“六石街道招商引资先进村”等荣誉称号。

### （四）资本运营型

浙江省金华市婺城区的饮用水水源涵养功能区行政村借助各项资金投入

帮扶，建造产业园，通过向小微企业收取租赁费增加了村集体收入。婺城区西南山区是浙江省内典型的饮用水水源涵养功能区，有5座中型水库，是百万市民的“大水缸”。为更好保护饮用水水源，婺城区政府关停了周边的民宿、农家乐、乡村旅游等经营项目，导致部分村集体“返薄”。饮用水水源涵养功能区行政村便以“飞地”形式参与婺城区村级集体经济产业园项目，推进饮用水水源涵养功能区村级集体“抱团”致富。该项目总投资1.28亿元，其中，国有资本6000万元，村级入股6800万元，涉及参股村85个。为降低经济薄弱村参与项目的融资成本，村级入股的资金中包含省级试点资金1350万元和区财政配套补助1350万元。同时，婺城区政府与当地农商银行联合推出金融“消薄”产品——“乡村振兴·富村贷”，经济薄弱村可按3.625‰的月息享受基准贷款利率，额度最高可达50万元；并且对参与集体经济发展项目的经济薄弱村给予70%的贷款贴息。此外，在产业园主营产业方面，产业园重点发展汽摩配产业，委托第三方运营团队开展厂房出租、小微企业入驻、基础设施维护、消防安全等日常经营管理。园区建成后，可供10个左右汽摩配小微企业入驻，每年可产生租赁收入约1000万元，减除税费、运营成本等必要开支后，85个参股村平均每村每年可获得经营性收入5万元。

### （五）基金运作型

浙江省台州市三门县的经济薄弱村数量多、资源匮乏，主要通过设立基金扶持村集体经济以及异地建造或购置物业等方式来增加村集体收入。为加快经济薄弱村脱困转化，发展壮大村级集体经济，三门县探索推行基金式扶持村级集体经济发展模式，确保村集体获得稳定收益。三门县将省以上财政补助资金1500万元、县级配套资金200万元、村集体自筹资金结合设立基金，由三门县农村综合改革领导小组管理，用于扶持经相关部门确认的经济薄弱村。基金运作主要有两种模式：一是对于目前无自主发展项目的经济薄弱村，经有关部门确定列入三门县村级经济发展有限公司股东的，基金暂存该公司，公司再将资金委贷给县国投公司，国投公司给付的利息收入每年以股东红利方式拨付股东，作为经济薄弱村的经营收入；二是对于列入基金式扶持的经济薄弱村，有较为成熟的发展村集体经济项目的，经有关部门审核同意，可退回其投资款，专项用于项目建设。基金设立6年以来，共取得利息收入近1100万元，支付扶持村分红1025万元，消除了38个无区位优势、无资源优势发展村级集体经济的薄弱村，村集体每年至少有5万元的稳定收入。同时，强有力的资金支持增强了经济薄弱村发展集体经济、积极开辟致富道路的底气。

## （六）村庄经营型

新丰村戴家山自然村是浙江省桐庐县莪山畲族乡的一个偏远小山村，位于海拔600米的高山上，村内环境幽静，大气负氧离子充沛，有千年古树群、万亩竹海和畲族风情，凭借特色自然资源和特色文化，发展休闲旅游业，实现村级集体经济稳定增长。原来的戴家山自然村由于地处偏远，村级集体经济薄弱，村里的青壮年基本外出务工，常住人口多为空巢老人，一度陷入“空心村”困境。为盘活村集体闲置资源，发展村级集体经济，戴家山自然村通过统一收储、统一招商的方式开发经营特色民宿，以1.5亩集体留用地入股，由企业出资新建4幢民宿，村集体固定分红30年、保底300万元，每年可直接增加村级集体收入10万元。为调动企业投资的热情和积极性，村集体还与企业签订了500万元的风险共担协议，明确对不可抗力致使企业遭受损失的，由村企共担风险。此外，村集体还投资建成了村旅游集散中心、民宿住宿服务中心、会议活动场所、停车场等功能区，有偿为戴家山民宿提供配套服务，助力其可持续健康发展。目前，除集体留用地入股每年可保底分红10万元以外，村旅游集散中心、民宿住宿服务中心、会议活动场所等每年可创收50万元左右，为戴家山自然村集体经济注入了新鲜“血液”，使这个沉寂的小山村迸发出全新的生命力。

## （七）产业发展型

湖南省长沙市高桥街道下浦郑村依托省级扶持项目，打造特色农副产品加工示范高地，实现当地米面产业转型升级，增加了村集体收入。全村共有393户1265名村民，村内制作米面已有100多年历史，米面口感爽滑、米香浓郁，销售量占台州市米面市场份额的60%以上。但下浦郑村的米面产业以“低、小、散”加工作坊为主，整体加工程度不高，生产设备及技术落后，品牌、质量效益不强，环境污染问题日益突出。为助推下浦郑村米面产业转型升级，高桥街道依托省级扶持村级集体经济发展项目，通过资源整合、产研结合、农旅融合三股合力打造集生产加工、参观体验与三产融合于一体的特色农副产品加工示范高地。项目按照“一堂一坊一园一区一馆”（文化礼堂、制作工坊、米面公园、体验区、展示馆）的规划，兴建占地1500多平方米的特色米面产业园区，内设10个生产车间，统一配置米面加工设备，建造废水处理设施，全面杜绝米面加工废水入河，保护村庄环境。园区顺利建成后，先后有十余家米面加工作坊入驻，通过共享厂房、设备、水电等，实现米面产业规模化、集约化发展。同时，通过塑造米面生产基地、米面文化展示馆、米面文化节等米面主题文化，推动农旅深度融合，以米面产业发展带动村级集体经济增收。随着下浦郑村米面产业规模化进一步成型，米面文化节等活动吸引游客1.3万人次，新增经济效益400万元，实现了米面产业和村级集体经济的发展振兴。

### （八）生产服务型

浙江省桐乡市梧桐街道的安乐村通过成立劳务专业合作社，建造生产管理用房向合作社出租，合作社采用企业化管理模式，解决了村内卫生和管理问题，增加了村集体收入。安乐村位于城郊接合部，区域面积5.5平方千米，现有农户808户，户籍人口3000余人，新居民约2.3万人，村内房产出租现象十分普遍，大量新居民涌入村中，环境卫生“脏、乱、差”问题较为突出。为了从根本上解决环境卫生和管理问题，安乐村以省财政扶持村级集体经济发展试点工作为契机，成立劳务专业合作社，提供卫生保洁、绿化养护等服务。劳务专业合作社注册资金359万元，村合作社投资71.8万元，占股20%。项目总投资702.8万元，由村合作社建造一幢8间四层楼的生产管理用房，占地面积约600平方米，建筑面积约1800平方米，同时购买相应机械设备，建造配套设施。劳务专业合作社采用企业化管理模式，实行“路长制”与“河长制”包干，明确每位保洁员的责任区域和工作要求，实现村内自我保洁、自我管理。自2018年起，村合作社按市场价格将建好的管理用房租赁给劳务专业合作社，累计收益116.48万元；劳务专业合作社通过承接物业管理、小区道路保洁、绿化养护等服务，实现年创收200万元。如今的安乐村，村居环境干净、整洁、优美，村级集体经济健康持续发展，取得了民生效益和经济效益的双赢。

### （九）村落建设型

浙江省庆元县淤上乡长砻村以历史文化村落、中心村建设为载体，通过保护开发、宅基地整理复垦等途径盘活闲置资源，与企业合作，增加村级集体经济收入。长砻村东接五里根生态自然保护区，四季分明、气候宜人，环境优美，入选省历史文化保护村落重点村。为增加村级集体经济收入，长砻村充分利用闲置农房、闲置土地等资源，通过土地民宿入股、保底分红、集体提成等方式，引导和组织村民合理流转土地、联办产业基地。省财政安排200万元专项补助扶持长砻村村集体经济发展，长砻村将其中的150万元用于修缮民宿，按古村落标准重新规划管理，再承租给公司经营，每年收取15万元租金；剩余的50万元用于向村民流转25亩土地，承租给长砻农业开发有限公司。该公司共流转全村1000多亩土地，与村集体合作发展乡村旅游、现代农业和其他产业，前三年村民按每亩300元收取土地租金，之后每年递增。此外，村民还可在该公司从事蓝莓种植、管理与采摘等工作，最多每年可获得4万余元收入。据统计，项目实施第一年，长砻村村集体经济收入达26.5万元，村民人均可支配收入达1.46万元，较试点前分别增长137%、8%。目前，长砻村共有3幢古村落民宿、床位15张；1个大型蓝莓基地，年产量3万多斤，可为村里创收约15万元。同时，长砻村的多种发展形式为后续持续健康发展提供了动力。

### （十）土地股份合作型

浙江省衢州市的莲花镇通过村集体领办土地股份合作社，推动农业适度规模经营，着力提高劳动生产率和土地产出率，实现土地经营收益最大化，增加了村集体收入。莲花镇作为省级农业特色优势产业强镇，是衢江区的主要粮食生产区之一，其下辖23个行政村，全镇农作物播种面积6.8万亩，土地流转率在50%以上，其扶持的村级集体经济试点项目惠及下辖的10个行政村1.92万人。为实现土地经营收益最大化，村集体成立土地股份合作社，负责土地流转、承包合同签订、股金分配等事宜，农户或村民小组以1亩地/股入股合作社，保底价为500斤稻谷/股·年。合作社获得的土地实际面积超出承包面积部分和整理后溢出面积租金收入、竞标发包的溢价收入除预留40%作为保底基金外，其余60%作为年底股份分红。目前，莲花镇7个村已流转土地 3500 亩以上，村集体根据本村产业发展规划把连片流转的土地承包给本地家庭农场主打造家庭农场集聚村，或承包给外来客商发展现代农业。项目实施后，带动了农业产业发展，有效促进农民增收、集体增收。比如，莲东村将 300 余亩土地外包给玉环市的客商种植白枇杷，村集体年增收 8 万余元，带动 4 户农户种植白枇杷 80 余亩，帮助 80 余名村民在家门口拿“薪金”。同时，通过土地流转大幅提升了莲花镇的土地利用率，巩固了莲花镇作为主要粮食生产区的作用。

## 二、广东省农村集体经济发展典型模式

自 2018 年起，广东省委、省政府启动实施了“万企帮万村”行动，聚焦农村产业发展、村庄建设、脱贫攻坚三大重点，助力乡村振兴，积极探索村集体经济发展模式，取得显著成效。在强化农村基层党组织领导、创新农村集体经济发展路径、探索创新农村集体经济组织运行管理模式方面，已取得初步成果。为破解村级集体经济组织发展基础薄弱的困局，各试点地区结合地方实际，探索出了资产盘活型、资源开发型、建园兴产型、资本运营型和村庄经营型等五种发展模式。

### （一）资产盘活型

生态设计小镇位于从化区良口镇塘尾村、良明村区域，小镇规划面积 4.97 平方千米，小镇充分利用 600 多亩闲置集体用地，盘活闲置的扶贫综合农贸市场、废弃的旧葡萄厂和闲置多年的旧塘尾村小学，运用生态低碳环保技术进行改造利用，积极发展集体经济。该小镇通过对村集体闲置的集体自留地、旧厂房、古村落旧宅院、废弃学校等设施，进行改造提升成为经营性项目，通过租赁、招商运营、民宿经营等方式进行盘活，增加村集体收入；通过规划盘活旧厂房、旧村落及良口扶贫综合农贸市场等存量物业和村集体留用地，利用村企共建形式搭建生态产业化的发展新平台。2019 年，村集体收入达到 90 万元。小镇发挥粤港澳大湾区生态核心优势和生态设计产业基础作用，进一步引入文化、休闲、旅游、运动、教育、康养等资源，打造粤港澳大湾区高端产业发展平台和创新创业高地。“畔水庭院 · 大夫第”民宿项目位于清远连州丰阳镇朱岗村畔水自然村，这是连州首个古村保护性开发生态

旅游产业帮扶项目，由岭南集团在对口帮扶连州丰阳镇夏湟村、丰阳村、朱岗村三年规划投入600万元帮扶资金的基础上，2018年追加投入466万元产业扶贫专项资金开发建设的项目。项目运营收益按比例分配给帮扶贫困村，增加各村集体经济收入。

### （二）资源开发型

依托特色农业资源、特色旅游资源优势，通过以土地、资金入股的方式开展村企合作共建产业化项目，实现村集体经济“自我造血”。茂名市化州市南盛街道蒲山村，通过土地参股的方式与广东天天汇有机食品有限公司开发现代生态农业和乡村体验旅游项目，全面打造紫色梦幻、乡村体验旅舍、烟雨竹林、廊桥遗梦、农耕文化、现代农业等六大景点。目前已建成了融生态观光旅游和种植生产于一体的500亩火龙果基地、200亩柚橙育苗基地等现代生态农业产业基地，实现村集体收入每年增加不少于18万元，家家户户有租金收入，村民有收益分红。

潮州市潮安区凤凰镇叫水坑村依托生态资源、人文资源和名茶产业优势，携手进村帮扶企业，通过“公司+经济联合社+农户”的运作模式，以增强造血功能和建设特色乡村全域旅游体验区为目标，走出了一条以“托管联营”“村企共赢”为特色的乡村振兴发展新路子。村成立了叫水坑茶叶专业合作社，村民以投资入股形式加入合作社，与潮州市玉瑶山庄生态旅游公司达成契约，计划投资近100万元建设现代化茶叶加工厂，发展茶叶深加工。叫水坑村引进玉瑶公司作为村全域旅游投资主体，双方共建“生态欢乐谷”，以山水资源引资引智，以民宿客栈提供接待接引，采用“公司+专业合作社+基地+农户”模式，把村集体、公司、贫困户联系起来，让村民享受收益兜底分红。

### （三）建园兴产型

赤水村是广东省潮州市潮安区文祠镇的一个村庄，通过引导、扶持村集体利用集体所有的非农建设用地和村自留用地，兴建标准厂房、园区等载体，通过合作生产、经营等方式，增加村集体收入。其与建成农业公司合作，将约100亩的橄榄地打造为产业园区，通过修建机耕路和合作社收购站以及园区配套设施，并成立橄榄酒生产线，形成长效的产业项目，妥善解决了村里橄榄种植产量不稳定、价值不高、销售等问题，发展壮大了橄榄产业规模，集体经济收入也从每年的 1.5 万元提高到了 2019 年的 12.7 万元。三水村是广东省惠州市博罗县湖镇镇的一个村庄，其与神山产业公司双方确定村企合作，神山茶叶公司主要提供资金、技术与人才，在建设茶叶生产基地的基础上，与山水村共同打造三水村茶园综合体合作项目。项目所产生的利润由企业与村委会按照八二分成，带动村集体经济稳步发展。同时全力建设紫芽茶种植生产基地，完善茶叶生产基地各项基础设施建设，相继开发了罗浮山绿叶情、罗浮山紫芽茶等多类茶产品，打造千亩紫芽茶种植示范基地、紫芽茶文化旅游基地。完善了当地的基础设施，改善了当地的生态环境，促进人与自然和谐共生。

### （四）资本运营型

塘坪镇上村、蒲牌镇高跃村、双捷镇长坑村三个村子分别位于广东省阳江市阳东区、阳西县、江城区。为发展村集体经济，三个村子将专项资金、土地补偿费等货币资产，通过参股经营等方式转为经营性项目，不仅帮助村集体获取了股金、利息和资产增值等资本运营收入，促进了集体经济的发展，还带动了村民的增收致富。为实现村集体经济发展与村民致富目标，三村与苏航公司合作建设了三个绿萝种植基地，苏航公司与村委会签订“绿萝种植合作协议”，公司将各级财政扶贫资金折股量化到贫困农民，按照约定的收益向农民按年度分红，年红利不低于投资额的 10%，这种做法让农民成为股东，享受到了公司发展的红利。此外，苏航公司还与 123 个村民委员会签订了协议，共吸纳扶贫资金 3941 万元。这些资金被用于绿萝种植基地的建设和运营，为农民提供就业机会和收入来源的同时，还为 123 个村集体经济带来每年 400 万元的收益分红。

### （五）村庄经营型

长教村是广东省梅州市梅县区雁洋镇的一个村庄，该村利用美丽乡村建设成果，大力发展美丽经济，拓展集体经济发展空间，打造村域景区、农家乐、民宿经济等，把“绿水青山”变成“金山银山”，通过对村庄的开发经营，实现了村庄建设、集体经济发展、村民致富以及生态环境保护齐头并进。长教村与宝丽华集团合作，宝丽华集团以土地流转的方式集约村内 1.5 万亩山林和1200亩水田、旱地，打造国家AAAAA级旅游景区："雁南飞旅游度假村"，以桥溪古村落、古民居为"股份"，与村民共同保护开发"桥溪古韵"景区，2019年，桥溪自然村村民人均获得景区门票收入分红2000多元，在实现村民增收致富的同时，保护了当地的生态环境，推进生态可持续发展，促进了人与自然和谐共生。

## 第三节　北京市农村集体经济发展现状

### 一、北京市农村集体经济发展成效

北京市的农村集体经济发展一直走在全国前列，截至2020年，全市农村集体资产总额达9633亿元，占全国总量的12.5%。全市农村集体经济收入总量庞大，集体资产保持增长态势；集体经济产权改革实现村级全覆盖并向乡镇级联营拓展，农民分享到更多改革发展成果；集体资产的存量正在盘活，为北京市实现减量发展、绿色发展做出了显著贡献；集体经济对农村基层治理与服务保持了坚强的支撑作用，维护了社会稳定。

#### （一）集体经济产权改革基本实现村级全覆盖

自20世纪90年代初开始探索到2019年，北京市累计完成村级产权制度改革的单位有3925个，村级完成比例达到99.5%；完成乡镇级改革的单位有27个，335.7万农民当上新型农村集体经济组织的股东。村级产权制度改革基本全部完成，正在向乡镇级联营改革延伸。在实行镇域集体建设用地统筹利用的过程中，以村集体为股东形成的土地联营公司成为新的产权主体。北京市大兴区西红门镇成立了由27个村集体组成的盛世宏祥资产联营公司，村民享受联营公司统筹2平方千米产生的收益分配；通州区深化乡镇土地股份联社（联营公司）建设，指导有意向的9个乡镇先后成立了乡镇级土地股份联营公司，为盘活土地资源、提高收益、促进均衡发展提供了组织保障；海淀区东升镇探索在集体土地上自主开发建设、自主经营管理，形成了以农民为主导、将集体土地用于高科技产业发展、通过产业发展带动农民融入城市、实现城市化后可持续发展的成熟模式。

### （二）集体经济收入总量庞大，集体资产规模持续增长

2019 年，北京市农村集体经济总收入达到 673.8 亿元，村均集体经济收入 589.8 万元、人均村级集体经济收入 7431.3 元，人均村级集体经济收入是上海的 1.6 倍、浙江的 5.0 倍，农村集体经济发展处于全国领先水平。集体资产是集体经济的主要物质支撑，北京市农村集体资产总额 8349.3 亿元，2005—2019 年年均增长 11%。其中，村级集体资产总额 5150.7 亿元（占 61.7%），乡镇级集体资产总额 3198.6 亿元（占 38.3%），集体净资产 2648.52 亿元。2021 年，农村集体账面资产总额 9914 亿元，位列全国第一，集体土地总面积 2044 万亩。

### （三）存量资产逐步盘活利用，助力村集体经济发展

在北京市市域 1.64 万平方千米（合 2461.5 万亩）国土面积中，农村集体所有土地总面积 2053.78 万亩，占北京市土地总面积的 83.4%。村集体现存经营性建设用地面积 130.5 万亩，占北京市建设用地面积的将近 31%。截至 2020 年 9 月底，北京市 10 个远郊区有闲置农房院落 20199 处，闲置房屋 96438 间。其中，已经盘活利用闲置农房院落 5960 处，房屋 32098 间。盘活利用方式多样，其中，村集体自主盘活利用占 4.3%，村集体与社会资本合作占 10.7%，农户直接与社会资本合作占 7.1%，农户自主盘活利用占 77.9%。盘活利用闲置农宅主要发展民宿、旅游休闲、商务办公等特色产业的 1355 处，用于个人租住的 4231 处。利用盘活的资产，节省了建设投资，充实了农村产业，增加了集体和农户的经济收入。为解决集体资产低效使用的问题，北京市集中开展集体经济合同专项清理，通过清理规范，累计增加合同金额 11.8 亿元，收回拖欠款 7559 万元。通州区把合同规范清理作为集体土地管理的重要手段，深入开展农村集体经济合同自查自纠工作，对全区 17556 份、总额 327.5 亿元收入的村级合同进行全面清理，重点清查漏登漏报等问题合同 3233 份（涉及 67.4 亿元收入），提高了集体资产的利用效率。

### （四）村级集体经济发展带动农民财产性收入增加，促进共同富裕

2021 年，北京市有 1410 个村集体实现股份分红，分红总金额 54.4 亿元，

135.9万农民股东获得分红，人均4001元；村集体经济组织（不含村级企业）村均集体年经营性收入522.3万元；开展集体经济薄弱村帮扶专项行动，2021年底有283个集体经济薄弱村完成“消薄”任务。2011年以来，集体经济组织每年股份分红总金额、人均分红不断增加，人均股份分红占农村居民人均可支配收入的比重保持在15%左右，成为推动农民共同富裕的重要载体。特别值得注意的是，有转为非农户的91.8万集体经济组织成员，已成为拥有集体资产的市民。

### （五）集体经济发展有效支撑了农村基层公共服务与治理

2019年，北京市村级集体经济组织社会性支出19.54亿元（见表5-2），占村级集体经济组织总收入的8.4%，村均49.4万元。其中，公共服务支出6.02亿元，村均15.2万元，是2010年的3.2倍。此外，集体经济仍然是实现农民就地就业的重要渠道。尽管集体经济占农村经济总收入比重持续下降，但集体经济带动参加分配劳动力就业人数仍然有34.3万人，占当年就业劳动力人数的20%。集体经济（尤其是村集体经济）在公益性服务业和在解决农民就业方面发挥了不可忽视的积极作用。

**表5-2　2010年、2015年、2019年北京市农村集体经济组织承担的社会性支出情况**

单位：亿元

| 年份 | 应缴税费 | 当年公益性基础设施建设投入 | 其中：各级财政投入 | 其中：获得一事一议奖补资金 | 当年村组织支付的公共服务费用 | 社会性支出总额 |
|---|---|---|---|---|---|---|
| 2010 | 2.79 | 4.66 | 2.34 | 0.02 | 1.86 | 6.97 |
| 2015 | 6.09 | 4.07 | 2.54 | 1.78 | 1.25 | 8.87 |
| 2019 | 11.41 | 4.07 | 1.96 | 0.37 | 6.02 | 19.54 |

注：集体经济组织社会性支出=集体经济组织应缴税费+(当年公益性基础设施投入-各级财政投入)+当年村组织支付的公共服务费用。

## 二、北京市农村集体经济发展典型模式

北京市各区积极探索集体经济发展的有效路径，通过收集的相关资料，从经营性特征出发，可以发现北京市农村集体经济发展的典型模式有以下七种类型，分别是资源整合型、资产盘活型、三产融合型、旅游开发型、村企

合作型、农业综合开发型、城镇化依托型。通过多种发展模式的探索，有效促进了农村集体经济的发展。

### （一）资源整合型

北京市门头沟区坚持“红色门头沟”党建引领，积极探索农村集体经济发展新模式，激发农村集体资金资产资源增值潜力，促进村级集体经济持续健康发展，为实现乡村振兴增动力、添活力。门头沟区着重加强与西城区的结对协作，设立了 8 亿元专项支持资金，连续举办三届精品民宿推介会，打响了“绿水青山门头沟”旅游、“门头沟小院”精品民宿、“灵山绿产”绿色产品三个区域品牌，其中的“灵山绿产”更是成为全市首个区域性绿色产品品牌。此外，通过坚持把推动规模精品民宿与民俗村（户）的多层次叠加融合，并以此为产业发展切入点，积极发挥区域独有的自然山水优势和历史文化优势，指导试点村“一村一策”制订扶持壮大村集体经济发展方案，协助村集体摸清家底，深入了解自身资产和资源情况，并结合区域功能定位，引导村集体积极探索股份合作型、服务增收型、项目带动型等加快发展村级集体经济的新路子。门头沟区以资源整合为主题，采取“健全制度措施、发挥主体作用、找准发展方向、盘活资产资源、突出示范引领”五项措施，在紧抓发展规划的同时积极与其他区通力合作，形成以资源整合为典型特征，以租赁经营、股份合作、有偿服务、农业协作为主要范式的集体经济发展模式，各村集体经济发展取得良好成效，8 个试点村均实现经营性收入超过 10 万元的目标。

### （二）资产盘活型

北京顺义区林木镇通过多种举措积极盘活闲置资源和资产，林木镇推动利益联结，做强实体经济，增加村集体收入，带动了当地村民的就业。木林镇坐落于北京市顺义区东北部，位于顺义、密云、怀柔、平谷四区交界处，北倚燕山，西临潮白河，地处华北平原北端。利用丰富的自然资源和人文景观，林木镇将集体经济发展与加快现代农业发展、增强农村发展活力、推进美丽乡村建设有机结合。首先，积极盘活集体建设用地，促进农村闲置资产增值。林木镇通过与北京蓝海创兴城镇建设投资管理中心（有限合伙）成立联营公司，成功盘活利用 129.1 亩村集体建设用地，每年为村集体增加收入近110万元。同时，积极谋划低效用地向高效用地转变，利用贾山村拆违腾退地块，规划建设宫廷金鱼工艺品制造研发项目，带动相关产业发展，为当地经济注入新活力。其次，利用乡村旅游盘活各类闲置资产。木林镇通过梳理镇域内的闲置土地和宅基地资源，建立台账，明晰管理要点，结合村庄规划和优势特色，探索合作经营、控股经营等多种盘活利用闲置房屋方式；同时打造“农户+村集体+合作社+企业”的乡村休闲旅游合作模式，将农户、村集体、合作社和企业紧密联系在一起，形成一个完整的乡村旅游产业链。

### （三）三产融合型

北京顺义区西北部，赵全营镇的北郎中村在多年的发展历程中，秉持“锐意进取，坚持不懈”的精神，将村集体经济发展和村民持续增收有机结合，其也因强势的集体经济而闻名于京畿地区。1985年，北郎中村实行集体股份合作制试点，以股份制形式建成村面粉厂；1993年，全村推行股份合作制；1996年，成立村集体、村民和企业员工共同投资的北郎中工贸集团，整合村里的养猪资源；2004年，全村的农产品统一注册为“北郎中”商标。此外，1998年北郎中村花卉产业开始发展，2011年实施了“鲜切菊出口与种植示范基地”项目。北郎中村的第一产业包括种猪场、果品销售中心和花木中心；第二产业以第一产业为依托，包括屠宰场、肉食制品加工场、有机肥厂以及彩色糯玉米食品厂和配送中心；第三产业为特色观光农业园。北郎中村的产业在长期的发展过程中，通过确定“生产、生态、生活、示范”四位一体的发展定位，围绕创新农业、都市农业、科技农业的发展思路，坚持以科技为依托，以小微企业园为小微企业创新和孵化平台，在以股份合作制形式组建的北郎中农工贸集团的整合下，将村里的一二三产业整合起来，形成以第一产业为基础，依托第二产业的生产力面向第三产业经营发展的三产融合发展的产业格局。

### （四）旅游开发型

北京市房山区韩村河镇通过旅游度假村的建设，在村内兴建观光设施、采摘园、农家乐等，发展休闲观光农业，大力发展旅游开发型农村集体经济。韩村河镇旅游资源丰富，交通便利，位置优越，环境优美，气候宜人；韩村河旅游景区位于北京西南40千米处，为充分挖掘韩村河镇自然和文化资源价值，韩村河镇结合镇域实际，重点推动韩村河村和圣水峪村进行结对共建，以北京韩建集团有限公司的丰富实践经验和先进发展理念，在专业、技术和资金方面提供支持，合力打造圣水莲庭精品民宿集群，进一步推动实现文旅助力乡村振兴。与此同时，房山区不断丰富旅游产品供给，积极培育旅游市场主体，大力推进A级景区、星级饭店、民俗旅游村和旅游新业态创建工作；在霞云岭乡、十渡镇、蒲洼乡等多个乡镇逐步形成产业集群效应，通过指导属地政府与运营公司进行合作运营，尽量缩短民宿建设完成后的闲置时间，力争实现民宿建设与运营的紧密对接，让资产发挥出最大效益。通过积极建设，韩村河镇的韩村河旅游景区成为首批国家AAA级旅游景区、首都文明村、北京市爱国主义教育基地和全国农业旅游示范点，在集体经济壮大的同时，带动了本地的旅游业发展和村民的就业。

### （五）村企合作型

北京市昌平区郑各庄村以建筑企业为龙头，通过成立的村集体企业一点点带领村民发家致富，将传统产业和现代产业融为一体，发展科技和劳动密集型产业，形成了一批投资多功能化、综合性的企业集团，通过村企合作带动集体经济发展，同时带动村民增收致富。北京市昌平区郑各庄村成立的宏福集团，是典型的村企合作模式，该村地处北五环与北六环之间的城乡接合部，村域面积4332亩，属地企业300余家，其中由郑各庄村民自行建设管理的规模以上自营企业60余家。30年前，郑各庄村通过创新土地流转经营机制打破了制约产业结构调整的瓶颈，引导农民把承包的土地有偿流转给企业，以集中发展非农产业。1996年，宏福集团组建，通过五次产业升级，构建起建工地产、旅游酒店、养老健康、金融投资、资产运营、物业管理六大产业支撑体系。2008年，北京宏福集团与五大连池市政府结为战略合作伙伴关系，以“温都水城”为品牌，在五大连池市开发“黑河五大连池温都水城国际旅游会务中心”项目。2015年，宏福集团进军现代化农业领域，从荷兰引进国际领先的种植技术和智能化温室设施，并于2016年与国家级贫困县林甸县合作，通过建设大庆宏福现代高科技农业产业园，为林甸县提供产业扶持。

### （六）农业综合开发型

北京奥金达蜂产品专业合作社通过对养蜂产业的综合开发，实现了在壮大集体经济的同时，带领成员一起享受发展红利，实现共同富裕的目标。该合作社位于北京市密云区，这里坐落着密云水库，合作社依托自身的组织和平台功能，带领成员大力发展养蜂产业，壮大集体经济。2004 年，合作社动员 37 户蜂农加入，花了 3 年时间，通过边摸索、边规范、边发展，最终提出“七统一”规章，即实现蜂种、生产资料配送、技术培训、质量标准、产品收购、检测指标、品牌销售的统一。2007 年，合作社成立“花彤”蜂蜜品牌，建成 3500 平方米的 GMP 标准车间，引进国际先进的现代化全自动蜂蜜生产线；在密云城区开设两家线下实体店，在天猫、淘宝、京东等平台开设线上旗舰店，形成线上线下齐发展的销售体系。此外，在当地政府的大力支持下，合作社积极与多家科研单位合作，建立专家工作站，邀请专家来讲解国家政策、产业发展现状，同时针对养殖过程中的具体问题，合作社实时追踪并邀请专家帮助，切实解决难题。2018 年，合作社启动农旅品牌“高岭蜜蜂小镇”建设，发展特色养蜂业和休闲观光采摘业，将蜂业与当地农业有机结合，打造集农业发展与旅游观光于一体的综合性农旅产业园。同时，积极与周边地区合作，鼓励养蜂能人在当地成立自己的合作社，分享管理经验和养蜂技术，以大合作社带动小合作社，实现合作共赢。

### （七）城镇化依托型

北京市海淀区东升镇是城镇化型农村集体经济发展的典型，该镇依托城镇化的发展机会，积极兴办集体企业与建设科技园区，通过采取“只租不售，自主经营”等方式，使得集体经济发展成效卓著。东升镇位于海淀区东部，全部位于北京中心城区规划范围内，区位条件优越。改革开放初期，东升镇就利用特殊的区位优势和乡、村两级掌握的集体土地资源和经营性资产，兴办了一批集体企业，积累了规模可观的集体资产。2009 年，东升镇以集体经济组织改革后组建的博展股份经济合作社为主体，利用已经停产的老旧工业企业的用地和周边 200 多亩垃圾堆放地自主开发建设了东升科技园。园区规划面积 3.78 平方千米，主要面向高科技企业，采取“只租不售，自主经营”的方式，收入主要包括租金物业收入和科技服务收入。依托天使投资和股权合作，建立了“预孵—孵化—加速—投资”全产业链的科技服务体系，科技服务收入占园区总收入的60%。科技园区收入纳入股份总社经营收入，再根据全年经营情况确定分配方案。2019年，园区创造集体经济30多亿元；截至2020年底，园区内共有1178家高科技企业、54家上市公司、15家独角兽企业，总产值达到1095亿元。

## 第四节　云南省农村集体经济发展现状

### 一、云南省农村集体经济发展成效

云南省农村集体经济不断壮大；农村集体产权制度改革如期完成，实现有经营性资产的村成立农村集体经济组织全覆盖；村级集体经济帮扶救助机制得到完善，达到了良好的帮扶效果；农村集体“三资”实现规范化管理。

#### （一）农村集体经济不断壮大

截至2021年底，云南省13715个行政村、16.86万个村民小组集体资产和村集体经济实现“三增一持平”：村集体资产总额2425亿元，同比增长3.68%；资产总额中经营性资产占20%，同比持平；村集体经济总收入164亿元，同比增长4.45%；总收入中经营性收入占36%，同比增长7%。全省无经营性收入的村25个，占0.18%（同比降低2.72%）；有经营性收入的村13690个，占99.82%（同比增长2.72%），其中，5万元以下的占4.62%（同比降低20.17%），5万~10万元的占51.49%（同比增长9.23%），10万~50万元的占37.24%（同比增长13.93%），50万元以上的占6.47%（同比增长1.96%）。

#### （二）农村集体产权制度改革如期完成

云南省分5批完成了以清产核资、资产量化、成员确认、股权设置、成立组织等为主要内容的农村集体产权股份合作制改革试点任务，初步构建了归属清晰、权能完整、流转顺畅、保护严格的农村集体产权制度。截至2021年底，全省共确认农村集体经济组织成员身份3890余万人，量化集体账面资产734亿元，发放股权证591万本；共登记赋码成立91695个农村集体经济组织，其中，村级12583个，组级79112个，实现有经营性资产的村成立农村集体经济组织全覆盖。

### （三）村级集体经济帮扶救助机制得到完善

云南省各级政府认真落实省委、省政府巩固拓展脱贫攻坚成果“一平台三机制”的有关决策部署，依托云南省村级集体经济帮扶救助管理服务平台，督促指导各地健全完善村集体帮扶救助机制，实现线下帮扶救助与线上动态监测同步运行。截至2021年底，云南省99.9%的行政村制订了村集体经济帮扶救助管理办法，22%的行政村开展了村级集体经济帮扶救助工作，共帮扶救助人员2.4万人次，帮扶救助资金3620万元，确保脱贫不稳定户、边缘易致贫户以及突发严重困难户得到及时帮扶。云南省农业农村厅办公室印发了《关于推介村集体经济组织帮扶救助管理办法先进典型的通知》，向全省推介13个帮扶机制稳定、帮扶方式创新、帮扶效果好的村集体经济组织帮扶救助管理办法先进典型。

### （四）农村集体“三资”实现规范化管理

云南省全面推行“村财乡管”的会计委托代理制，强化民主管理和民主监督，加强农村集体经济组织审计工作。截至2021年底，全省98%的村庄实行了村级会计委托代理制度。全省乡（镇）会计委托代理机构共代管村组集体资金412亿元，其中，村委会141亿元，村民小组270亿元。全省99.7%的村庄实现财务公开，97%的村庄成立村民主理财小组。

## 二、云南省农村集体经济发展典型模式[①]

《云南省“十四五”农业农村现代化发展规划》在发展壮大农村集体经济中提出：要深入推进“资源变资产、资金变股金、农民变股民”的“三变”改革，构建新型农村集体经济发展新格局，推动新型农村集体经济高质量发展；鼓励支持村级集体经济组织按照市场化运作模式，探索采取公开招标、股份合作、使用权有偿转让、租赁承包等方式，盘活集体经营性资产、

① 云南省农业农村厅调研资料整理。

闲置固定资产、公益性资产，实现集体资产保值增值。经过探索和发展，云南省农村集体经济发展模式按照经营性特征可以归纳为十种，分别是资源开发型、资产经营型、产业发展型、乡村旅游型、村企合作型、服务创收型、村村抱团型、股份合作型、多元发展型和异地置业型。

### （一）资源开发型

云南省西双版纳州勐海县格朗和乡帕沙村通过村民“一事一议”，清查收回部分历史问题村集体资源进行公开招租，实现集体租金收入增加，年集体经济收入 20 余万元。云南省保山市龙陵县勐糯镇勐糯社区把村集体土地（590 平方米）的使用权流转给商户，每年租金收入 7. 15 万元；丛岗村通过将闲置土地建成游泳池进行出租，每年收取租金 19. 1 万元。云南省丽江市永胜县永北镇凤鸣社区有块近 6 亩的建设用地，原来对外承包经营，每年收取租金 15 万元，随着周边居民小区建设，城镇环境改善，地域优势凸显，村集体班子抓住永胜县建设第二农贸市场机遇，将此 6 亩集体建设开发成农贸市场，将经营权筑巢引凤对外公开招投标承包经营，通过公开招投标程序，将 20 年的经营权对外招商引资，实行产权与经营权分离，最终由一私营企业以 75 万元每年的租金中标，比往年的租金收入增加了 5 倍；永胜县永北镇西南街社区将 15 亩集体土地经营权以入股方式对外招租给福建客商经营汽修城，由企业经营使用 10 年，社区每年每亩固定分红 2. 68 万元，15 亩集体土地经营的入股分红每年可达 40. 2 万元，极大地增加了集体经济收入。

### （二）资产经营型

盘活村集体各类资产，整合各类资金，按照市场化运作模式，通过公开招标、股份合作、使用权有偿转让、租赁承包等方式，经营集体商铺、农贸市场、仓储设施、厂房、写字楼、旅游服务房屋及设施、生活服务设施等，获得稳定的资产收益，增加村集体收入。建水县曲江镇他龙村委会通过实施市场改扩建项目，扩改和新建商铺 19 间，新建戏台 1 座，村级集体年租房收入从原来的 0. 89 万元增加到 4 万余元。泸西县永宁乡法衣村民委员会等 17 家村民委员会整合财政涉农资金 510 万元，在白水镇益谷村委会山白村小组建设 7104 平方米钢架薄膜温室大棚及配套设施，以此形成 17 个村的村集体固定资产，17 个村集体经济组织通过和云南省花卉技术培训推广中心签订 15 年的租赁合同，每村将获得33.3万元的集体经济收入。屏边县白河镇采取“党组织+合作社+农户”的模式，整合各类资金2700余万元在南溪河畔建设热果交易市场，吸纳全镇12个村集体和众合果蔬专业合作社的社员入股，每个村党总支最低入股21万元，每个社员以1000元一股的价格自愿参股，按股分红。

### （三）产业发展型

云南省保山市腾冲市明光镇自治社区成立乌龙茶专业合作社，吸收下设支部党员及非党茶农231户，以每亩20~200元的资金入股，入股资金共计197287.4元。合作社成立后，采取“统一提供种苗、统一管理、统一检测、统一品牌、统一销售”的方式，推动乌龙茶产业从种植、加工、产品、市场营销取得突破，2019年实现村级集体经济收入89万余元。云南省保山市龙陵县勐糯镇在勐糯镇国家AAA级旅游景区的核心区大寨社区建农家旅馆（傣泐民俗酒店），以每年51万元的租金出租给第三方经营，在增加集体经济收入的同时，带动美食小吃一条街内26户农户增收，解决120余人的就业难问题。

### （四）乡村旅游型

云南省文山州丘北县双龙营镇仙人洞村，位于普者黑AAAAA级景区核心区，辖国土面积4.02平方千米，距离镇政府14.2千米，距离县城12.8千米。耕地面积1600亩，农户196户980人，是彝族撒尼人聚居的村寨。近年来，仙人洞村紧紧围绕习近平总书记考察云南时提出的“三个定位”目标，依托区位交通、生态资源、民族文化、乡村旅游等优势，将传统民族文化与乡村旅游深度融合，随着“省级美丽乡村”“中国十大美丽乡村”“全国文明村镇”“全国乡村旅游重点村”“云南民族文化生态第一村”等各项荣誉奖项的纷至沓来，仙人洞村走出了一条“强化支部引领、党员率先垂范、民族团结共建”的和谐文明、跨越发展的党建引领乡村振兴之路。村民年人均收入从20世纪90年代末的不足300元提高到2021年的万余元，2021年村集体经济收入达42.8万元，实现了从极度贫困落后的“口袋村”到当地名副其实的“首富村”的华丽蜕变。

### （五）村企合作型

云南省昭通市水富市三角村是全市唯一的苗族聚居村，全村辖区面积30.266平方千米，辖5个自然村26个村民小组，海拔在800~1613米，年平均气温18.7℃，全年无霜期290天左右，有林地37400余亩，森林覆盖率为82.4%，竹资源丰富。三角村于2017年2月28日成立水富三角村集体经济有限公司，公司结合三角村高海拔、林地多、竹资源丰富等自然条件优势，广泛听取村民意见，确定引进企业发展竹产业。集体经济公司利用群众基础好，熟悉当地情况，做好服务工作获得收益，逐步形成“企业+合作社+集体经济+农户”的发展模式。2021年，三角村实施了6000亩集体经济竹产业涉及2个子项目4个地块。竹产业项目发展筇竹3000亩，其中新造1500亩，改造1500亩，预计投资达347.5万元。竹一般改造1年后可投产、新造5年后可投产，6年可达丰产期，投产后，每年可实现纯收入180万元。同时，引进四川鼎盛鸿运公司，利用已硬化公路两旁闲置土地资源，种植樱花、红叶石楠等苗木，实现公司占股76%，群众土地入股占20%，村集体经济占股2%，合作社占股2%。利用坪头已征闲置地种植红枫15亩，5年可实现收益，投产后，村集体经济可获得50%分红。

### （六）股份合作型

云南省个旧市大屯街道大屯社区居民一组由村民出资入股建设本组的集体土地，建设项目分为1090股，每股7000元，共募集资金763万元，2012年建成4730平方米商贸中心，采取对外租赁经营，小组提取利润的10%作为发展资金，剩下的90%按照每户村民入股股金配置按利分配，实现集体和个人的双增收。云南省玉溪市华宁县由供销社、城关社区股份经济合作联合社、华宁泉味鲜食用菌种植合作社、自然人股东共同出资成立华宁县宁州街道城关社区供销合作社，开展食用菌研发栽培、农资供应、农产品收购、日用消费品经营、电子商务、物流配送、农村合作、金融等社会化一体服务，全社区集体经济创收1000多万元。云南省德宏州陇川县章凤镇户弄村以50万元项目资金和35亩土地入股陇川旺华农业有限公司，在全县范围内开展蔗叶（蔗梢）打捆加工，年分红27.63万元，又以集体资金20万元入股杨中五建筑施工队，年分红2.4万元，两项合计每年可获得集体经济收入30万元。云南省普洱市墨江县联珠镇愧竜村把2019年度省级财政扶持壮大村级集体经济项目资金50万元作为本金入股到墨江县盛鑫石厂，盛鑫石厂用法人房产作为抵押保证，盛鑫石厂每年分红愧竜村委会4.5万元作为村集体经济收入。

### （七）异地置业型

对于一些偏远或受规划限制、资源匮乏、发展空间较小的村庄来说，可以探索通过行政划拨、政府购买等方式在区位较好的区域或中心镇规划区，异地兴建或购置物业补充经营性资产。云南省曲靖市麒麟区沿江街道余家屯村集体经济合作社用515.56万元闲置集体资金，在昆明市铂金大道云南映像城市公园广场购买了两套写字楼，总面积403.24平方米，车位4个。余家屯村与卖方签订了15年反租协议，由卖方负责出租，每年支付给居委会租金，按照每平方米55元起价出租，每年6%依次递增，2020年收取第一笔租金28.20万元。按照反租协议约定的租金收益，社区15年可得收益619.48万元。云南省临沧市耿马县贺派乡7个村（社区）通过实施2019年度扶持壮大村级集体经济项目，利用县财政下达的项目资金350万元，在乡政府规划核心区街面地段建设一幢面积1650平方米的3层商住楼。商铺建成后对外整栋出租，收取的租金30%用于本村级公益事业投入，30%作为原始股金再投入，40%用于村干部绩效奖励。

### （八）服务创收型

云南省普洱市宁洱县勐先镇谦乐村于2017年组建安乐寨蔬菜种植专业合作社，从本村农户家庭承包经营土地中流转来1370亩土地，并与玉溪元江云航科技有限公司签订了合作合同。专业合作社收取0.2元/千克的管理费，每年最少可得到60万元收益，依据村委会集体经济占30%的分配比例，每年可获得18万元的集体经济收入。文山市开花街道梁子社区通过招商引资的方式，引进文山大东商贸有限公司投入资金300余万元，建成有固定式摊位131个、半固定式地摊78个、流动式地摊150个的夜市一条街。梁子社区通过参与夜市的日常管理，由大东商贸公司每年支付梁子社区5万元管理服务费并逐年递增。德宏州芒市遮放镇街道村通过农村生活垃圾集中收运项目发展壮大村集体经济。遮放镇街道村按照“农户交费、政府补助、集中收集、定时清运、填埋处理”的管理运行模式，开展全镇农村生活垃圾集中收运处置及热解工作，目前与23家单位签订垃圾清运热解协议，取得收益32.26万元。

## （九）村村“抱团”型

云南省曲靖市会泽县者海镇位于会泽县城东北面42千米，海拔2020~2587米，总面积374.1平方千米，辖31个村（居）民委员会224个村民小组214个自然村，集体经济发展举步维艰，面对这个问题，者海镇党委、政府创新发展机制，采用“抱团取暖”的方式，选择光伏资源最丰富的陶家村、拖茨村、蚂色卡村、中村村、三多多村、鲁基村6个村作为全镇村级集体经济项目点，让全镇28个村“抱团”参与共同开发，确保资金运行安全、资产保值增值、收益稳定可持续，于2019年投资2425.9万元建设1个集中光伏扶贫项目和6个村级光伏电站，装机容量30300千瓦，28个村的集体经济得到全面提升，每村年收入平均在8万元。与此同时，收益分配坚持“注重公平、略有侧重”的原则，项目涉及的28个村收益分配做到全覆盖，分配方式以开发扶贫公益岗位为主，收益的60%以上用于脱贫人口及边缘易致贫人口承担公益岗位的工资支出、参加村级公益事业建设劳务费，其余收益用于奖励补助扶贫及村内小型扶贫公益事业，让贫困群众真正得到了实惠。通过开发贫困村保洁员、村级电站管理员、河道管护员、垃圾清运员等公益岗位，解决了全镇弱劳动力贫困群众无法转移就业难题。

## （十）多元发展型

云南省玉溪市华宁县城关社区党总支立足实际，盘活集体资产资源，摸索出一条“三社”（泉味鲜食用菌种植专业合作社、城关供销合作社、社区集体经济股份合作社）合一、公司化运作、一二三产业融合发展的新路子，为全面推进乡村振兴战略注入新动能，盘活集体资产增加集体收入。城关社区拆除集体危房建成华宁首座城市综合体项目，用社区老旧综合楼产权置换城市综合体商铺3500平方米，以地作价入股方式获得5幢6000多平方米的商业小区，打造社区商铺，每年社区收入增加32万元；与开发商合作建成华宁泉乡新城商业区，在预留地上建设物流城，孵化冷链物流龙头企业，打造全国农村电子商务示范中心。通过整合资源优化配置，创新发展，城关社区集体经济收入从2012年的700余万元增加到2021年的1100余万元，增长约57%。带动失地居民增收致富，依托城市基层党建平台，组织社区党员骨干带头引领示范，成立泉味鲜食用菌种植专业合作社，建成食用菌基地；社区相继成立城关供销合作社、社区集体经济股份合作社，实现培育、种植、销售、加工一条龙，“三社”合一融合发展模式初步形成。结合华宁“一都两区三基地”定位，充分挖掘华宁陶产业文化资源将华宁陶产业、薄脆、香肠、食用菌种植等特色产业资源集中起来，整合荒地坡地，打造城关“乡土人才创意园”，积极邀约企业入驻，目前已有15家企业工作室入驻创意园。2021年，集体经济总收入1100万元，辖区9个村小组集体经济总收入均在40万元以上，集体经济组织成员年均分红500~3000元。

## 三、云南省新型农村集体经济发展要素及实现路径

为了深入了解云南新型集体经济当前发展的情况，寻找其发展要素及有效实现路径，项目小组通过云南省村干部素质提升培训班，面向全省农村干部学员发放了村集体经济发展情况及影响因素的问卷，历时3个月共收集到1178份有效调查问卷，结合问卷数据和本地案例资料，采用模糊集定性比较分析法（fsQCA），发现云南省新型农村集体经济发展最重要的影响因素是内向带动与市场经营，而外向联合的影响则较为有限，有效实现路径有内部治理型、内外联动型以及综合联动型三种类型。

### （一）理论分析

新型农村集体经济的发展要求旨在增进集体经济发展的稳定性与效率水平，进而促进集体经济发展水平的提升。根据前人的研究成果，将其影响因素（前因变量）分为三个维度，分别是内部治理、开放发展和外部环境。内部治理旨在达成内部有序化；开放发展旨在达成交换；外部环境旨在通过做功达成目的。同时，三个维度相互作用。首先，内部治理可以让其更加有序，提升功能与效率水平，优化外部环境；来自外部环境的竞争和诉求会以做功的形式反过来影响集体的内部治理。其次，内部治理良好的集体经济有更高的可信度和更少的合作障碍，能够促进集体经济的向外开放；开放发展则可以为系统内部治理提供借鉴，推动内部的改革与优化。最后，开放发展寻求与外界更多的接触，在达成交换的同时，追求更高的被做功水平；而外力做功的达成则需要集体经济保持开放。

## （二）分析方法引入

定性比较分析（QCA）是 1987 年 Ragin 提出的一种以案例研究为取向的研究方法，其整合了案例研究与变量研究的优势。fsQCA 是 QCA 的模糊集版本，相较于其他两个版本，其更适合用来处理集体经济研究中类别和程度不确定的现实境况。本章将运用 fsQCA3.0 软件中的 fsQCA 模块进行数据处理和分析。

## （三）变量选取与设定

### 1. 结果变量

关于农村集体经济发展水平的衡量标准，学术界目前尚无一个清晰的定论。本章根据问卷收集情况及常规看法，将村集体经济的年度收入水平作为衡量村集体经济发展水平的指标。

### 2. 前因变量

前因（条件）变量的选择关系到模型的解释难度与解释力度，要综合考虑模型简约性和变量可靠性。根据图 5-1 的框架设计和前人的研究，基于 QCA 变量的选取原则，选取的具体变量如下：内部治理变量：人才建设、精

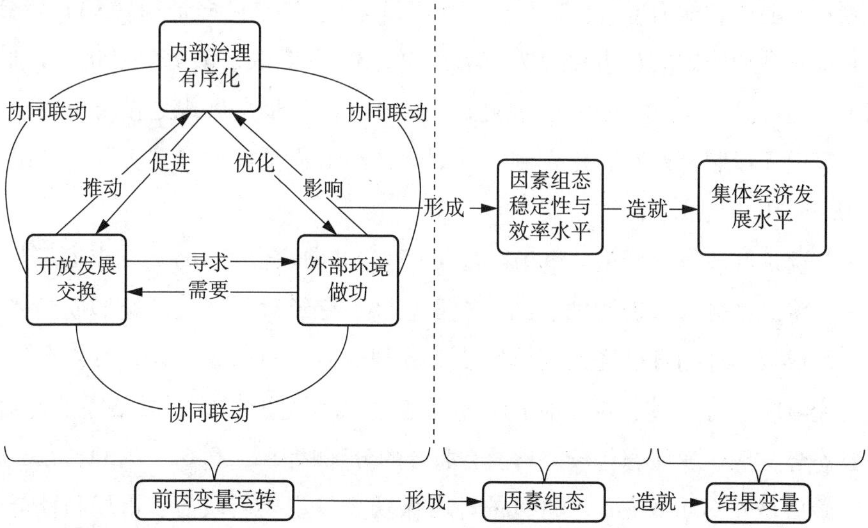


**图 5-1　熵理论视角下新型农村集体经济发展的系统性分析框架**

英带领、发展规划、内向带动；开放发展变量：市场经营、外向联合；外部环境变量：外力做功。

3. 变量描述与设定

（1）结果变量

考虑到集体经济的发展是一种经济活动，故以所收集案例的2022年度集体总收入在所有案例中的水平作为该案例的集体经济发展水平的衡量标准，并以0.25、0.5、0.75三个锚点为校准锚点，按照分位值的四个区间分别赋值0、0.33、0.67、1。

（2）前因变量

首先是内部治理变量。一是人才建设（X1）和精英带领（X2）。内部治理首要靠的是人，而人才和精英又是其中最关键的。关于人才建设问题，学者们主要从内部人才培育、人才激励以及人才回引三个方面阐述其重要性。因此，将人才建设中三方面内容都有的赋值为1，有其中任意两项的赋值为0.67，有其中任意一项的赋值为0.33，一项都没有的赋值为0。对精英带领则从带领意愿和带领能力两个方面去衡量，将强带领意愿强带领能力赋值为1，强带领意愿弱带领能力赋值为0.67，弱带领意愿强带领能力赋值为0.33，弱带领意愿弱带领能力或者没有精英带领赋值为0。二是内向带动（X3）。将联合起来发展的集体成员占比分为50%以上、33%~50%、0~33%、0，分别赋值1、0.67、0.33、0。三是发展规划（X4）。将下步发展规划没有打算、刚有打算但还没制订计划、正在制订计划、已经形成具体的计划方案分别赋值0、0.33、0.67、1。

其次是开放发展变量：市场经营（X5）、外向联合（X6）。在市场经营变量中，将进度分为没有想法、刚有初步想法、有经营思路且已经形成具体计划、形成具体计划且已经在实施四步，分别赋值0、0.33、0.67、1；在外向联合变量中，将与其他村集体的联合态势作为划分标准，对发展态势较好、发展态势一般、发展态势较差、没有联合的分别赋值1、0.67、0.33、0。

最后是外部环境变量。常见的外力做功变量主要有政府、市场和社会组织，故将有同时来自政府、市场、社会组织三方做功，有来自三方中任意两方做功，有来自三方中任意一方做功，没有做功的，分别赋值1、0.67、0.33、0。

集体经济发展变量赋值指标体系见表 5-3。

**表 5-3　集体经济发展变量赋值指标体系**

| 分类 | 变量 | 指标 | 赋值标准 |
| --- | --- | --- | --- |
| 结果变量 | 集体经济发展水平（Y） | 收入水平 | 将所有案例中集体经济总收入以 0.25、0.5、0.75 为锚点，按照分位值的四个区间分别赋值 0、0.33、0.67、1 |
| 前因变量 | 人才建设（X1） | 内容数量 | 将人才建设中积极进行人才培育、人才激励、人才回引三项措施内容都有的赋值为 1，有其中任意两项的赋值为 0.67，有其中任意一项的赋值为 0.33，一项都没有的赋值为 0 |
|  | 精英带领（X2） | 带领意愿、带领能力 | 将强带领意愿强带领能力赋值为 1，强带领意愿弱带领能力赋值为 0.67，弱带领意愿强带领能力赋值为 0.33，弱带领意愿弱带领能力或者没有精英带领赋值为 0 |
|  | 内向带动（X3） | 带动人数 | 将带动成员占比为 50%以上、33%~50%、0~33%、0 分别赋值 1、0.67、0.33、0 |
|  | 发展规划（X4） | 工作进程 | 按照没有打算、刚有打算但还没制订计划、正在制订计划、已经形成具体的计划方案，分别赋值 0、0.33、0.67、1 |
|  | 市场经营（X5） | 计划进度 | 按照没有想法、刚有初步想法、有经营思路且已经形成具体计划、形成具体计划且已经在实施，分别赋值 0、0.33、0.67、1 |
|  | 外向联合（X6） | 联合态势 | 将发展态势较好、发展态势一般、发展态势较差、没有联合的分别赋值 1、0.67、0.33、0 |
|  | 外力做功（X7） | 主体数量 | 将有同时来自政府、市场、社会组织三方做功，有来自三方中任意两方做功，有来自三方中任意一方做功，没有做功的，分别赋值 1、0.67、0.33、0 |

## （四）数据分析

1. 数据来源

本章数据来源于对云南省农村干部培训基地的各村干部和致富带头人等发放村级网络和纸质调查问卷并回收，同时对部分成效突出的村进行访谈而得。一份有效村级问卷或一个村访谈代表一个案例，一共回收 1341 份问卷、访谈案例，剔除重复和数据缺损严重的无效案例后，一共得到 1178 份有效案例，有效率为 87.84%。

2. 必要条件分析

前因变量必要性分析结果见表 5-4。

**表 5-4　前因变量必要性分析结果**

| 前因变量 | 一致性 | 覆盖率 |
| --- | --- | --- |
| X1 | 0. 685404 | 0. 689732 |
| ~X1 | 0. 542745 | 0. 642519 |
| X2 | 0. 694675 | 0. 655446 |
| ~X2 | 0. 454164 | 0. 583317 |
| X3 | 0. 518384 | 0. 696017 |
| ~X3 | 0. 641269 | 0. 586354 |
| X4 | 0. 773285 | 0. 682955 |
| ~X4 | 0. 450231 | 0. 637563 |
| X5 | 0. 563065 | 0. 714989 |
| ~X5 | 0. 641909 | 0. 610805 |
| X6 | 0. 405378 | 0. 661496 |
| ~X6 | 0. 689899 | 0. 562896 |
| X7 | 0. 552733 | 0. 686562 |
| ~X7 | 0. 656361 | 0. 635168 |

注："~" 表示条件缺失，代表"非"的意思。

当一致性大于 0. 9 时，笔者认为该变量是结果变量的必要条件；由表 5-4 可知，7 个前因变量的一致性均低于 0. 9，即这 7 个前因变量中不存在必要条件。

组态分析：影响因素及实现路径。

本章借鉴 Fiss、Greckhamer 等的做法，同时采用杜运周等的建议，将一致性阈值设置为 0. 8，PRI 一致性阈值设置为 0. 65，案例频数阈值设置为 1。

**表 5-5　农村集体经济发展实现路径组态**

| 前因变量 | 内部治理型 | | 内外联动型 | 综合联动型 | | |
| --- | --- | --- | --- | --- | --- | --- |
| | A1 | A2 | A3 | A4 | A5 | A6 |
| X1 | ◉ | ◉ | ◉ | ● | ● | |
| X2 | ◉ | ◉ | ◉ | ● | | ● |
| X3 | | ◉ | ◉ | ◉ | ◉ | ◉ |
| X4 | ◉ | ◉ | ◉ | | ● | ● |
| X5 | ◉ | ◉ | | ◉ | ◉ | ◉ |

续表

| 前因变量 | 内部治理型 | | 内外联动型 | 综合联动型 | | |
|---|---|---|---|---|---|---|
| | A1 | A2 | A3 | A4 | A5 | A6 |
| X6 | ⊕ | | ⊕ | ⊕ | ⊕ | ⊕ |
| X7 | | | ◉ | ◉ | ◉ | ◉ |
| 一致性 | 0.855 | 0.838 | 0.873 | 0.873 | 0.865 | 0.868 |
| 原生覆盖率 | 0.250 | 0.314 | 0.199 | 0.177 | 0.189 | 0.184 |
| 净覆盖率 | 0.055 | 0.120 | 0.024 | 0.003 | 0.014 | 0.009 |
| 总一致性 | 0.822 | | | | | |
| 总覆盖率 | 0.421 | | | | | |

注：◉表示核心条件存在，⊕表示核心条件缺失；●表示辅助条件存在；空格表示该条件存在与否无关紧要。下同。

从表5-5中可以看出，6条路径的一致性均高于0.8，总一致性为0.822，总覆盖率为0.421，这说明6条路径能够有效解释42.1%的案例。同时，笔者发现，影响西部欠发达地区新型农村集体经济发展最核心的因素是内向带动（X3）和市场经营（X5），而影响较为有限的是外向联合（X6）。与此同时，6条有效发展的路径间有相似规律可循，可以将其归纳划分为内部治理型、内外联动型和综合联动型三种类型。

（1）内部治理型：A1、A2

A. 组态A1：人才建设×精英带领×发展规划×市场经营×~外向联合。

组态A1中，无论内向带动和外力做功如何，即使在缺乏外向联合（村村“抱团”）的情况下，只要将人才建设、精英带领、发展规划和市场经营作为核心条件，集体经济就能获得良好发展。该组态路径的典型案例来自龙陵县灵山镇H村，该村2022年度集体收入为30万元，位居1178个案例中的前12%。该村2022年度在村支书的带领下实施了“领头雁”带头工程和市场经营计划，制定了符合村情的下一步发展规划和实施细则，制订了市场经营计划并积极推进。特别值得关注的是，该村在实施人才建设工程时，对村集体内的返乡人才和村干部等拿出村集体的部分收入对其提供物质激励，并为其提供培训和进修机会，同时村里还拿出一部分收入为在校大学生提供补助。通过多措并举，该村在只得到来自政府方面的少量扶持、带动的集体成员较少以及没有与其他村进行“抱团”的境况下，村集体经济仍然获得了较好的发展。

B. 组态 A2：人才建设×精英带领×内向带动×发展规划×市场经营。

组态 A2 中，无论外向联合和外力做功如何，只要将人才建设、精英带领、内向带动、发展规划和市场经营作为核心条件，便能实现集体经济的良好发展。该组态路径的典型案例来自富源县后所镇 I 村，该村 2022 年度集体收入 20 万元，位居 1178 个案例中的前 20%。该村 2022 年度拿出了村集体的一部分收入为服务村集体经济的人才提供保障并为其提供培训进修的机会，同时为本村的在校大学生提供一定补助，吸引其毕业后反哺集体，该村的致富带头人虽然能力欠佳，但有强烈的带领意愿想为村集体做贡献，市场经营和发展规划方面，都已经制定了具体的市场经营计划和下一步发展规划。在这个过程中，该村还联合带动了超过 1/3 的村民一起发展，虽然只得到了来自政府单方面的少部分支持，但村集体经济仍然获得了良好的发展。

以上 2 条组态路径说明，在西部欠发达地区，可以通过以加强和完善集体经济内部的治理为主，以有序拓展面向市场的经营和发展为辅来发展集体经济。可能的原因是，内部的人才建设、精英带领、内向带动和发展规划等内部治理措施的有效实施及协同联动，可以在集体经济内部形成合理的运行机制，促进运行效率与功能水平的提升。在此前提下开展市场经营，能够减少向外发展的后顾之忧，增强集体经济面向市场经营的获益能力，增进市场适应力和提升创新能力。同时，从市场获益后，内部的有效治理也能更好地实现利用获益资本对生产的再投入，促进资产的保值增值，保证集体经济不断发展壮大。这样一来，即使在外力做功缺乏或者不确定的情况下，集体经济仍然能够获得持续良好的发展，取得较好的发展绩效。

（2）内外联动型：A3

组态 A3：人才建设×精英带领×内向带动×发展规划×~外向联合×外力做功。

组态 A3 中，无论市场经营如何，在缺乏外向联合的前提下，只要将人才建设、精英带领、内向带动、发展规划和外力做功作为核心条件，集体经济便能获得良好的发展。该组态路径的典型案例来自宁洱县梅子镇 J 村，该村 2022 年度的集体收入为 26 万元，位居 1178 个案例中的前 15%。该村拥有能力较强的致富带头人，且其奉献意愿很强；该村对返乡人才、村干部等拿出村集体的一部分收入提供一定的物质激励，并为其提供培训进修的机会，另外，村里还拿出了一部分收入为在校大学生提供补助，积极回引其返乡创业。在过去一年的发展中，该村不仅得到了来自政府方面的大力扶持，还得到了来自外部公司企业的支持；同时，积极制订发展计划并联合带动村内成员加入村集体经济的发展建设。虽然在市场经营方面尚有欠缺，也没有与其他村集体进行“抱团”，但是村集体经济仍然获得了良好的发展。

该组态路径说明，西部欠发达地区，在缺乏村村联合以及市场经营能力不足的情况下，通过外部的大量做功和内部的有效治理是有效发展集体经济的可行路径。可能的原因是，有效的内部治理可以增强集体经济的竞争力和信誉度，使其更容易获得外部的扶持（做功）资源；而外部的大力扶持可以为其发展提供更多的资金、技术和政策支持，同时也能够进一步促进内部治理的有序化。此外，来自外部的扶持会在一定程度上替代来自市场的一部分功能，如通过政府的直接投资、采购和规范内部管理等取代来自市场的投资、生产品消费和来自外部市场竞争对内部治理的提升等功能。因此，在一定的情境下，通过内部的有效治理和大量的外部做功可以提升集体经济的运行效率和功能水平，促进村集体经济持续稳定地发展。

（3）综合联动型：A4、A5、A6

A. 组态 A4：人才建设×精英带领×内向带动×市场经营×~外向联合×外力做功。

组态 A4 中，无论发展规划如何，在缺乏外向联合的情况下，只要将内向带动、市场经营和外力做功作为核心条件，将人才建设和精英带领作为辅助条件，便能促进集体经济发展。该组态路径的典型案例来自鲁甸县桃园乡 K 村，该村 2022 年度的集体收入为 60 万元，位居 1178 个案例中的前 7%。2022 年度，该村得到了来自政府和市场方面的大力扶持，在发展过程中，制定了详细的市场发展规划并将其持续推进；此外，联合带动了村里 1/3 以上的村民参与到村集体经济的建设中。在人才建设和精英带领方面，该村也做了一定的努力，通过实施人才奖补措施和发挥种养大户的带头作用，在没有与其他村集体“抱团取暖”的情况下，村集体经济发展成效斐然。

B. 组态 A5：人才建设×内向带动×发展规划×市场经营×~外向联合×外力做功。

组态 A5 中，无论精英带领如何，在缺乏外向联合的前提下，只要将内向带动、市场经营和外力做功作为核心条件，辅之以一定的人才建设和发展规划，便能实现集体经济的良好发展。该组态路径的典型案例来自孟连县景信乡 L 村，该村 2022 年度集体收入 20 万元，位居 1178 个案例中的前 20%。2022 年度，该村得到了来自政府、市场和一些社会组织的大力支持，村里制定了切合实际的市场经营实施方案及实施细则，将 1/3 以上的村集体成员组织起来一起发展特色种养产业。在人才建设和发展规划方面，该村一方面积极回引人才回村创业，另一方面将村集体收入中的一部分拿出来作为人才激励。此外，该村的下一步发展行动方案也在紧锣密鼓地制订当中。虽然没有与其他村集体“抱团”，但通过多措并举，村集体经济实现了良好发展。

C. 组态 A6：精英带领×内向带动×发展规划×市场经营×~外向联合×外力做功。

组态 A6 中，无论人才建设如何，在缺乏外向联合的情况下，只要将内向带动、市场经营和外力做功作为核心条件，辅之以一定的精英带领和发展规划，便能实现集体经济的有效发展。该组态路径的典型案例来自禄劝县乌东德镇 M 村，该村 2022 年度的集体收入为 80 万元，位居 1178 个案例的前 5%。该村 2022 年回引了 3 名人才回乡创业，同时拿出集体收入的一部分为村里的人才提供激励以及为村里的大学生提供一定的补助；村支书表示自己虽然能力尚不足，但会尽全力带领村民发展集体经济。在村支书的带领下，下一步发展规划已经在制定当中，同时发动超过半数的村民参与到了村集体经济的发展建设当中。另外，村里得到了来自政府、市场和一些社会机构的帮扶。目前，该村已经形成了具体的市场经营计划并在推进中取得了初步成效，虽然没有与其他村集体进行“抱团”，但村集体经济的发展仍然成效卓著。

以上 3 条组态路径说明，当集体经济的内部治理一般、开放发展有限但是有外部做功条件时，西部欠发达地区可以通过这三方面的综合联动来发展新型农村集体经济。原因可能是，内部治理一般和开放发展有限代表着村集体的内部有序化水平和面向市场的获益能力都属于一般水平，但外力做功会在一定程度上对因此而造成的功能不足形成有效的补充。同时，外力做功特别是来自政府方面的力量也旨在通过对其“输血（做功）”而促进其自身“造血”能力的提升，以期达到其内部治理有序和开放发展有力。三者在相互促进、相互影响和协同联动的作用下形成组态路径，对集体经济的发展产生综合性影响。因此，单独强调某一方面可能并不能在所有情况下都适用。在特定情境下，通过三方面的综合联动，可以更好地发挥各方综合作用下的协同效应，更加稳定、持久地提高农村集体经济的发展质量和效益。

（4）稳健性检验

在 QCA 中，稳健性分析是一种重要的评估研究结果稳健性的方法，本章采用常见的调高一致性阈值的方法进行稳健性检验。具体地，将一致性阈值由 0.8 调高到 0.85，调高一致性阈值后，解的总一致性由 0.822 上升为 0.849，解的总覆盖率由 0.421 下降为 0.285。对比表 5-6 和表 5-5 可以看出，表 5-6 中的 5 条组态路径均为表 5-5 中 6 条组态路径的子集，因此，研究结果具有稳健性。

农村集体经济发展实现路径稳健性检验组态见表 5-6。

**表 5-6　农村集体经济发展实现路径稳健性检验组态**

| 前因变量 | 稳健性检验组态 | | | | |
|---|---|---|---|---|---|
| | B1 | B2 | B3 | B4 | B5 |
| X1 | | ◉ | ◉ | ◉ | ● |
| X2 | ◉ | ◉ | ◉ | ◉ | |
| X3 | ◉ | ◉ | ◉ | | ◉ |
| X4 | ◉ | ● | | ◉ | ● |
| X5 | | ◉ | ◉ | ◉ | ◉ |
| X6 | ⊕ | ⊕ | ⊕ | ⊕ | ⊕ |
| X7 | ◉ | | ◉ | ◉ | ◉ |
| 一致性 | 0.863 | 0.879 | 0.873 | 0.868 | 0.865 |
| 原生覆盖率 | 0.209 | 0.194 | 0.177 | 0.213 | 0.189 |
| 净覆盖率 | 0.035 | 0.020 | 0.003 | 0.039 | 0.014 |
| 总一致性 | 0.849 | | | | |
| 总覆盖率 | 0.285 | | | | |

注：◉表示核心条件存在，⊕表示核心条件缺失；●表示辅助条件存在；空格表示该条件存在与否无关紧要。下同。

## （五）研究结论

研究发现，虽然西部欠发达地区新型农村集体经济的发展不存在必要条件，但内向带动和市场经营是影响我国西部欠发达地区新型农村集体经济发展最核心的因素。各地在发展新型农村集体经济时，可将这两个要素作为重点，通过调整要素投入以及加强组合协同，持续、稳定地促进新型农村集体经济的有效发展。有效实现路径主要有内部治理型、内外联动型以及综合联动型三种。在外力做功不确定时，可以将内部有效治理作为核心，辅之以必要的市场经营来实现村集体经济的发展；在发展开放性不足时，可以用内部的有效治理和外力的大量做功来解决发展难题；当内部治理、开放发展都有一定基础，外力做功条件也具备时，可以通过三个维度的协同发力来实现村集体经济的有效发展。

此外，通过研究可以发现，在探索发展实现路径的过程中，应注意以下几点：首先，发展道路具有多样性。在西部欠发达地区，新型农村集体经济的发展并不是由单一要素决定的，不存在必要条件，发展路径具有多样性。这启发我们这部分地区发展新型农村集体经济，不能一味地加大某方面的投入，要注意结合现实境况寻求要素间的联动匹配，探索适合自己的发展路径。其次，发展道路具有可借鉴性。相似组态中的案例具有相似的发展路径，但有一部分却做到了出类拔萃，这部分优秀案例在实现要素间的协同联动，促进集体经济持续、高效发展等方面的经验做法是值得借鉴的。最后，发展道路具有复杂性。一方面，三种类型的 6 条组态路径都能提升发展水平，组态的要素之间具有等效性，其替代效应可以形成更多的组合方式来实现集体经济的稳定有效发展；另一方面，6 条路径尚未完全覆盖所有案例，还存在其他可行的发展路径。这两个方面都证明了西部欠发达地区新型农村集体经济的发展具有复杂性，各村集体在探索发展路径时需要根据自身基础和各自所处的现实境况审慎选择发展路径。

## 第五节　北京市与云南省对比分析

关于农村集体经济发展差异的原因，有关学者已经做过很多研究：戴和平（2019）从参与农村集体经济组织的村民和从事农业农村工作的专业技术人员两个方面分析原因，参与农村集体经济组织的村民认为影响农村集体经济差异性的因素是政府的政策支持、财政资金的投入、合理地规划布局及运行和生产成本；从事农业农村工作的专业技术人员更关注农村集体经济组织自身的发展，排前四位的影响因素是明确的法人及产权、完善的管理制度、政府的政策支持及运行和生产成本。张瑞涛等（2020）认为农村集体经济的有效发展受由多重因素所构成的组合的影响，精英带领、良好的制度保障和基础保障及较高的村民认知程度能够有效促进农村集体经济的发展；精英带领是农村集体经济有效发展的核心必要条件，对农村集体经济的有效发展具有重要影响。李泓波等（2021）从资本、人才、技术、制度与文化五个方面对农村集体经济发展进行对比分析。学者们在分析农村集体经济发展模式差异的原因时主要从人、财、物、技术、制度、文化和产业结构等方面着手。基于已有研究成果和北京市与云南省发展农村集体经济的客观基础和主观措施，本章从既有发展水平、产业发展结构、资源环境、经济环境、技术条件、人才基础和政策环境等方面切入，分析导致北京市与云南省农村集体经济发展模式差异的原因。

## 一、发展的相同之处

### （一）资产盘活利用方面

北京市与云南省都存在资产盘活利用的典型模式。利用村集体土地和各类资产，以集体自主经营或公开招标、股份合作、使用权有偿转让、租赁承包等方式，将土地和其他闲置资产通过经营管理有效地利用起来，获得稳定的收益，增加集体的收入。例如，云南省龙陵县勐糯镇勐糯社区把村集体土地（590 平方米）的使用权流转给商户，每年租金收入 7.15 万元；云南省屏边县白河镇整合各类资金 2700 余万元在南溪河畔建设热果交易市场，吸纳全镇 12 个村集体和众合果蔬专业合作社的社员入股，每个村党总支最低入股 21 万元，每个社员以 1000 元一股的价格自愿参股，按股分红；北京市门头沟冯村对村集体的所有土地进行明确的量化确权入股后，对土地资源进行整合，将土地承包经营权变为股权，其中 30% 为集体股，70% 为个人股，然后将这些股份制引入集体资产经营，村集体组织成员自发组建了北京昆仑琨投资公司，通过这种方式，门头沟冯村将集体资产整合并利用起来，使集体经济发展壮大。

### （二）产业化经营方面

北京市和云南省在发展集体经济过程中，村集体通过集体自办、“能人”领办、招商引资等形式进行产业化经营，大力发展特色产业，在推动产业兴旺过程中增加村集体经济收入。例如，云南省腾冲市明光镇自治社区成立乌龙茶专业合作社，推动乌龙茶产业从种植、加工、产品、市场营销取得突破，2019年实现村级集体经济收入89万余元；云南省牟定县新桥镇通过在光伏板下建大棚，建设食用菌基地，同时大力培育电商微创业园，打造生产销售一体的食用菌产业来发展集体经济；北京市顺义区赵全营镇忻州营村的兴农天力农业园，经过不断发展，园区已逐步发展成为集绿色生产、休闲观光、农业科普、电商配送于一体的综合性合作社，不断将农业的生产、生活、生态功能深度融合，大力发展现代休闲观光农业来发展集体经济。

### （三）旅游开发方面

依托旅游优势资源，发展乡村旅游，提供旅游服务，拓展集体经济发展空间，打造村域景区、农家乐、民宿经济等，激活农村各类生产要素，增加村集体收入。云南省文山州丘比县双龙营镇仙人洞村，依托区位交通、生态资源、民族文化、乡村旅游等优势，将传统民族文化与乡村旅游深度融合，实现了从极度贫困落后的“口袋村”到当地名副其实的“首富村”的华丽蜕变；北京市韩村河旅游村通过观光旅游、农家乐项目、采摘活动来打造民俗旅游。在旅游业发展的同时，还解决了就业问题，直接吸纳劳动就业人数400多人，间接地为600多人提供就业。

### （四）村企合作方面

北京市与云南省都有村集体通过与企业合作来发展集体经济，这种合作的表现形式为村集体为企业或合作社提供劳动力、土地、资金等要素，或者村集体自己成立村集体公司或者合作社与其他企业通过入股合作经营、组织村民提供劳务等方式合作，形成的村集体组织与合作企业互惠共赢的良好关系。云南省昭通市水富市三角村于2017年2月28日成立水富三角村集体经济有限公司，公司结合三角村高海拔、林地多、竹资源丰富等自然条件优势，广泛听取村民意见，确定引进企业发展竹产业，引进四川鼎盛鸿运公司，利用已硬化公路两旁闲置土地资源，种植樱花、红叶石楠等苗木，5 年可实现收益，投产后，村集体经济可获得 50% 的分红；北京市昌平区郑各庄村成立的宏福集团，发展科技产业和劳动密集型产业，主要发展建筑、建材、房地产开发、信息产业、生物制药、机械工程、旅游等。

## 二、发展的不同之处

### （一）资源、资产整合利用方面存在较大差距

资源整合利用型就是先将土地、房屋等村集体闲置资产统一整合起来，再通过有效的经营管理使集体经济逐渐发展壮大，使农村集体资产逐渐得到积累，北京市在新型农村集体经济发展过程中便采用此种模式。从云南的“资源开发型”和“资产经营型”可以看出，云南省在对资源和资产开发利用方面，普遍是将其分开来的，较少有将其统一整合起来进行统一的开发利用。

### （二）云南省在农业综合开发方面还处于生产端

农业的综合开发方面，从云南的“产业发展型”和北京的“农业综合开发型”可以看出，虽然两者采取的都是产业化发展的模式，但存在显著差别。云南省采取的是“一村一品”的模式，通过发展特色种植养殖产业或者发展旅游产业这种聚焦于一个产业的生产端或服务端的方法来发展村集体经济。而北京市采取的是通过开发经济林及设施农业种植、畜牧水产养殖等种植养殖基地项目并对其进行产业化经营，其中也包括开发农产品加工项目，储藏保鲜、产地批发市场等流通设施等项目；通过对一个或多个产业的前端、中端和后端的全方位开发来实现全产业链的综合发展。

### （三）云南省的产业融合比北京市差距大

产业融合方面，从北京的“三产融合型”“农业综合开发型”“旅游开发型”可以看出，北京市采取的是通过产业联动、产业集聚、技术渗透、体制创新等方式，一种是发展集绿色生产、休闲观光、农业科普、电商配送于一体的综合性农业产业，不断将农业的生产、生活、生态功能深度融合；另一种是通过建设旅游度假村发展起来，同时在度假村内兴建观光设施、采摘园、

农家乐等，发展休闲观光农业。这两种方式都使得农村一二三产业之间紧密相连、协同发展，最终实现了农业产业链延伸、产业范围扩大和村集体经济的发展。而云南的“产业发展型”和“乡村旅游型”主要是聚焦于在特色产业或者依托当地旅游优势资源发展乡村旅游，提供旅游服务，拓展集体经济发展空间，打造村域景区、农家乐、民宿经济等，在产业的融合程度方面存在明显欠缺。

### （四）北京市的物业租赁形式和增值服务更多

北京市的物业租赁形式通常有三种：第一种是在土地整理和基础配套建设完成后，直接出租土地，如昌平区郑各庄村；第二种是先建好建筑，再将其出租，如怀柔区大中富乐工业园区、朝阳区王四营村；第三种是土地出租和厂房出租两种方式并存，根据企业的需求选择，如通州区小堡村。在云南省集体经济发展模式中，主要是简单的租赁土地、铺面方式，形式单一，而且缺乏对基础设施的完善和服务的开发，导致租金较低、收益较少。

### （五）北京市的城市辐射效应更为显著

城镇化型集体经济发展模式一般位于城镇范围内和城乡接合地区，土地以集体经营性建设用地为主，大部分已列入城镇土地利用规划，具备发展城市第二、第三产业的条件。北京市村级或镇级集体在发展集体经济过程中通过自主开发、引进社会资本联合开发等方式，利用集体经营性建设用地建设产业园区、城市商业综合体等，形成以商业、娱乐、金融、科研等城市工商业为主的产业格局。而北京作为全国的首都、特大城市，农村集体经济的发展明显受到城市化扩张的影响，具有典型的城郊型特点。而云南省的城镇化发展滞后于北京市，在发展集体经济过程中只有部分地区能够形成具有显著城镇化特征的发展模式。

### （六）北京市较少采用异地置业发展模式

异地置业主要是针对一些偏远或受规划限制、资源匮乏、发展空间较小的村庄，通过行政划拨、政府购买等方式在区位较好的区域或中心镇规划区，异地兴建或购置物业补充经营性资产，对扶持到村的各类资金，可由县或乡镇统筹实施异地增收项目，产权和收益权明晰到村，增加村集体收入。在云南发展集体经济过程中，由于这样的发展受限的村庄数量较多，因此也成为一种重要的发展模式。而对于北京市来说，由于其经济发展和城镇化水平较高，因此受这个问题的困扰较小，没有形成一种具有显著特征的发展模式。

### （七）云南省有较多农村集体经济采用“抱团”发展方式

“抱团”发展主要是针对一些偏远山区，资产、资源、资金相对匮乏的村庄，乡镇统一规划实施创收项目，实行强村带弱村或者村村联合“抱团”发展，产权和收益权明晰到村，增加村集体收入。2019 年，北京市集体经济总收入达到 673. 8 亿元，村均集体经济收入 589. 8 万元，农村集体经济发展水平全国领先。截至 2021 年底，村集体经济总收入 164 亿元，村均集体经济收入 119. 6 万元。北京市的村均集体收入几乎是云南的 5 倍，村集体经济发展水平比云南高出很多。同时，北京地处华北平原，是全国的政治、经济和文化中心，集体经济的发展具有得天独厚的条件，资源、资产等相较云南充足很多；地处云贵高原的云南，地形起伏大，位于我国经济欠发达的西部地区，资源、资产等相对匮乏，在发展集体经济的先天和社会条件上来说较北京市有很多不足。因此，云南省在发展集体经济的时候，由于各村的单独实力相较北京市来说发展条件不足，因此往往采用“抱团取暖”的方式，由乡镇统筹规划，实行强村带弱村或者村村联合“抱团”发展，通过“聚沙成塔”将各薄弱的村集体的资源、资产和其他要素等发展条件聚集起来形成合力，以此弥补单个村集体发展条件不足的缺陷。

## 三、北京市与云南省农村集体经济发展的差异原因

无论是从总量规模还是从村均收入水平来看，北京市与云南省的农村集体经济发展水平都存在显著差异。同时云南省的农村集体经济较北京市普遍起步晚、发展慢、经济基础薄弱，缺少资本积累。既有发展水平导致两地的农村集体经济的收入和资本积累能力存在较大差异，影响了发展模式的选择与成熟，由此造成了北京市与云南省在发展集体经济过程中形成的发展模式的差异。

### （一）北京市产业发展结构调整较早

20 世纪 80 年代我国农村进行土地承包责任制改革后，各地集体经济发展开始出现分化。北京地区在实行“双层经营”过程中大力发展乡村工业，并进行现代企业股份合作制改革，探索社区股份合作、土地股份合作、专业股份合作，一些发展较快的乡村从农业转向工业、商业和服务业，产业构成转变为“三二一”，建立了与市场经济体制相适应的组织体制和经济体制，发展了新型集体经济。但在云南地区，大部分乡村对集体资源和资产进行了承包、转让或出卖，个体经济逐步取代了集体经济，土地经营制度改得彻底、集体资产分得彻底、集体组织撤得彻底，产业一直以传统农业为主，随着人口流动、土地抛荒等情形出现而导致第一产业衰落，第二、第三产业欠缺，这些举措从根本上削弱和瓦解了云南地区的村级集体经济发展基础，限制了云南省农村集体经济发展的选择空间。

### （二）发达都市与山区省份的资源环境差距巨大

北京市与云南省农村集体经济发展的差异：北京市地处华北平原北部，平原面积广大，农村集体经济的产业发展具有典型的城镇化、规模化的特性；云南虽然地势广袤，但山区面积占总面积的 94%，加之云南基础设施建设落后，交通运输成本高，限制了西部地区农业的集约化、规模化发展。某些偏远地区地形复杂且地理位置封闭，交通基础设施不够完善，在影响农业发展的同时也影响第二、第三产业发展。资源环境是人类发展的先天基础，是农村集体经济发展的时空起点，影响着集体经济发展模式的选择面和腾挪空间。由于资源环境方面的差异，北京市和云南省在发展集体经济时的选择面和腾挪空间存在显著差别，从而最终形成了不同的集体经济发展模式。

### （三）国家经济、政治中心城市与边疆民族欠发达省份的差距

农村集体经济的发展首先是一种经济活动，需要面向市场才能获得持续的发展机会，而经济环境将直接决定农村集体经济发展的市场环境，影响农村集体经济发展过程中的行为选择，进而影响农村集体经济发展模式的选择和形成。2022 年，北京市常住人口 2184.3 万人，实现地区生产总值 41610.9 亿元，第一产业增加值 111.5 亿元、占比 0.3%，人均地区生产总值 19.0 万

元，人均可支配收入为77415元，城市化率87.6%，农村人口271.5万人、占比12.4%；2022年，云南省常住人口4693万人，实现地区生产总值28954.20亿元，第一产业增加值4012.18亿元、占比13.8%，人均地区生产总值61716元，人均可支配收入26937元，全省城市化率51.72%，农村人口2266万人、占比48.28%（见表5-7）。首先，北京市的高经济水平下庞大的市场为北京市农村集体经济的发展带来了巨大的经济发展机会，而且随着北京城镇扩张带来的辐射效应也为其带来巨大的城乡融合发展机会；而云南省的经济发展水平和城市化率低很多，在获取经济发展机会方面与北京存在较大差异。其次，经济发展的巨大差距导致在财政支农效力和资金获取能力方面存在较大差距，同时在资金资本的运营效率方面也存在较大差别。这些经济环境方面的差异极大程度上导致了北京市与云南省在发展模式上的较大差别。

表5-7　北京市与云南省经济发展水平比较

| 指标 | 北京市 | 云南省 |
| --- | --- | --- |
| 常住人口 | 2184.3万人 | 4693万人 |
| 地区生产总值 | 41610.9亿元 | 28954.20亿元 |
| 第一产业增加值 | 111.5亿元 | 4012.18亿元 |
| 第一产业增加值占比 | 0.3% | 13.8% |
| 人均地区生产总值 | 19.0万元 | 61716元 |
| 人均可支配收入 | 77415元 | 26937元 |
| 城市化率 | 87.6% | 51.72% |
| 农村人口 | 271.5万人 | 2266万人 |
| 农村人口占比 | 12.4% | 48.28% |

### （四）云南省的农业技术水平和转化率远不如北京市

“科学技术是第一生产力”，农村集体经济的发展需要开展生产经营活动，而技术水平将会显著影响生产经营活动过程中生产力的水平，影响集体的生产经营能力，导致发展模式的受限程度不同。北京市有全国最多的高校和科研院所，有数量庞大的高科技企业，科技产业发展水平遥遥领先，而云南省在科学技术条件方面显著落后于北京市。特别地，与北京市相比，云南省农业产业化、现代化和机械化程度低，缺乏高科技农业技术、立体农业与培育新品种农业技术的引进与应用，对农牧民牛羊繁育及产销劳动力技能培训和技术支持的力度不够。由于存在技术条件方面的显著差别，生产力差异明显，导致云南省与北京市在选择生产经营活动的过程中存在明显不同，进而形成差异明显的发展模式。

#### （五）云南省的人才基础较弱

高级人才是产业与市场对接的优秀媒介，是农村产业发展的有力杠杆。北京市是全国的政治、经济、文化中心，这里高校云集、科研机构林立、政策特殊、经济发达、文化昌盛，农村发展基础较好，各方面的人才在北京市的农村仍然能够得到较好的发展机会和保障，这些对于人才来说都是极具诱惑力的，因此北京市在发展农村集体经济的过程中吸纳了大量的人才。相较于北京市，云南省在人才吸纳、人才培养、人才保障等方面存在较大差异，云南地区虽然也有村级干部的带领，但普遍缺乏专业的人才队伍，尤其是种养殖业技术型、专业型、综合管理型和本土型人才，缺乏因地制宜的劳务中介服务机构、人事管理机构等。同时受市场经济和打工热的影响，云南省多数年轻人选择外出谋生，导致人才外流，而留下来发展集体经济的人又普遍思想观念落后，综合素质不高，缺乏驾驭市场的能力，造成云南省农村集体经济发展的人才不足，发展集体经济的智力资源匮乏，进而影响集体经济的有效发展。

## 第六节　北京市农村集体经济发展的对策建议

### 一、北京市与云南省农村集体经济发展经验总结

#### （一）通过加强对“三资”的整合以及盘活利用发展集体经济

北京市将土地、房屋等村集体闲置资产先统一整合起来，通过对集体资产的量化确权，将土地等的承包经营权量化为股权，通过民主程序对村集体资产进行清产核资，然后通过有效的经营管理使集体经济逐渐发展壮大，使农村集体资产逐渐得到积累。云南在对“三资”的盘活利用上目前尚只实现

了对“三资”的规范化管理，对资源和资产的统一整合和开发利用虽不及北京，但也有了一定的方法和措施投入。两地通过加强对农村集体“三资”的统一整合和盘活利用，不仅提高了农村集体“三资”的利用效率，而且通过省域统筹，加强了农村集体经济发展的统一性和协调性。

### （二）通过农业的综合开发和产业融合发展集体经济

北京市与云南省均采用该方式发展村集体经济，但是由于两地资源禀赋不同，产业化发展的路径也存在很大差异。北京采用的是以经济林、设施农业种植和畜牧水产养殖基地项目为基础，通过延长产业链实现产业化经营。因此，在该过程中不仅包括开发农产品加工项目，还需要增加和完善储藏保鲜、产地批发市场等流通设施；通过对一个或多个产业的产前、产中和产后的前后延伸并不断将农业的生产、生活、生态功能深度融合来实现全产业链的综合发展。而云南省在这方面虽有欠缺，但也通过发展乡村旅游，在村内兴建观光设施、农家乐以及发展民宿和农趣体验，发展一定的农旅结合型农村集体经济项目。北京市和云南省都通过不同程度的农村产业融合和协同发展，最终实现了农业产业链延伸、产业范围扩大和村集体经济的发展。因此，通过加强对农村集体经济发展过程中农业的综合开发和产业融合，可以增强集体经济发展的获益能力，促进农村集体经济的发展。

### （三）利用城镇化发展机遇助力集体经济发展

北京市作为全国特大城市，城乡接合部范围与面积更大，这些农村可以通过自主开发、引进社会资本联合开发等方式，利用集体经营性建设用地建设产业园区、城市商业综合体等，形成以商业、娱乐、金融、科研等城市工商业为主的城镇化型集体经济发展模式。《中国农村集体经济发展报告（2021）》预测，到 2025 年，北京市休闲农业和乡村旅游年接待量将达到 4000 万人次，年经营收入达到 50 亿元，因此，北京市周边的乡村旅游也促进了村集体经济的发展。而云南省只有少部分“靠城地区”借助了区位优势，拓宽发展渠道，赢得发展机会，带动了农村集体经济的发展壮大。虽然北京市农村集体经济发展过程中城镇化特征更为显著，但两者均依靠城镇化所带来的发展机遇发展集体经济，并通过积极谋划发展布局，促使经营格局不断改善，集体资产不断得到积累，集体经济持续发展壮大。

### （四）带动成员财产性收入增加，促进集体走向共同富裕

农村集体经济发展的最终归途是为实现农村的共同富裕打下坚实根基。自 2011 年以来，北京市集体经济组织的年度股份股利总额和人均股份股利不断增加。人均股份红利约占农村居民人均可支配收入的 15%，已成为促进农民共同富裕的重要手段。2021 年，北京 1410 个村集体获得总计 54. 4 亿元的股份分红，村集体经济组织（不含村级企业）年营业收入 523 万元。通过股份分红的方式，增加了村集体成员的财产性收入，极大地激发了成员支持发展村集体经济的积极性和主动性，促进了北京市农村农民走向共同富裕。云南省由于发展起步较晚，大部分地区的集体经济发展还比较薄弱，尚不广泛具备分红的条件，只能通过一定程度的联农带农来增进集体福利。因此，当集体经济发展较为薄弱时，要注重集体资本的积累；当集体经济发展起来后，要注意通过集体再分配的方式，进一步促进集体经济的稳步发展。

### （五）根据自身条件选择合适的发展路径

首先，北京市与云南省在制定集体经济发展配套政策时注意外部输入因素与内部因素间的匹配性，以开放、包容、灵活的政策干预方式来促进集体经济内生发展动力的形成；其次，各村集体根据自身发展条件的不同不断探索适合自己的发展路径，形成了北京市多样化的发展模式。农村集体经济发展具有复杂性和灵活性，北京市与云南省的集体经济发展一方面得益于各自的自身条件，另一方面根据自身所具有的发展条件和发展机遇，为自己选择了合适的发展道路，因此集体经济获得了长足的发展。

## 二、壮大北京市农村集体经济的对策建议

北京市与云南省过往农村集体经济的发展主要得益于其摸索出了适合自身的发展道路与模式。改革开放的 40 多年间，两地在各级党委、政府的积极引导下，通过各种措施积极发展集体经济，农村集体经济发展取得了一定的成效，并具备各自特色的显著特征。农村集体经济发展干系重大，发展过程复杂灵活，对发展措施和道路的选择必须谨慎，否则极易遭遇市场风险，不仅会浪费有限的资源，导致原本不应出现的损失，而且会消解地方党委、政府的公信力以及村集体的生机活力。北京市作为我国集体经济发展的“领头

雁”，在发展农村集体经济过程中必须处理好政府、市场以及村集体之间的关系，清醒地意识到政府行为的边界和市场的局限性；通过加强“三资”管理、统筹协调、优势利用、产业互动、创新集体和共同富裕等多种积极措施，并加强措施的协同联动，促进北京市农村集体经济的进一步壮大。

### （一）制度探索：推动乡（镇）联社建设，实现地利共享

加快推动乡镇集体经济产权制度改革，动态监测集体经济组织家底，明晰集体产权关系，建立“归属清晰、责权明确、保护严格、流转顺畅”的农村集体经济现代产权制度。重点推动乡（镇）联社建设，探索乡村集体经济组织对集体土地等集体资源所有权的有效实现路径。2020 年，北京市农村集体资产达到 9633 亿元，占全国总量的 10%，2/3 集中在朝阳区、海淀区、丰台区和石景山区。3944 个村级集体经济组织，有 834 个村集体经济年经营性收入低于 10 万元，占全北京市村级集体经济组织的 21%，664 个村集体经营性收入低于 5 万元。出现村集体发展极不均衡的原因就在于“村自为界、户自为界”的分割式发展体制，导致了集体建设用地、农用地等资源要素难以实现集中优化配置，大量资源错配，地不能尽其利，地利不能共享。要实现共同富裕，使广大农民享受到国家经济发展的红利，需要推动乡（镇）联社的实体化，使之成为具有独立特别法人资格的实体单位；在乡镇党委的领导下，乡（镇）联社行使乡镇范围的行业管理和发展统筹职责，促进农村产业供给侧结构性改革和农村发展动能转换；建立乡（镇）联社与农村股份经济合作社之间的紧密关系，使乡（镇）联社带动乡村集体经济薄弱村与乡镇域内其他集体经济组织联合发展；加快完善新型集体经济组织法人治理结构，完善利益共享机制，充分保护和实现农村集体经济组织和成员合法的财产权。

### （二）管理规范：充分利用好集体“三资”，制定集体经济收益分配规则

北京市为解决集体资产低效使用的问题，集中开展集体经济合同专项清理，深入开展农村集体经济合同自查自纠工作，在规范集体“三资”管理的同时，提高了集体资产的利用效率，后续北京市在发展农村集体经济时，可以继续沿用此思路，并对其进行深化拓展，朝着规范“三资”监管与加强资源整合利用有机融合的方向前进。比如，可以将林地、耕地、房屋、现存资金等村集体闲置资源、资产、资金先统一整合起来，通过民主程序将村集体

资产进行清产核资、建立台账，并将其量化确权为股份。然后通过有效的整合和管理，采取统一的自主经营、出租或混合经营的方式，充分将闲置的或利用效益低的资源、资产和资金充分盘活利用起来，为壮大集体经济持续加码追利。此外，在这个过程中要特别注意股权量化过程的公平民主、经营过程的公开透明，通过民主程序和建立台账等方式，规范“三资”整合利用的程序与加强全过程的民主监督；同时应切实防范经营风险，防止集体资源、资产的大幅贬值与资金的流失。

要规范收益分配规则。首先要明确收益分配的范围。农村集体经济组织的经营性收入、土地流转收入、投资收益等可纳入收益分配范围，而征地补偿款、集体性生产生活设施及固定资产拆迁补偿款、集体资产处置收入、政府专项补助等不得纳入收益分配范围。特别是一次性预收多年收入，如预收若干年度租金收入、集体建设用地使用权收入等，要严格按权责发生制进行收益分配，不得在取得收入的当年全部分配。其次要明确收益分配的比例。根据《意见》的要求，农村集体经济组织必须明确公积金及公益金的提取比例，根据收益情况，制定与其经济发展水平相适应的收益分配比例，并充分考虑集体经济扩大再生产的需求以及公益事业支出的需求。收益较少或亏损的年份严禁举债分配。即使在收益较多的年份，也应该严格控制分配比例，防止过度分配，在保证集体经济发展空间的同时，也方便日后进行以丰补歉，避免造成农民收入产生较大波动。收益分配方式还必须兼顾集体资产的保值增值和农民个人的财产性收入增长。改制后的新型农村集体经济组织，应严格以股份份额为基础进行集体经济组织的收益分配，且收益分配与集体经济经营效益直接挂钩。

### （三）统筹协调：加强各级联动，提升乡（镇）村协同水平

在北京市、云南省及国内先行省份部分农村集体经济发展的成熟案例和经验中，可以显著观察到通过以区（县）级或者镇级的统筹协调，形成发展合力的方式来发展农村集体经济。该种模式符合农村集体经济发展过程中各村各自为政、难以进行有效的优劣势互补，最终导致发展合力难以形成的现实境况。村一级甚至镇一级的农村集体，其内部的资源、资金和资产，其经营发展经验和人才储备等都存在一定的残缺和不足，在发展壮大集体经济特

别是发展集体经济相关产业项目时，其自身“小而缺”的不足便难以适应相关产业和项目发展所需的“大而全”的现实需要，因此需要“聚沙成塔”，通过成立区、镇一级的集体合作社或企业，抑或通过区镇一级的政府进行统筹协调、共建共营集体经济产业和项目，促进各村“抱团”与有机组合，凝聚各村发展合力，共同发展壮大集体经济。在这个过程中，要特别注意协调好各级责任，分配好相关资源，通过加强农村集体经济发展过程中各级的统筹协调，形成发展合力优势，提升区域农村集体经济发展协同水平与进一步发展壮大的可行能力。

### （四）优势利用：挖掘城区配套潜能，充分利用“靠城”优势

北京市作为全国特大城市与全国的政治、经济中心，农村集体经济的发展明显受到城市化扩张的影响，具备明显且广泛的“靠城”优势条件。在位于城镇范围内和城乡接合地区，土地以集体经营性建设用地为主，大部分已列入城镇土地利用规划，具备发展城市第二、第三产业的条件，在发展集体经济时，要注重通过自主开发、引进社会资本联合开发等方式，瞄准城市化扩张的功能转移，利用集体经营性建设用地建设产业园区、城市商业综合体等，深度挖掘城市功能配套潜能。对于相对远离城市中心、具有典型乡村特征的地区，可以吸引城区资本、人才、技术和业态等“下乡”，通过自主经营、合作经营以及其他经营方式，积极发展面向城区市场需求的产业。比如可以瞄准城区市场需求，积极发展以第一产业为基本特征的经济林、设施农业和其他种养殖产业，以第二产业为基本特征的供水和手工艺品加工等产业，以第三产业为基本特征的乡村旅游、民宿、文玩等产业，同时注意将三个产业进行有机融合和配套。通过这些举措，充分利用北京市农村集体经济发展所具有的独特区位优势，积极谋划发展布局，使经营格局能够不断改善，促进集体资产不断积累，确保集体经济持续发展壮大。

### （五）产业互动：深度嵌入产业发展链条，分享产业增值收益

在农村集体经济发展过程中，北京市及云南省都通过发展相关产业来发展集体经济。比如北京顺义区西北部，赵全营镇的北郎中村通过成立的股份合作社发展花卉及其他种植养殖和加工、服务业；北京市房山区韩村河镇通过旅游度假村的建设发展旅游产业；云南省保山市腾冲市明光镇自治社区通

过成立合作社发展乌龙茶产业；云南省文山州丘北县双龙营镇仙人洞村通过开发旅游资源发展旅游服务业。上述几个案例在发展集体经济的过程中，通过各种方式发展产业并促进产业融合，促进集体经济壮大，但是在集体经济深度嵌入产业发展链条，促进与产业融合的协同联动上还需进一步推进。因此，要注重通过将集体经济的发展深度嵌入产业发展链条的前端、中端和后端以及产业间的融合过程，加强与产业发展的统筹协调，从产业发展和融合链条中获取更多的集体收益，进一步挖掘集体经济发展壮大的空间。例如，在通过建设旅游度假村发展集体经济的这类集体经济发展模式中，可以通过村集体经济公司或合作社在建设前期通过承包工程获取工程建设收入，在中期投入运营阶段通过直接或者间接参与的方式获取经营性收入，在后期服务建设以及转型阶段通过提供相关服务获取服务性收入。同时，在产业融合的过程中，集体经济应深度参与进去等，深入嵌入产业发展链条，促进与产业融合的协同联动，从而尽可能地扩大集体经济的获益空间。

### （六）创新模式：活跃发展思路，探索更多发展路径

农村集体经济的发展具有复杂性和灵活性，发展道路具有多样性、可借鉴性和可选择性。北京市在发展农村集体经济的过程中，可以通过活跃发展思维，创新发展路径，借鉴云南省和国内先行省份集体经济发展模式和做法，丰富发展路径与模式选择。比如，可以借鉴云南省的异地置业模式，通过发展“飞地经济”，在异地投资置业，将北京市部分村集体资金较多的村集体的资金优势转化为发展优势，同时发展薄弱村也可以通过吸引发展较强村“到村”投资置业，解决发展资金不足和经营经验不足问题，促进资源的开发利用和发展业态的快速形成。可以借鉴浙江省的资本运营模式，将村集体历年积累的资金、土地补偿费以及其他闲置货币资产，通过参股经营、成立基金等方式运营资本，获取股金、利息和资产增值等资本运营收入，促进资产、资本利用和保值增值，进一步扩大集体经济的发展空间。此外，还可以继续推广、复制北京市部分地区的成熟发展经验，如可以通过扩大与其他地区的合作，鼓励本地的致富能手或者发展成熟的村集体到外地成立合作社，通过经营经验以及资金、人才与技术优势的转移，将其转化为集体经济进一步壮大的发展优势；还可以推广已有的以区镇级成立合作社或者公司，将各村

（社）集体整合起来发展集体经济。以此通过多方法、多渠道进一步扩展和升华农村集体经济的发展视域和腾挪空间。在部分地区，可以尝试采取“点状供地”，就是将项目用地区分为永久性建设用地和生态保留用地，其中永久性建设用地“建多少供多少”，剩余部分可只征不转（不改变土地性质），按租赁、划拨、托管等方式供项目业主使用。“点状供地”可有效解决传统供地方式无法解决的乡村供地、农地转用、占补平衡指标等问题，也可解决用地指标审批程序烦琐、成本高、耗时长等问题。尤其对于农村集体经济薄弱村而言，便于解决其在依靠生态资源发展乡村文旅项目时存在的用地难、用地贵等问题。

### （七）强村带弱村：红利共享，促进共同富裕

北京市及国内先行省份在发展集体经济的过程中，通过股份分红的方式增加了村集体成员的财产性收入，使其获得感和幸福感得到极大提升，激发了其积极性和主动性。这种通过集体的再分配的方式不仅是农村集体经济发展促进共同富裕要义实现的关键举措，也是集体经济发挥经济调配功能的重要手段。对于农村集体经济整体处于发展成熟阶段的北京市来说，可以通过推广发展成效共享的方式来提升集体经济发展活力和动力。同时，鉴于北京市地区及村集体之间集体经济发展存在差异的现实境况，在实行此项措施时要切忌“一刀切”的做法，注意针对不同情况分类施策。比如，可以对一些发展成效较好的集体采取先行先试，采用股份分红等方式将发展收益下沉，增加成员的财产性收入；对一些发展具有一定成效的集体采用发展收益对集体公共福利倾斜的方式来共享发展红利；对发展存在困难、尚不能形成较好收益的集体在发展产业的同时积极带动成员参与进来，以获得集体和成员收益的共同增长。通过以上三种红利共享模式，在促进北京市农村集体经济发展的同时逐步实现共同富裕的目标，增进集体经济发展壮大的稳固性和可持续性。

### （八）招贤纳士：构建农村集体经济产业发展人才支撑体系

选好村级带头人，加强基层党组织的引领作用。建议借助“十四五”时期开年的村“两委”班子换届选举工作，严把入关口，切实选好配强村“两委”班子，真正把那些眼界宽、能力强、素质好、懂经营、会管理，对集体

经济有情怀的敢闯敢担当的年轻人、“能人”、“贤人”甄选到“两委”班子中来，奠定发展集体经济产业的组织基础。充分发挥“第一书记”及其派出单位的帮扶功能。继续加大对软弱涣散集体经济薄弱村“第一书记”派驻及支持力度，派出单位要切实选派优秀的年轻干部、后备干部到所扶持村担任“第一书记”，并给予强有力的支持，切实发挥好引导、示范和协调作用，帮助所驻村厘清发展思路、配置优质资源、拓宽增收路子、培育主导产业，不断加快集体经济薄弱村的转化提升步伐。推动薄弱村主动与高等院校、科研院所“结对子”。大力引进精通农业科技的技术型人才、懂得市场运作的经营型人才、善于乡村治理的管理型人才，以人才引领助推农业技术创新，为发展主导产业提供科技支撑。同时要注重培养打造留得住、用得上的本土人才队伍，通过“走出去”的形式，到典型村、先进村学习优秀经验，有针对性地开展村“两委”干部、“第一书记”、农村实用型人才、致富带头人的培训，使其增长见识、开阔眼界；还要积极创造条件，吸引本村在外的乡贤回乡创业。

# 参考文献

[1]北京市农业农村局，北京市规划和自然资源委员会，北京市住房和城乡建设委员会，等．关于进一步加强农村集体经济组织统筹引领闲置宅基地及住宅盘活利用工作的函[J]．北京市人民政府公报，2022(22)：79-84.

[2]北京市人民政府关于印发《北京市“十四五”时期乡村振兴战略实施规划》的通知(京政发〔2021〕20号)[EB/OL]．(2021-08-12)[2021-12-01]. http：//www. gov. cn/xinwen/2021-08/12/content5630961. htm.

[3]蔡昉．中国改革成功经验的逻辑[J]．中国社会科学，2018(1)：29-44.

[4]曹四发．关于全面推进乡(镇)联社建设的初步研究[R]．北京：北京市农村经济研究中心，2020.

[5]曹四发，张英洪，王丽红．首都乡村集体经济组织振兴问题研究[R]．北京：北京市农村经济研究中心，2020.

[6]陈灿平．西部地区新生代农民工贫困脆弱性的评价——基于生计资本考察[J]．西南民族大学学报(人文社会科学版)，2018，39(5)：127-132.

[7]陈昌玲，许明军，诸培新，等．近30年来江苏省农村居民点时空格局演变及集约利用变化[J]．长江流域资源与环境，2020，29(10)：2124-2135.

[8]陈华彬．“三变”视域下农村集体产权制度改革研究——内在机理、运行机制和实证分析[J]．重庆理工大学学报(社会科学版)，2017，31(11)：50-58.

[9]陈吉宁．2021年北京市政府工作报告[EB/OL]．(2021-02-01)[2021-12-15]．http：//www. bejjing. gov. cn/gongkaijihua/zigzbg/202102/t202102012249908. html.

[10]陈伟，罗来明，林进．现代产权理论与国有企业改革[J]．经济体制

改革，2002(4)：62-63.

[11]陈希．农村集体产权制度改革的法律保障机制建设[J]．农业经济，2022(1)：40-42.

[12]陈秀萍．东北地区农村集体经济组织推动“三农”发展的方向及路径选择[J]．东岳论丛，2022，43(10)：115-124.

[13]陈雪原，孙梦洁，王洪雨，等．三统筹：提升集体经济的层级，促进农民共同富裕[J]．北京规划建设，2022(2)：58-60.

[14]陈宜，王征兵．壮大农村集体经济：实现共同富裕的实践探析——以陕西省 L 区为例[J]．人文杂志，2022(9)：94-102.

[15]陈义媛．以村集体经济发展激活基层党建——基于烟台市“党支部领办合作社”的案例分析[J]．南京农业大学学报(社会科学版)，2021，21(3)：10.

[16]崔超．发展新型集体经济：全面推进乡村振兴的路径选择[J]．马克思主义研究，2021(2)：89-98.

[17]代富强，吕志强，周启刚．农户生计可持续性定量测度及动态分析研究[J]．中国农学通报，2014，30(26)：114-122.

[18]戴和平．基于 AHP 的农村集体经济发展影响因素分析[J]．农村经济与科技，2019，30(1)：213-215.

[19]丁波．乡村振兴背景下农村集体经济与乡村治理有效性——基于皖南四个村庄的实地调查[J]．南京农业大学学报(社会科学版)，2020，20(3)：53-61.

[20]丁关良．农村集体经济组织立法的若干重要问题研究[J]．湖南农业大学学报(社会科学版)，2022，23(4)：64-75.

[21]丁忠兵，苑鹏．中国农村集体经济发展对促进共同富裕的贡献研究[J]．农村经济，2022(5)：1-10.

[22]董江爱，张毅．集体产权与制度治理——农村集体资产资源的治理之道[J]．山西大学学报(哲学社会科学版)，2016，39(1)：100-104.

[23]杜运周，贾良定．组态视角与定性比较分析(QCA)：管理学研究的一条新道路[J]．管理世界，2017，285(6)：155-167.

[24]段浩．农村集体经营性资产股权设置的理论突破与实践探索[J]．理

论导刊，2020(1)：62-67.

[25]房绍坤，林广会．农村集体产权制度改革的法治困境与出路[J]．苏州大学学报(哲学社会科学版)，2019，40(1)：31-41.

[26]房绍坤，任怡多．论农村集体产权制度改革中的集体股：存废之争与现实路径[J]．苏州大学学报(哲学社会科学版)，2021，42(2)：60-72.

[27]高鸣，芦千文．中国农村集体经济：70年发展历程与启示[J]．中国农村经济，2019(10)：19-39.

[28]高鸣，魏佳朔，宋洪远．新型农村集体经济创新发展的战略构想与政策优化[J]．改革，2021(9)：121-133.

[29]高强，孔祥智．拓宽农村集体经济发展路径的探索与实践——基于四川彭州小鱼洞镇“联营联建”模式的案例分析[J]．东岳论丛，2020，41(9)：162-171，192.

[30]閤小操，陈绍军．重启与激活：后扶贫时代易地搬迁移民生计转型与发展研究——以新疆W县P村为例[J]．干旱区资源与环境，2021，35(5)：15-20.

[31]关锐捷，李伟毅．以农村土地确权促进集体产权制度改革[J]．毛泽东邓小平理论研究，2015(1)：1-3.

[32]管兵．农村集体产权的脱嵌治理与双重嵌入——以珠三角地区40年的经验为例[J]．社会学研究，2019，34(6)：164-187.

[33]郭光磊．北京市农村集体产权制度改革研究[M]．北京：中国言实出版社，2016.

[34]郭强．农村集体产权制度的创新过程解析与发展路径研究[D]．北京：中国农业大学，2014.

[35]郭文力，张旭．重振农村集体经济是巩固脱贫攻坚成果实现乡村振兴的重要保障[J]．农业经济，2021(8)：3-6.

[36]郭晓鸣，王蔷．深化农村集体产权制度改革的创新经验及突破重点[J]．经济纵横，2020(7)：52-58.

[37]韩长赋．辉煌“十二五”系列报告会——农业改革发展成就报告[J]．休闲农业与美丽乡村，2015(12)：8-23.

[38]韩俊，赵鲲，陈春良，等．创新农村集体经济运行机制切实保护农

民集体资产权益——关于江苏、浙江农村集体产权制度改革情况的督查[J]. 农村经营管理，2019(3)：18-20.

[39]韩松. 农民集体成员的集体资产股份权[J]. 法学研究，2022，44(3)：3-20.

[40]郝丽君，肖哲涛. 新农村规划如何应对空心村问题[J]. 山西建筑，2007，33(32)：44-45.

[41]郝文强，王佳璐，张道林. 抱团发展：共同富裕视阈下农村集体经济的模式创新——来自浙北桐乡市的经验[J]. 农业经济问题，2022(8)：54-66.

[42]何仁伟，李光勤，刘运伟，等. 基于可持续生计的精准扶贫分析方法及应用研究——以四川凉山彝族自治州为例[J]. 地理科学进展，2017，36(2)：182-192.

[43]贺爱琳，杨新军，陈佳，等. 乡村旅游发展对农户生计的影响——以秦岭北麓乡村旅游地为例[J]. 经济地理，2014，34(12)：174-181.

[44]贺福中. 农村集体产权制度改革的实践与思考——以山西省沁源县沁河镇城北村为例[J]. 经济问题，2017(1)：115-120.

[45]衡霞. 组织同构与治理嵌入：农村集体经济何以促进乡村治理高效能——以四川省彭州市13镇街为例[J]. 社会科学研究，2021(2)：137-144.

[46]侯晓博，夏宇. 对农村城市化地区集体经济组织发展与监管的思考——以北京市海淀区为例[J]. 农村经营管理，2023(3)：19-22.

[47]侯玉杰，武思捷，张永静，等. 基于农民满意度调查的农村居民点集约用地模式设计[J]. 农技服务，2017，34(18)：88-89.

[48]胡东莉. 破解农村集体产权制度改革难题的若干思考[J]. 农业经济，2017(1)：15-17.

[49]胡睿宪. 改革土地补偿费管理制度的建议[J]. 北京调研，2021(10)：58.

[50]黄延信. 发展农村集体经济的几个问题[J]. 农业经济问题，2015，36(7)：4-8.

[51]黄振华. 能人带动：农村集体经济有效实现形式的重要条件[J]. 乡村振兴，2020(9)：52-53.

［52］霍丽镜．深挖农村资源潜力　唤醒“沉睡”资产助力乡村振兴［J］．现代农村科技，2023(12)：1-2.

［53］贾品荣．创新驱动高精尖产业发展［EB/OL］．(2021-08-12)［2021-12-15］．https：news. gmw. cn/2021-11/05/content35288267. htm.

［54］江宇．党组织领办合作社是发展新型农村集体经济的有效路径——“烟台实践”的启示［J］．马克思主义与现实，2022(1)：126-132.

［55］金梅，申云．易地扶贫搬迁模式与农户生计资本变动——基于准实验的政策评估［J］．广东财经大学学报，2017，32(5)：70-81.

［56］凯斯．孙斯坦．自由市场与社会正义［M］．金朝武，胡爱平，乔聪启，译．北京：中国政法大学出版社，2002.

［57］康勇，王晓川，杨磊，等．北京市壮大农村集体经济研究及政策建议［J］．中国集体经济，2023(36)：5-8.

［58］孔祥智，高强．改革开放以来我国农村集体经济的发展与当前亟须解决的问题［J］．农村经营管理，2017，171(5)：23-25.

［59］孔祥智，钟真，原梅生．乡村旅游业对农户生计的影响分析——以山西三个景区为例［J］．经济问题，2008(1)：115-119.

［60］黎洁，李亚莉，邰秀军，等．可持续生计分析框架下西部贫困退耕山区农户生计状况分析［J］．中国农村观察，2009(5)：29-38.

［61］李聪，王磊，李明来．鱼和熊掌不可兼得——易地搬迁家庭贫困与收入分异［J］．中国人口·资源与环境，2020，30(7)：140-150.

［62］李泓波，邓淑红．农村集体经济发展影响因素探究——基于东西部案例对比分析［J］．湖北农业科学，2021，60(15)：148-151，156.

［63］李宁，李增元．新型集体经济赋能农民农村共同富裕的机理与路径［J］．经济学家，2022(10)：119-128.

［64］李平昊，刘旭芳，申爽，等．北京市农村集体经济发展研究［J］．农村经济与科技，2021，32(13)：193-195.

［65］李人庆，芦千文．农村集体经济促进农民共同富裕的实现机制——基于山东即墨鳌角石村案例研究［J］．当代经济管理，2022，44(11)：1-8.

［66］李淑芬，魏英林，张才厚．关于土地复垦工作的思考［J］．河北农业科学，2008，12(6)：67-68.

[67]李爽．农村居民点土地集约利用评价研究[J]．国土资源，2018(10)：42-43.

[68]李松珂．统筹城乡背景下农村宅基地使用权流转制度探析[J]．周口师范学院学报，2011，28(1)：13-16.

[69]李韬，陈丽红，杜晨玮，等．农村集体经济壮大的障碍、成因与建议——以陕西省为例[J]．农业经济问题，2021(2)：54-64.

[70]李文钢，马良灿．新型农村集体经济复兴与乡土社会重建——学术回应与研究反思[J]．社会学评论，2020，8(6)：58-68.

[71]李增元，尹延君．新时代城郊地区集体产权改革：实践做法、问题及走向——基于R市B县X城郊村的调查[J]．山东科技大学学报(社会科学版)，2018，20(5)：80-91.

[72]廖琴兰，伍细芳，伍黎芝．关于农村建设用地整理与新农村建设的几点思考[J]．咸宁学院学报，2007(8)：98-99，103.

[73]林冬生．农村集体产权制度改革相关财税和金融政策供需分析[J]．农村经济，2016(7)：96-99.

[74]林广会．农村集体资产折股量化范围的确定及其法律效果[J]．中国不动产法研究，2021，23(1)：31-47.

[75]林锐敏．论宅基地使用权制度的改革[D]．广州：暨南大学，2010.

[76]刘浩，吕杰，韩晓燕．农村集体经济发展的驱动因素、实现路径及替代机制——基于186个文献案例的模糊集定性比较分析[J]．湖南农业大学学报(社会科学版)，2021，22(3)：32-41.

[77]刘竞元．农村集体经济组织成员资格界定的私法规范路径[J]．华东政法大学学报，2019，22(6)：151-162.

[78]刘菊，傅斌，王玉宽，等．西部典型山区农户的生计状况分析——以四川省宝兴县为例[J]．中国农业大学学报，2016，21(12)：144-154.

[79]刘明月，冯晓龙，汪三贵．易地扶贫搬迁农户的贫困脆弱性研究[J]．农村经济，2019，(3)：64-72.

[80]刘鹏凌，万莹莹．农村集体经济：历程、现实矛盾与路径选择——基于安徽省973个行政村调查资料的分析[J]．当代经济管理，2020，42(1)：47-55.

[81]刘现伟，李红娟．加快构建有效保护产权的体制机制[J]．宏观经济研究，2017(10)：182-191.

[82]刘祥琪．农村集体产权制度股份化改革的障碍因素与对策分析[J]．农业经济，2014(9)：39-40.

[83]刘晓玲．新型农村集体经济：核心要义、实践模式和经验启示——基于湖南省部分村庄的调查[J]．湖南行政学院学报，2022(3)：132-137.

[84]刘彦随，周扬，刘继来．中国农村贫困化地域分异特征及其精准扶贫策略[J]．中国科学院院刊，2016，31(3)：269-278.

[85]刘义圣，陈昌健，张梦玉．我国农村集体经济未来发展的隐忧和改革路径[J]．经济问题，2019(1)：81-88.

[86]卢洋．中国农村集体经济实现形式研究[D]．成都：四川大学，2021.

[87]芦千文，杨义武．农村集体产权制度改革是否壮大了农村集体经济——基于中国乡村振兴调查数据的实证检验[J]．中国农村经济，2022(3)：84-103.

[88]陆雷，赵黎．从特殊到一般：中国农村集体经济现代化的省思与前瞻[J]．中国农村经济，2021(12)：2-21.

[89]罗林涛．关于旧村废弃宅基地复垦整理的思考[J]．陕西农业科学，2009(5)：173-175.

[90]马俊哲，杜力军，王晓川，等．关于房山区农村集体经济发展与农民增收的调查[J]．北京农业职业学院学报，2022(5)：18-24.

[91]马良灿．新型农村集体经济发展与乡村社会再组织——以贵州省塘约村为例[J]．中州学刊，2021(2)：66-72.

[92]马永伟．农村集体资产产权制度改革：温州的实践[J]．福建论坛(人文社会科学版)，2013(6)：20-25.

[93]闵师，王晓兵，项诚，等．农村集体资产产权制度改革：进程、模式与挑战[J]．农业经济问题，2019(5)：19-29.

[94]倪坤晓，高鸣．面向2035年的新型农村集体经济：内在逻辑和动态趋势[J]．华中农业大学学报(社会科学版)，2022(5)：68-77.

[95]牛继强，归永前．中原经济区农村宅基地使用权流转制度改革与创新[J]．安徽农业科学，2013，41(6)：2710-2711，2717.

[96]农业部经管司课题组．对农村集体产权制度改革若干问题的思考[J]．农业经济问题，2014，35(4)：8-14.

[97]农业农村部政策与改革司集体资产管理处．挖掘集体经济发展新动力助力新型城市形态构建：北京市海淀区农村集体产权制度改革典型经验[J]．农村经营管理，2019(5)：16-17.

[98]农业农村部政策与改革司．2020年中国农村政策与改革统计年报[M]．北京：中国农业出版社，2021.

[99]潘朝萍，岳云华，冉清红．基于农村居民点用地集约利用视角的温江区耕地保护研究[J]．现代农村科技，2021(2)：12-16.

[100]齐只森．着力推进农村集体产权制度改革[J]．农业经济，2013(12)：79-80.

[101]秦胜南大红门拆除81处物流仓储大院[EB/OL]．(2016-06-29)[2021-12-15]．http：finance. qianlong. com/2016/0629/712247. shtml.

[102]全磊，陈玉萍．农地转出户的生计资本流动及其影响因素分析[J]．华中农业大学学报(社会科学版)，2018，(2)：127-135+161.

[103]申云，景艳茜，李京蓉．村社集体经济共同体与农民农村共同富裕——基于成都崇州市的实践考察[J]．农业经济问题，2023(8)：44-59.

[104]宋洪远，高强．农村集体产权制度改革轨迹及其困境摆脱[J]．改革，2015(2)：108-114.

[105]苏芳，蒲欣冬，徐中民，等．生计资本与生计策略的关系研究——以张掖市甘州区为例[J]．中国人口·资源与环境，2009，19(6)：119-125.

[106]苏飞，应蓉蓉，曾佳苗．可持续生计研究热点与前沿的可视化分析[J]．生态学报，2016，36(7)：298-308.

[107]谭秋成．农村集体经济的特征、存在的问题及改革[J]．北京大学学报(哲学社会科学版)，2018(5)：94-103.

[108]唐丽霞，张一珂．从股权配置看集体经济组织的封闭性与开放性——基于昆明市农村集体产权制度改革的调查[J]．西北农林科技大学学报(社会科学版)，2022，22(3)：98-104.

[109]陶爱萍．农村集体产权制度改革进程中面临的治理困境及其化解[J]．农业经济，2022(9)：32-34.

[110]田友，赵翠萍．农村集体产权制度改革面临的急难问题及其破解——基于河南省焦作市的实践调查[J]．中州学刊，2021(9)：35-40.

[111]仝志辉，陈淑龙．改革开放40年来农村集体经济的变迁和未来发展[J]．中国农业大学学报(社会科学版)，2018，35(6)：15-23.

[112]童航．农村集体经济组织成员资格的认定标准——基于地方立法文本和规范性文件的分析[J]．农业经济问题，2023(8)：73-85.

[113]屠霁霞．抱团发展模式促进农村集体经济发展——基于浙江的经验分析[J]．河南社会科学，2021，29(1)：42-48.

[114]王宾，杨霞．新时期发展新型农村集体经济的思考[J]．中国发展观察，2023，290(2)：25-27.

[115]王辉，金子健．新型农村集体经济组织的自主治理和社会连带机制——浙江何斯路村草根休闲合作社案例分析[J]．中国农村经济，2022(7)：18-37.

[116]王介勇，刘彦随，陈玉福．黄淮海平原农区农户空心村整治意愿及影响因素实证研究[J]．地理科学，2012，32(12)：1452-1458.

[117]王婧．我国农村集体产权制度改革的问题及对策研究[J]．农业经济，2021(12)：34-35.

[118]王敬尧，李晓鹏．城乡统筹进程中的农村集体产权改革——以温州“三分三改”为蓝本[J]．求是学刊，2012，39(6)：68-75.

[119]王立胜，张弛．新型农村集体经济：中国乡村的新变革[J]．文化纵横，2021(6)：41-53，158.

[120]王丽红．北京市农村集体经济薄弱村产业发展问题研究[J]．中国集体经济，2022(23)：11-13.

[121]王丽红，侯晓博，夏宇．北京市海淀区农村集体经济组织规范发展的实践与探索[J]．北京农业职业学院学报，2021，35(5)：25-31.

[122]王丽红，张英洪，赵一夫．北京市新型农村集体经济高质量发展路径研究[J]．北京农业职业学院学报，2022，36(6)：12-17.

[123]王曙光，郭凯．农村集体经济的减贫效应与内在机理研究[J]．农村金融研究，2019(11)：3-9.

[124]吴春宝，郑凯元．共同富裕目标下新型农村集体经济发展的逻辑与

路径——基于全国微观调查数据的实证分析[J]. 经济问题探索，2023(2)：17-27.

[125]吴昭军. 动态系统论下农村集体经济组织成员身份取得的立法范式转型[J]. 中国农村观察，2022(2)：130-143.

[126]吴昭军. 农村集体经济组织"代表集体行使所有权"的法权关系界定[J]. 农业经济问题，2019(7)：37-46.

[127]夏英，钟桂荔，曲颂，等. 我国农村集体产权制度改革试点：做法、成效及推进对策[J]. 农业经济问题，2018(4)：36-42.

[128]熊文武. 关于坚持和发展郊区农村集体经济的思考：写在市农研中心成立三十周年之际[R]. 北京：北京市农村经济研究中心，2020.

[129]徐鹏，徐明凯. 杜漪农户可持续生计资产的整合与应用研究——基于西部县区农户可持续生计资产状况的实证分析[J]. 农村经济，2008(12)：89-93.

[130]徐日辉，倪才英，曾珩. 浅析农村宅基地整理[J]. 中国土地科学，2001(5)：39-42.

[131]徐世江，周健. 交互嵌入：农村新型集体经济与乡村治理体系的协同机理——山东省D村"三社""三自"实践的理论解读[J]. 农业经济，2022(2)：53-55.

[132]许经勇. 农村集体产权不完善之症结与破解路径[J]. 福建论坛(人文社会科学版)，2019(2)：27-33.

[133]杨威，张爱诚，王刚，等. 为乡村闲置资源按下"重启键"——临清市魏湾镇后张官营村农村空闲宅基地盘活利用[J]. 农业知识，2024(1)：5-6.

[134]杨云彦，赵锋. 可持续生计分析框架下农户生计资本的调查与分析——以南水北调工程库区为例[J]. 农业经济问题，2009(3)：58-64.

[135]叶虹辰. 北安市农村闲置宅基地管理对策优化研究[D]. 哈尔滨：东北农业大学，2024.

[136]叶兴庆. 农村改革的历史脉络与未来趋势[J]. 山西农经，2018，(21)：2，129.

[137]叶兴庆，周旭英. 农村集体产权结构开放性的历史演变与未来走向

[J]. 中国农业资源与区划，2019，40(4)：1-8.

[138]尹登玉，张全景，王扬. 五莲县农村居民点土地集约节约路径分析[J]. 浙江农业科学，2018，59(8)：1490-1492，1499.

[139]余丽娟. 新型农村集体经济：内涵特征、实践路径、发展限度——基于天津、山东、湖北三地的实地调查[J]. 农村经济，2021(6)：17-24.

[140]袁方成. 治理集体产权：农村社区建设中的政府与农民[J]. 华中师范大学学报(人文社会科学版)，2013，52(2)：1-17.

[141]苑鹏，刘同山. 发展农村新型集体经济的路径和政策建议——基于我国部分村庄的调查[J]. 毛泽东邓小平理论研究，2016(10)：23-28，91.

[142]翟峰. 农村集体产权制度改革试点中的八个问题和建议——基于四川省改革试点实践的调研思考[J]. 西部论坛，2017，27(6)：27-32.

[143]张斌. 新时代深化农村集体产权制度改革的思考[J]. 中州学刊，2019(9)：48-53.

[144]张弛. 中国特色农村新型集体经济的理论基础、新特征及发展策略[J]. 经济纵横，2020(12)：44-53.

[145]张红宇，胡振通. 将农村集体产权制度改革引向深入——宁波市调研与思考[J]. 山西农业大学学报(社会科学版)，2020，19(6)：1-5.

[146]张靖. 盘活利用农村空闲宅基地的几点思考——以天津市蓟州区为例[J]. 中国土地，2017(6)：13-15.

[147]张蕾. 福建省永安市曹远镇农村集体产权制度改革研究[D]. 福州：福建农林大学，2020.

[148]张奇. 农村宅基地法律问题探析[J]. 财贸研究，2005(2)：115-116.

[149]张瑞涛，夏英. 农村集体经济有效发展的关键影响因素分析——基于定性比较分析(QCA)方法[J]. 中国农业资源与区划，2020，41(1)：138-145.

[150]张瑞涛，夏英. 我国农村集体资产产权科层分析[J]. 农业经济问题，2020(11)：8-15.

[151]张世玉. 包装功能疏解显成效[EB/OL]. (2017-02-23)[2022-07-06]. https：//chynews. bjchy. gov. cn/sub/news/419894/12876. htm.

[152]张文律．新型城镇化进程中的农村集体产权制度改革——“三分三改”的温州样本[J]．农村经济，2015(6)：25-28.

[153]张英洪，王丽红．撤村建居、农民财产权与新型集体经济：基于北京市丰台区卢沟桥乡三路居村的调查与思考[J]．北京农业职业学院学报，2019，33(6)：25-33.

[154]张英洪，王丽红，刘伟．农村集体经济组织发展历程回顾[J]．农村经营管理，2021(7)：17-19.

[155]张正峰，华逸龙．基于功能视角的农村居民点布局合理性评价与优化研究[J]．中国发展，2019，19(4)：38-43.

[156]章合运．宅基地使用权流转制度和模式创新研究[D]．成都：成都理工大学商学院，2010.

[157]赵文娟，杨世龙，徐蕊．元江干热河谷地区生计资本对农户生计策略选择的影响——以新平县为例[J]．中国人口·资源与环境，2015，25(183)：162-165.

[158]赵新龙．农村集体资产股份量化纠纷的司法实践研究——基于681份裁判文书的整理[J]．农业经济问题，2019(5)：30-45.

[159]赵意焕．合作经济、集体经济、新型集体经济：比较与优化[J]．经济纵横，2021(8)：20-28.

[160]郑有贵．农村社区集体经济组织法人地位研究[J]．农业经济问题，2012，33(5)：22-28.

[161]中华人民共和国宪法[M]．北京：法律出版社，2011.

[162]周丽，黎红梅，李培．易地扶贫搬迁农户生计资本对生计策略选择的影响——基于湖南搬迁农户的调查[J]．经济地理，2020，40(11)：167-176.

[163]周延飞．农村集体经济研究若干问题探讨[J]．区域经济评论，2018(6)：114-123.

[164]朱永明，刘倩，李葛，等．农户对农村居民点用地集约利用意愿及影响因素研究——基于Logistic和SEM模型的实证[J]．农林经济管理学报，2019，18(1)：110-119.

[165]朱有志，肖卫．新型农村集体经济的有效实现形式创新[C]//第三届湖湘“三农”论坛论文集，2010：388-392.

[166]BRIAN B, MANUEL R, RAMADHAN A. Global patterns and trends in the use and management of commercial NTFP's. Implication for livelihoods and conservation[J]. World Development, 2015, 33(9): 1435-1452.

[167]CARNEY D. Implementing a sustainable livelihood approach[M]. London: Department for International Development, 1998.

[168]DFID. Sustainable livelihoods guidance sheets[M]. London: Department for International Development, 2000.

[169]GRECKHAMER T, FURNARI S, FISS P C, et al. Study ingconfigurations with qualitative comparative analysis: Bestpracticesinstrategy and organization research[J]. Strategic Organization, 2018, 16(4): 482-495.

[170]LASSE K. The sustainable livelihood approach to poverty reduction[M]. Stockholm: Swedish International Development Cooperation Agency, 2001.

[171]NEL H. An integration of the livelihoods and asset-based community development approaches: A South African case study[J]. Development Southern Africa, 2015, 32(4): 511-525.

[172] SCOONES. Sustainable livelihood: A framework for analysis [N]. IDS Working Paper 72. Brighton: IDS, 1998.